创业行为对产业集群发展绩效的驱动机理研究

Study on the Driving Mechanism of
Entrepreneurial Behavior
to the Development Performance of Industrial Clusters

闫华飞／著

中国经济出版社
CHINA ECONOMIC PUBLISHING HOUSE
北 京

图书在版编目（CIP）数据

创业行为对产业集群发展绩效的驱动机理研究/闫华飞著．
北京：中国经济出版社，2016．12
ISBN 978－7－5136－4485－3
Ⅰ．①创…　Ⅱ．①闫…　Ⅲ．①产业集群—产业发展—经济绩效—研究—中国
Ⅳ．①F269．23
中国版本图书馆 CIP 数据核字（2016）第 277051 号

责任编辑　张利影
责任审读　贺　静
责任印制　巢新强
封面设计　华子图文

出版发行　中国经济出版社
印 刷 者　北京艾普海德印刷有限公司
经 销 者　各地新华书店
开　　本　710mm×1000mm　1/16
印　　张　14．75
字　　数　240 千字
版　　次　2016 年 12 月第 1 版
印　　次　2016 年 12 月第 1 次
定　　价　58．00 元
广告经营许可证　京西工商广字第 8179 号

中国经济出版社 **网址** www.economyph.com **社址** 北京市西城区百万庄北街 3 号 **邮编** 100037
本版图书如存在印装质量问题，请与本社发行中心联系调换（联系电话：010－68330607）

前言

产业集群作为区域经济发展的重要产业形式和载体，是影响世界经济格局的一个重要因素，已成为伴生经济全球化和世界一体化浪潮中的新景观。创业人才作为产业集群内的一个重要主体，是推动产业集群形成与发展，激发产业集群活力，驱动产业集群演化升级的关键力量，而创业行为是创业人才实现这一关键力量的具体行动。创业行为伴随着创业知识溢出，成为"连环创业者"知识吸收的源泉。研究创业行为对产业集群发展的驱动机理，揭示创业行为中知识溢出现象，探究创业知识溢出对产业集群发展的影响作用，具有重要的理论价值和实践意义。

首先，本书在文献研究的基础上，借鉴成熟的创业理论和创业过程模型，结合产业集群环境，对创业行为的内容维度和模型结构进行了研究。运用文献调研、深度访谈和问卷调查等方法，遵循测量量表开发的原则和程序，通过项目分析、因子分析编制正式测量量表，揭示并验证了创业行为的五个内容维度：创业机会识别、资源获取与整合、团队组建、网络构建和模仿行为，并在此基础上建立了创业行为的二阶五因素模型。

其次，结合内生增长理论和知识溢出理论，分析了创业行为中的知识溢出现象，对创业行为影响创业知识溢出的作用进行了实证研究。依据创业行为中创业知识的溢出路径，从知识溢出方、溢出途径、溢出内容和知识溢入方四个层面，揭示了创业知识的溢出机理。在此基础上，通过文献调研和结构化问卷调查，验证了创业知识溢出的两个维度：创业机会捕捉知识溢出和克服新进入缺陷知识溢出。运用相关分析和层次回归分析方法，实证研究了创业行为对创业知识溢出的影响作用，并检验了创业人才关系资本在两者间的调节效应。

再次，将创业行为、知识溢出和产业集群发展纳入同一个研究层面，对三者间的关系进行了实证研究。通过文献调研、深度访谈和问卷调查，运用项目分析、因子分析研究方法，构建了产业集群发展绩效的三维度指标测量体系，编制了产业集群发展绩效的测量量表。从宏观和微观多维度的视角，提出了基于知识溢出的创业行为驱动产业集群发展的假设模型，运用结构方程模型方法，对假设模型进行了实证检验，最终揭示了创业行为、知识溢出驱动产业集群发展的作用机理。

最后，运用多案例研究方法，通过选取上海市商业智能产业集群五家创业企业作为样本，对创业行为、知识溢出和产业集群发展关系进行验证性分析，更深入和更具体地揭示创业行为中的知识溢出效应和创业行为驱动产业集群发展的作用机理，并对前述理论研究模型进行逻辑合理性验证。在定量和定性研究结论的基础上，运用归纳研究方法，构建了创业行为对产业集群发展的驱动模型。

本研究旨在剖析产业集群环境下创业的关键行为，探索和分析创业行为中的知识溢出现象，揭示基于知识溢出的创业行为驱动产业集群发展的作用机理。这一研究成果将拓展创业行为的研究视域，丰富产业集群发展理论，同时能为创业人才创业选址、创业学习和产业集群政策制定提供理论和实践参考。

目录

1 绪 论 ………………………………………………………………… 1

1.1 选题来源与研究背景 / 1

1.1.1 选题来源 / 1

1.1.2 研究背景 / 2

1.2 关键问题与研究内容 / 5

1.2.1 关键问题 / 5

1.2.2 研究内容 / 6

1.3 研究方法与技术路线 / 8

1.3.1 研究方法 / 8

1.3.2 技术路线 / 9

1.4 主要创新点 / 10

1.5 研究价值 / 12

1.5.1 理论价值 / 12

1.5.2 实际应用价值 / 13

2 国内外文献综述……………………………………………………… 16

2.1 产业集群发展的理论研究 / 17

2.1.1 产业集群与产业集群发展 / 17

2.1.2 产业集群的发展机理 / 18

2.1.3　产业集群的发展模式 / 21
2.1.4　产业集群的发展阶段 / 23
2.2　创业行为的理论研究 / 26
2.2.1　创业者与创业人才 / 26
2.2.2　创业与创业行为 / 29
2.3　知识溢出的理论研究 / 33
2.3.1　知识溢出的内涵 / 33
2.3.2　知识溢出分类 / 35
2.3.3　知识溢出的途径 / 37
2.4　现有研究的评析 / 38

3　产业集群创业行为研究 ………………………………………… 41
3.1　产业集群创业行为内容维度的理论分析 / 41
3.1.1　创业机会识别 / 42
3.1.2　创业团队组建 / 44
3.1.3　创业资源整合 / 46
3.1.4　创业网络构建 / 48
3.1.5　模仿行为 / 50
3.2　产业集群创业行为的测量 / 52
3.2.1　量表设计 / 52
3.2.2　变量测度 / 54
3.2.3　数据收集 / 60
3.3　产业集群创业行为结构模型的构建 / 61
3.3.1　描述性统计 / 61
3.3.2　项目分析 / 63
3.3.3　探索性因子分析 / 68
3.3.4　验证性因子分析 / 71
3.4　本章小结 / 74

4 产业集群创业行为中的知识溢出效应 ······························ 75
4.1 创业行为中的知识溢出现象 / 75
4.1.1 创业知识溢出概念的界定 / 76
4.1.2 创业知识的溢出路径分析 / 78
4.2 创业行为对创业知识溢出的影响分析 / 82
4.2.1 创业行为与创业知识溢出 / 82
4.2.2 关系资本与创业知识溢出 / 84
4.2.3 关系资本对创业行为与创业知识溢出关系的调节作用 / 86
4.3 创业行为对创业知识溢出影响的实证检验 / 88
4.3.1 数据收集 / 88
4.3.2 测量工具及其检验 / 89
4.3.3 统计分析 / 96
4.4 本章小结 / 103

5 创业行为、创业知识溢出对产业集群发展的作用机理 ············ 105
5.1 相关文献综述 / 105
5.1.1 产业集群与创业行为 / 105
5.1.2 创业行为与产业集群发展 / 108
5.1.3 知识溢出与产业集群发展 / 112
5.2 产业集群发展绩效的测量 / 115
5.2.1 量表开发的理论基础 / 115
5.2.2 量表开发步骤 / 117
5.2.3 量表的信度和效度检验 / 121
5.3 关系模型的构建与验证 / 129
5.3.1 理论推导与研究假设 / 129
5.3.2 数据收集 / 131
5.3.3 变量测量 / 132

5.3.4 研究结果 / 135
5.3.5 结果讨论 / 137
5.4 作用机理的实证分析 / 138
5.4.1 理论推导与研究假设 / 138
5.4.2 数据收集与变量测量 / 143
5.4.3 研究结果 / 145
5.4.4 结果讨论 / 149
5.5 本章小结 / 152

6 创业行为驱动产业集群发展的验证性案例研究 …………………… 154
6.1 研究设计 / 154
6.1.1 研究方法 / 154
6.1.2 案例选择 / 155
6.1.3 数据收集 / 156
6.2 案例描述与分析 / 157
6.2.1 案例描述 / 157
6.2.2 案例分析 / 163
6.3 创业行为对产业集群发展的驱动模型构建 / 165
6.3.1 结论与讨论 / 165
6.3.2 模型构建 / 174
6.4 本章小结 / 175

7 研究结论与展望 …………………… 177
7.1 研究结论 / 177
7.2 研究展望 / 179

参考文献 …………………… 182

重要术语索引表 ………………………………………………………… 202

附　录 ………………………………………………………………… 206

附录 1　访谈提纲 / 206

附录 2　访谈记录 / 208

附录 3　调查问卷 / 222

1 绪 论

1.1 选题来源与研究背景

1.1.1 选题来源

本选题来源于教育部人文社会科学一般项目“创业行为对产业集群内涵式发展的作用机理研究：基于知识溢出视角”（项目号：13YJC630198）和国家自然科学基金面上项目“产业集群发展与创业人才孵化互动机理研究”（项目号：70872034）。本书以产业集群环境下创业人才的创业行为为研究对象，旨在揭示创业行为对产业集群发展的驱动机理。这一研究不仅弄清了产业集群情景下创业行为的内容维度，实证分析了创业行为中的知识溢出效应，界定了产业集群发展绩效构念，构建了一个中介框架模型揭示创业行为、创业知识溢出对产业集群发展绩效的作用机理；而且对于创业人才在创业选址、创业技巧和创业资源获取等创业实践活动方面具有参考和借鉴作用，也能为相关政府部门在制定创业、创业人才吸引、产业集群发展等政策方面提供理论指导和决策依据。

1.1.2 研究背景

（1）产业集群蓬勃发展，成为推动区域经济发展的巨大力量。产业集群究竟始于何时，并没有确实的说法。不过，据英国著名经济学家马歇尔（Alfred Marshall，1842—1924）考证，早在1250年就有关于生产集中现象的记载，而在马歇尔时代，在英国曼彻斯特、兰开夏郡等地出现了多种不同类型的产业集群，在德国海德堡和奥芬堡出现了较大规模的印刷机械产业集群（波特，2002）。随着欧美国家陆续进入和完成工业化，特别是自20世纪80年代以来，伴随着经济全球化以及由此带来的生产要素在全球范围内自由流动和优化配置，产业集群在这些国家大量出现并成型。因此，当波特于1990年第一次提出用“产业集群”概念来界定生产的地域集中现象时，产业集群已经在很多国家和地区生根发芽了。

在美国，到20世纪90年代中期，380个产业集群生产了全美接近60%的产出；在德国，早在19世纪初就出现了印刷机械产业集群，二战后，在西德南部和中部形成了大量产业集群，如斯图加特的机床产业集群、图特林根的外科器械产业集群；在法国，虽然产业集群发展较晚，但同样分布着为数不少的产业集群，最有代表性的是布雷勒河谷的香水玻璃瓶产业集群，它是世界香水瓶制造中心，占全球香水瓶制造份额的80%；在英国，金融、生物技术、IT产业集群最为明显，其中，在苏格兰科技园区集聚了大量电子生产、研发、销售企业，其集成电路产量占英国的79%，占欧洲的21%。此外，瑞士居鲁诺的钟表产业集群、丹麦日德兰半岛家具业集群也都较为著名。在发展中国家，印度各地分布着大量的产业集群，约350个不同类型产业集群创造了印度制造业出口额的60%，被誉为“亚洲硅谷”的印度班加罗尔电子信息产业集群，在2001年软件公司数量已达812家，其出口总额约占印度软件出口总额的50%。

同样，在我国的区域版图上，产业集群星罗密布，在全国主要省市都有产业集群的影子，成为推动和促进区域发展的重要力量，且在整个国民经济中的地位越来越重要。据《中国产业集群发展报告》（魏江、顾强，

2009）显示：从长三角地区来看，浙江有产值亿元以上的产业集群600多个，其中10亿元以上的有285个，集群的工业总产值（或销售收入）超过万亿元，占全省总量的1/2；江苏155个产业集群实现销售收入占全省的40%，利润占全省的53%，高新技术产业集聚区实现增加值占GDP比重达30%以上；上海60%的工业总产值是产业集群贡献的。从珠三角和福建地区看，广东具有较大规模的产业集群有64个，集群内企业有101500个，从业人员数大约为354.7万人，销售收入达6122.94亿元；福建49个重点产业集群实现销售收入5513亿元，占全省的59.35%，实现利润总额248.06亿元，占全省的55.54%，省级以上名牌产品、著名商标1430个，占全省的79%。从环渤海地区看，北京六大高端产业功能区经济总量占全市的1/3，经济贡献率高达全市的3/4，实现利润占全市的1/2；天津有17个重点产业集群实现销售收入944.57亿元，利润总额55.3亿元，拥有省级以上名牌和著名商标8个；河北营业收入5亿元以上的产业集群有238个，销售收入占全省的28.1%，利润占全省的23.1%，省级以上名牌产品91个，占全省的20.9%，著名商品118个，占全省的13.7%；山东销售收入过5亿元的产业集群有220个，实现销售收入占全省的28.2%，利润占26.5%，名牌产品、著名商标占全省的40.2%。此外，东北地区辽宁、西南地区四川和重庆、华中地区湖北和河南、西北地区陕西等地的产业集群也较发达。

以上数据和信息说明：产业集群作为提升区域竞争力甚至是国家竞争力的一种产业组织形式，已经成为当前影响世界经济格局的一个重要因素，成为伴生在经济全球化浪潮中的一种新的景观。

（2）创业行为不断涌现，成为推动产业集群发展的重要力量。创业人才是推动产业集群发展的一个重要资源，其创业和创业行为是推动产业集群发展的重要力量（Feldman，2001，2005；朱华晟，2003；魏江，2004）。创业活跃的时期往往是产业集群迅猛发展的时期。在美国硅谷，生产的半导体集成电路占美国总产量的1/3，生产的电子计算机占美国总产量的1/6；高学历的科技人员占从业人员的80%以上；在其快速发展的1990—

2002年间，新成立了166200家企业，其中，2000年净增4500家企业，2001年净增6700家，2002年净增12600家。在北京中关村，据2012年发布的“北京中关村指数”显示：创新创业人才加速向中关村“人才特区”集聚，2011年从业人口达138.5万人，其中，大学本科及以上学历从业人员占1/2左右；新创办的企业数达4243家，创新创业活动踊跃，对北京市经济发展的支撑作用愈发明显。据相关统计数据显示：在迅猛发展的武汉光谷，2009年的从业人员近30万人，其中，科技人员7万多人，约占总数的1/4；截至2011年，高新技术企业数2200多家，其中，获高新技术企业认定的企业总数达356家，约占湖北省高新技术企业总数的1/3；企业总数13000多家，平均每天就有近6家企业诞生，光谷地区呈现出蓬勃的发展活力。

（3）知识溢出现象明显，成为推动产业集聚和集群发展的内在力量。知识溢出是产业集群这一组织形态的一个重要特点，在产业集群内，知识溢出现象普遍存在。

从产业集群环境内知识溢出源来看，Von Hippel（1998）研究认为，大多数企业的创新并不是来自于企业自身的发明创造，而是借助于外部知识源或创新源，在产业集群内，与企业联系的供应商、客户、竞争企业、集群服务中介机构都可能成为知识溢出的源头；Stephanie & Patrick（2003）研究认为，企业的信息或知识主要来源于竞争企业、用户、供应商、大学或科研机构、专利出版、会议或展览会等；魏江（2003）将产业集群内的知识溢出源划分为企业自身、用户企业、竞争或互补企业、供应商、代理机构和公共服务机构六类。

从产业集群环境内知识溢出的途径来看，Mansfield（1995）通过调研发现，知识溢出的典型途径包括：员工流动、非正式交流、会议、客户与供应商的知识输入、专利的使用、逆向工程；魏江（2003）认为，产业集群环境下知识溢出的途径主要有员工流动、非正式交流、合作创新、企业衍生等四种类型；David（2005）认为，企业参加商业展览、用户走访、阅读业内专业刊物、观察以及研究竞争产品都可能成为知识溢出的渠道。

从知识溢出对产业集群发展的意义来看，一方面，知识溢出促进产业的集聚和产业集群的形成与发展，Jaffe & Henderson（1993）研究认为，知识溢出是企业间空间距离的函数，企业之间的空间距离越短，越有助于知识的溢出和扩散，在产业集群内，某一企业通过创新或研发所获得新知识的大部分会发生外溢，成为公共知识，其他企业只有集聚于这一企业周围，才能获取知识溢出的好处；另一方面，知识溢出对集群整体创新水平有积极的影响作用，Bottazzia & Peri（2003）在进行区域研究时发现，知识溢出对邻近地区的创新具有显著的正向影响作用，这种影响随空间距离的扩大而减弱，并且对外在知识的吸收能增加企业的知识存量，而知识存量与创新正相关。

1.2 关键问题与研究内容

1.2.1 关键问题

本研究的最终目的是揭示创业行为对产业集群发展的驱动机理，即要解决的一个核心问题是：创业行为究竟是如何驱动产业集群发展的？围绕这一核心问题，运用理论研究和实证研究方法，重点需要明确以下几个关键问题：

（1）创业人才对产业集群发展的驱动作用，主要是通过其创业行为来实现的（Feldman，2001；朱华晟，2003）。创业行为是创业人才基于一定的创业意图和创业机会，为实现创业目的而实施的一系列行为。产业集群内的创业行为是一个抽象和广泛的概念。因此，界定产业集群环境下的创业行为是本研究的一个基础性工作，创业行为究竟是一种什么行为？产业集群内创业行为的关键行为要素是什么？

（2）通过文献研究发现，创业行为中有知识溢出现象（Acs Z. J，Braunerhjelm P，Audretsch D. B，2009；王立平，2006）。创业行为中知识溢出是指创业者的创业知识被潜在或后续创业者获取而没有获得任何补偿，或补偿的价值小于创业知识价值的现象，是知识溢出的一种特殊形式。在产业集群环境下，创业人才的创业行为中是否有知识溢出现象？溢出的知识类别是什么？创业行为对创业知识溢出有什么样的影响作用？

（3）根据发展的形式和路径不同，产业集群发展可划分为内涵式（集约式）和外延式（粗放式）发展。内涵式发展强调以集群内部因素为动力和资源的发展，外延式发展强调以集群外部因素为动力和资源的发展。“内涵式”是产业集群发展升级的根本途径（波特，2002；王缉慈，2007；Pietrobelli & Rabellotti，2004）。本研究在考察产业集群发展时，将着重考察产业集群的内涵式发展，那么，产业集群内涵式发展的本质与核心要素是什么？怎么对产业集群发展进行评估和测量？

（4）创业和创业行为能促进产业集群发展（Feldman，2001；魏江等，2004；Feldman & Francis，2003；买忆媛等，2007；林学军，2008）；知识溢出同样是推动产业集群发展的重要因素（Lucas，1988；Kurgan，1991；Jaffe & Henderson，1993）。在解决了界定产业集群环境下创业的关键行为，弄清创业行为中的知识溢出效应，以及明确产业集群发展评估三个关键问题的基础上，最终解决创业行为、知识溢出是如何驱动产业集群发展这一关键问题，实现本书的研究目标。

1.2.2 研究内容

针对本研究有待解答的四个关键性问题，本书将着重开展以下五个方面的研究工作：

（1）文献回顾与综述。文献综述是围绕某一主题，对原始文献中的数据、资料、观点进行整理、分析、提炼的过程，是总结和综合该主题前人已做了的研究工作，是了解当前研究水平，分析存在问题的一个惯常做法。该部分内容将围绕本研究涉及的关键词来开展文献综述研究工作，具体包括产业集群与产业集群发展、创业者与创业人才、创业与创业行为、知识溢出等。

（2）构建产业集群内创业行为理论模型。创业与创业活动是众多学者研究的一个热点问题，Timmons（1999）、Gartner（1985）、Wickham（1998）、Sahlman（1999）、Christian（2000）等学者提出了众多创业模型。产业集群环境下的创业与一般创业的差异性决定了产业集群内创业行为模型与蒂蒙斯（Timmons，1999）等学者的经典创业过程模型应该是有差异的。通过深度访谈、问卷调查等实证分析，提取产业集群内创业行为的内容维度，构建产业集群内创业行为的理论模型。

（3）产业集群创业行为的知识溢出效应。产业集群内创业行为知识发生外溢而被集群内其他成员共享，这一知识溢出现象会对产业集群发展产生正面效应。通过问卷调查、案例研究等来实证产业集群内创业行为中的创业知识溢出效应。本内容将分为两步：第一步，理论分析创业知识溢出的内容维度，借鉴成熟量表，建立创业知识溢出测量模型；第二步，研究创业行为对创业知识溢出的影响作用，考虑到创业人才的关系资本在创业行为与创业知识溢出关系中起调节作用，将关系资本作为调节变量引入模型进行分析。

（4）探求三者关系和创业行为、创业知识溢出对产业集群发展的作用机理。在弄清产业集群环境下创业行为的结构维度、分析创业行为中知识溢出效应的基础上，揭示创业行为、创业知识溢出对产业集群发展影响的作用机理。这其中包括两个方面的研究内容：其一，产业集群发展的本质、结构和测量。产业集群发展的评价实质是产业集群发展绩效的评价，其评价指标既可以是定量指标，也可以是定性指标。本研究将通过问卷调查、深度访谈、实地调研等实证研究，建立产业集群发展绩效综合评价指标体系。其二，由于创业行为、创业知识溢出、产业集群发展绩效都为多维度构念，为了揭示三者的关系作用，先从整体上进行研究，再结合整体研究结论，分析多维度间的关系作用，进而揭示创业行为、创业知识溢出对产业集群发展的作用机理。

（5）通过验证性案例研究，构建创业行为对产业集群发展的驱动模型。虽然创业与创业活动以及知识溢出对产业集群发展的作用研究，先前学者都已有所涉及，但是并没有将创业行为、创业行为中的知识溢出、产业集群发展作为一个整体来开展研究。本书将在前述定量研究的基础上，通过案例研究生动呈现三者间的关系作用，验证定量研究的结论。案例研究是探究关系、构建理论的有效方法，能够具体回答“为什么”“怎么样”的问题（Yin，1994；Lee，1999；毛基业，2010）。在此基础上，综合定量与定性研究结论，构建创业行为对产业集群发展的驱动模型。

1.3 研究方法与技术路线

1.3.1 研究方法

本研究将根据理论研究和实证研究、定性研究与定量研究相结合的方法论原则，综合采用如下方法：

（1）文献研究法。在全面回顾有关创业行为、知识溢出以及产业集群发展文献的基础上，总结已有的研究成果，分析现有研究中存在的不足，寻找本研究的重点和突破口，为研究内容的设计做好铺垫。另外，通过文献调研和分析，为本研究内容中问题和研究假设的科学提出打下基础。

（2）问卷调查法。问卷调查的目的是为了取得产业集群创业行为结构维度、创业知识溢出效应以及创业行为、知识溢出对产业集群发展的作用机理等实证研究所需的数据。在对数据进行整理和录入的基础上，运用SPSS（15.0）和AMOS（7.0）软件对数据进行统计分析，对概念模型和研究假设进行验证。

（3）案例分析法。在产业集群内选取若干个有代表性的创业企业作为案例，对案例进行深入剖析，获取创业行为、知识溢出、产业集群发展的主观认识，了解创业行为、知识溢出效应、产业集群发展三者之间的关系，为驱动模型建构提供基础。

（4）访谈法。深度访谈作为案例研究获取资料和数据的一种基本手段，本研究对来自上海市商业智能产业集群的五位创业人才进行了深度访谈。另外，还对来自不同集群创业人才、专家学者、集群管理者等进行了半结构式访谈，获得其对创业行为、产业集群发展的主观感受，为调查问卷的科学编制提供素材和基础。

1.3.2 技术路线

第一，对本书的研究背景、关键问题和研究内容、研究方法与研究路线以及创新点等几个基本内容进行简要介绍，从宏观角度呈现本研究的全貌。

第二，在文献调研的基础上，回顾已有创业行为、知识溢出、产业集群发展的研究成果，并对相关研究内容进行综述，分析不足，为本研究寻找着力点和突破口。

第三，开发测量工具，验证产业集群内创业行为的构思维度。通过文献调研、深度访谈、预调查，初步编制产业集群环境下创业行为的测量量表。通过因子分析对量表的信度和效度进行检验，形成正式调查问卷，然后对问卷调查后收集的数据进行统计分析，建立产业集群环境下创业行为的结构模型。

第四，检验产业集群内创业行为对创业知识溢出的影响作用。在理论分析创业行为中知识溢出现象的基础上，通过文献调研和借鉴成熟量表，科学制定创业知识溢出测量工具，然后，通过问卷调查，对创业行为与创业知识溢出的关系作用进行实证分析。

第五，检验创业行为、创业知识溢出对产业集群发展的影响作用。通过文献调研、深度访谈、预调查，初步编制产业集群发展绩效的评价指标。通过因子分析对量表的信度和效度进行检验，形成正式问卷，然后对问卷调查后收集的数据进行统计分析。从整体的角度分析、研究三者间的关系，同时从部分的角度对多维度关系进行研究，揭示创业行为、知识溢出对产业集群发展的作用机理。

第六，通过实地调研和案例研究，探究创业行为、知识溢出与产业集群发展三者间的关系，为前述研究中概念模型和科学假设做验证性分析，并建立创业行为对产业集群发展的驱动模型。

最后，研究结论与展望。总结研究成果，分析研究局限，探讨创业行为和产业集群发展的策略，并提出下一步的研究问题和方向。

综合本书的研究内容和研究方法，本研究的技术路线如图 1－1 所示。

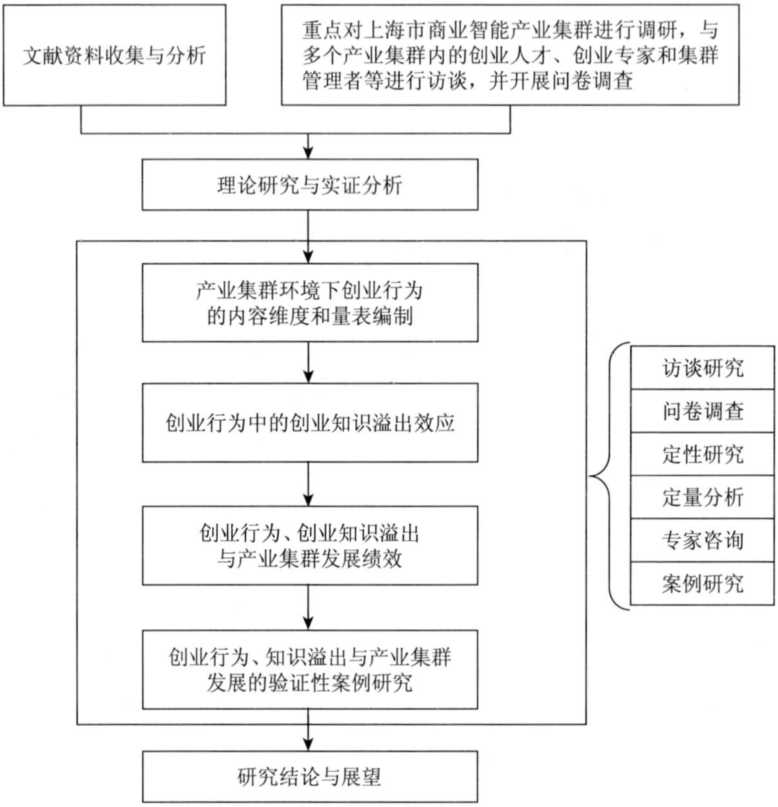

图 1－1　研究框架与技术路线

1.4　主要创新点

本书综合运用了文献调研、案例分析和实证研究等方法，围绕产业集群环境下创业人才的创业行为、创业知识溢出和产业集群发展这一核心问题进行了深入、系统的研究，取得了以下几个方面的突破和创新：

（1）建立产业集群环境下创业人才创业行为的结构模型。有关创业和创业活动的研究较为普遍，也诞生了多种有代表性的创业模型，如蒂蒙斯模型、加纳模型、威克姆模型、克里斯蒂模型等，而产业集群内创业人才的创业行为模型的建构则具有开创性。本研究通过理论研究和实证验证，提出了产业集群环境下创业行为是一个包含创业机会识别、创业团队组建、创业资源整合、创业网络建构、创业模仿行为五维度的二阶模型。

（2）揭示创业行为中的创业知识溢出效应。目前，国内有关创业知识溢出的研究才刚刚起步，主要侧重于企业家精神、测度以及与区域经济增长的关系方面，对于创业活动知识溢出机理研究还很少（李燃、王立平、李琴琴，2012）。本研究通过理论研究和实证研究，对创业行为的知识溢出现象进行了分析，提出了创业知识溢出包含创业机会捕捉知识溢出和克服新进入缺陷知识溢出两个方面的结论，并对创业行为、创业人才关系资本对创业机会捕捉知识溢出和克服新进入缺陷知识溢出的影响机理进行了实证研究。

（3）产业集群发展绩效的结构和测量。产业集群发展是一个动态的概念，其评价也是一个难点。目前，从产业集群发展的评价方法来看，主要有两种基本形式：主观评价和客观评价，各研究学者提出的评价指标也不尽相同；从产业集群发展的评价角度来看，有外延式发展和内涵式发展两个视角。考虑到集约式、内涵式、可持续发展的基本理念，本研究对产业集群发展的评价主要侧重于内涵式、注重质量的评价，并且基于主观指标和客观指标测量具有显著相关性及测量结果具有一致性的研究结论（Chandle & Hanks，1994；Covin & Slevin，1994），采用主观指标来度量产业集群发展。通过文献调研、深度访谈、预测试、问卷调查等研究方法和手段，建构了产业集群发展绩效的产业关联、主体交互和集群创新三个内容维度，并对此理论构思进行了实证检验。

（4）揭示创业行为、创业知识溢出对产业集群发展的驱动机理。创业者和创业活动对产业集群发展的影响作用（Saxenian，1994；Porter，2000；Feldman，2005）以及知识溢出对产业集群发展的促进作用（Kurgan，

1991；Freeman，1991；Breschi & Lissoni，2001）都有较成熟的研究成果，但将创业行为、创业知识溢出与产业集群发展作为一个整体来开展研究的做法还很少，这方面具有创新性。另外，从以前的研究方法来看，主要侧重采用案例研究、理论研究的方式来揭示创业活动与产业集群以及知识溢出与产业集群之间的关系，较少采用调查数据的方式开展实证研究。本研究将创业行为、创业行为中的知识溢出、产业集群发展作为一个整体来实施研究，在界定产业集群环境下创业行为、创业知识溢出、产业集群发展绩效三个关键构念的基础上，通过问卷调查和实证研究，深入揭示创业行为、创业知识溢出对产业集群发展的作用机理，建立创业行为对产业集群发展的驱动模型。

1.5 研究价值

1.5.1 理论价值

创业人才是产业集群发展的主体力量，而这一主体作用是通过其创业行为来实现的。本研究采用定量和定性研究相结合的研究方法，在弄清产业集群内创业人才创业行为内容维度，实证创业行为知识溢出效应，界定产业集群发展绩效评价指标的基础上，研究创业行为和创业知识溢出是如何推动产业集群发展的，探究其内在驱动机理。其理论意义主要体现在以下几个方面：

第一，构建了产业集群情景下创业行为的五因素理论模型（即机会识别、团队组建、资源整合、网络建构、模仿行为）和测评体系，并验证该模型的构思效度、收敛效度、区分效度和信度。创业模型不是一个新命题，国内外学者也都曾提出过内容迥异的创业模型。但以前对创业行为进行研究有的从一般层面出发，缺乏特殊性的构念；有的从个别行为出发，比较零散缺乏整合性。本研究在产业集群情景下具体研究创业行为的内容结构，延展和丰富了创业行为理论。

第二，研究了产业集群情景下创业行为中的创业知识溢出效应，扩展了知识溢出的研究领域。知识溢出是研究产业集群优势的一个重要视角，但大多数研究侧重于宏观层面，对知识溢出微观机制的研究还很少。本研究以创业行为中知识溢出为研究对象，深入分析了创业知识溢出现象，实证研究了创业行为对创业知识溢出的影响作用，并关注到创业者关系资本在两者关系中的调节作用。在研究过程中，得出如下结论：创业知识溢出包括创业机会捕捉知识溢出和克服新进入缺陷知识溢出两部分内容，并得到实证检验；创业行为促进了创业知识的溢出，既有助于创业机会捕捉知识的溢出，也有助于克服新进入缺陷知识的溢出；创业者的关系资本对创业行为中的知识溢出有一定的调节作用。

第三，提出了“产业集群发展绩效”的构念，界定了产业集群发展绩效的概念、结构，建立了测评体系。产业集群发展及评价指标的建构研究已有较成熟的理论。但实际上，产业集群发展是一个广泛的概念，既有产业集群外延式发展也有产业集群内涵式发展。本研究聚焦于更具有可持续的产业集群内涵式发展，对其概念、维度、结构、测量等进行了深入的研究。结果表明：产业集群发展绩效主要是通过产业关联、主体交互和集群创新三个维度来进行衡量。该内容研究细分和丰富了产业集群发展理论。

第四，该研究在创业影响产业集群、知识溢出影响产业集群的基础上，将三者整合在一起，构建一个中介框架并进行了检验，揭示了创业行为、创业知识溢出对产业集群发展绩效的作用机理。产业集群发展的前因变量众多。创业行为对产业集群有什么影响？创业行为中的知识溢出对产业集群是如何产生影响的？本研究从创业行为、创业知识溢出的角度来探讨对产业集群发展绩效的影响作用，细化了研究边界。

1.5.2 实际应用价值

本研究的基本内容是探究产业集群环境下创业人才的创业行为、创业知识溢出对产业集群发展绩效的驱动机理，该研究成果对于创业者创业实践和相关部门在制定产业集群发展政策方面有重要的实际应用价值。具体来说：

（1）在创业者创业实践方面。一是对于具有一定创业意愿和创业能力的初始创业者而言，如何创业，创业活动有哪些，哪些创业活动因素更有助于创业成功等问题是创业者需要认真思考和试图解决的重要问题。本研究有关创业行为的研究结论，帮助初始创业者认清一个基本事实：创业不仅要关注创业机会的搜寻、创业资源的获取与整合、创业团队的构建，还应该重视创业网络的形成和创业学习与模仿。创业的五大行为要素对于创业成功具有关键性作用，创业能否成功很大程度上取决于五大行为的实践和落实程度。

二是创业选址是创业者需要斟酌的一个重要问题。创业地址的好坏关乎到创业成本的高低、创业的难易程度，甚至是创业的成败。有关产业集群创业行为的研究，揭示了一个基本的创业道理：创业最好选择产业集群、产业集聚或创业集聚的区域。集聚区由于具有地域毗邻、产业关联、资源集聚等优势，更有助于创业行为的实践和落实，更有助于创业机会的搜寻、资源的获取、团队成员的选择、创业网络的建构以及创业学习和模仿。

三是创业是需要学习的，学习是知识吸收与扩散的过程，创业者应该善于学习。有关创业行为知识溢出的研究，有助于帮助创业者树立创业学习的意识。在产业集群范围内，知识溢出被认为是产业集群的一大优势，溢出的知识包括行业知识、技术知识、市场信息等，但同时也应该包括创业知识。因此，对于初始创业者而言，在集聚区内，除了学习和吸收有关行业知识、技术知识、市场信息等知识外，还应该学习和吸收其他在位创业者和先前创业者的创业知识。创业知识的学习与吸收有助于创业意识的培养和创业能力的提高。初始创业者应该有意识地通过参加创业沙龙、创业宣讲、创业榜样等活动，加强创业学习，吸收溢出的创业知识。

（2）在产业集群发展政策方面。一是根据发展的形式和路径的不同，产业集群发展可划分为内涵式发展和外延式发展。作为政府和相关职能部门，要关注产业集群的外延式发展，扩大集群规模，提高集群产品市场占有率和集中度，但更需要关注内涵式发展，关注产业集群结构优化和质量。本书重点研究了基于产业集群的内涵式发展的集群发展绩效，相关研究结论有助于相关政府职能部门形成正确的产业集群发展观，将发展的重点放在产业集群的产业关联、主体交互和集群创新上，这不仅有利于集群产业链的完善和延伸，而且有助于集群内资源共享，提高集群效率和集群创新水平，实现产业集群的演化升级。基于此，政府职能部门可在政策制度、资源配置等方面给予支持。

二是基于在产业集群内有创业知识溢出效应以及创业知识溢出与创业行为相互影响的结论，政府和相关职能部门在促进产业集群内的创业活动方面是大有可为的。一方面，相关职能部门可以搭建创业知识交流的平台，如创业沙龙、创业论坛、创业导师制、创业榜样等活动或载体，为创业者学习交流和知识流动搭建平台、营造氛围，这有助于激发潜在创业者的创业意愿，提高创业能力；另一方面，相关政府职能部门可以出台创业培训、创业教育等方面的政策制度，由市场主体来操办创业知识交流平台，为产业集群内的创业知识流动提供良好的制度环境，营造生动活泼的创业氛围。

三是在“大众创业、万众创新”的新时期，为创业创新人才提供服务是政府和相关职能部门义不容辞的职责。在创业方面，结合本研究有关创业五大关键行为（创业机会识别、资源获取与整合、团队组成、网络创建、学习模仿）的结论，政府及其相关职能部门可提供的服务包括：税费优惠、创业者培育、创业孵化、融资帮扶、破除体制机制的“藩篱”等。具体来说，就是要对小微企业、投向创业活动的天使投资提供税费优惠；加强创业教育，营造大众创业氛围；发展创业孵化和营销、财务等第三方服务；创新投资联动、股权众筹等融资方式，鼓励发展相互保险；破除禁锢创业者发展和流动的藩篱，扫清创业障碍等。

2 国内外文献综述

已有关于产业集群发展规律的研究有两种基本思路：内在驱动和外在推动。内在驱动主要是指从产业集群这一组织形式内在优势来源出发，如从外部经济、规模经济、交易成本、集体行为、知识共享等产业集群的优势来源来分析产业集聚和集群形成与发展的动因；外在推动主要是从产业集群的孵化条件来分析产业集群形成与发展的原因，如资源禀赋、区位优势、历史文化、政策扶持等外在条件推动产业集群的形成与发展。显然，产业集群发展这一结果变量，是一个多维前因变量综合作用的结果，既包括产业集群组织形式的内在优势，也包括外在的适宜环境。创业人才创业行为同样是推动产业集群发展的重要力量，正因为如此，创业活跃的时期往往是产业集群迅猛发展的时期。作为一个特定群体的创业人才究竟是如何推动产业集群发展的？创业人才在产业集群发展中的主体力量是通过其创业行为来实现的，创业行为往往具有示范效应，催生出更多“连环创业者”（Serial Entrepreneurs），进而促进产业集群发展，示范效应本质上是一种知识溢出现象。基于此，全面回顾产业集群、创业行为、知识溢出的相关理论是一项基础性研究工作。

2.1 产业集群发展的理论研究

2.1.1 产业集群与产业集群发展

迈克尔·波特（Michael E. Porter，1998）认为，产业集群是一组地理上靠近的相互联系的公司和关联机构，它们同处在一个特定的产业领域，由于具有共性或互补性而联系在一起。魏江（2009）分析认为，地理集中性是指产业集群所有成员企业和相关成员要素（公共服务机构、代理机构）在地域上相互邻近，共同锁定于某一特定区域，具有明显的地域相关特征；产业特性是指该地域内积聚的成员企业从事某一产业或相关产业的生产和服务，成员之间有广泛的劳动分工和紧密的合作，形成了具有某一产业特色的生态系统，至于具体的联接方式，可以是基于产业链关系、供应商—客户关系、或其他竞合互动关系等。

发展是事物从小到大，从低级到高级，从简单到复杂的变化过程。产业集群发展是产业集群从无到有，从雏形到形成、成长、成熟，从低级到高级的演化过程。产业集群发展在区域经济和产业发展中占有重要地位。从经济方面分析，首先，产业集群具有拉动功能。产业集群是地区竞争优势来源和区域经济发展的增长极，对经济发展具有重大的拉动作用。其次，产业集群具有吸附功能。它集中表现于龙头企业主导的产业集群，龙头企业的入驻，经常会吸引大批配套和服务厂商的加入。再次，产业集群具有扩散功能。某一初始企业的创业成功，会形成巨大的示范效应，带动更多创业者创业，形成企业在区域上的集聚，并将进一步催生新的上下游企业的出现，完善产业链，促进专业化。同时，由于大量企业的集聚会产生联合需求，这将促成专业化市场的出现和辅助性服务行业的形成。最后，产业集群的发展还具有辐射功能，不仅会促进当地经济的发展，还会带动临近地区相关产业的发展。从社会发展的角度分析，产业集群的发展还会推动创业就业和城镇化建设（顾强，2004）。

产业集群发展是一个广泛而抽象的概念。根据发展的形式和路径的不同，将产业集群发展划分为内涵式（集约式）发展和外延式（粗放式）发展。马克思在《资本论》里指出：如果生产场所扩大了，就是在外延上的扩大；如果生产效率提高了，就是内涵上扩大了。内涵式强调创新和效率，常与集约式发展相联系，外延式强调规模，常与粗放式发展相联系。集群内涵式发展是以集群内部因素为动力和资源的发展，注重结构优化、资源整合和质量提高，主要是适应内部需求表现出的内涵提升；外延式发展是以集群外部因素作为动力和资源的发展，注重数量增长、规模扩大、空间拓展，主要是适应外部的需求表现出的外形扩张。产业集群需要外延式发展扩大规模，提高产品市场占有率，但更需要内涵式发展，实现产业集群的结构优化，提升产业集群创新能力和水平，提高产业集群整体质量（唐清泉、张芹秀，2008）。

2.1.2 产业集群的发展机理

机理乃事物发展的理由和道理，有关产业集群的发展机理涉及产业集群发展的基础理论、发展条件、发展动力等。

在产业集群的基础理论方面，早期的亚当·斯密和马克思的分工协作理论解释了产业集群发展的内在原因，建立在分工和协作基础上的企业生产，可以产生比分散生产更低的成本和更高的效率，因此，分工协作是产业集群发展的基本条件。马歇尔认为，外部规模经济是产业集群形成与发展的重要原因，并将产业集聚的地方叫作“产业区”，在“产业区”内，企业可以降低搜寻成本和辅助生产成本，信息溢出、知识溢出和创新环境都促进了产业集群的发展。韦伯（Alfred Webber，1909）、廖什（August Losch，1940）认为，费用成本最小的区位是最好的区位，企业集聚能带来成本的节约，这是产业集群形成与发展的动因。Piore 等（1984）进一步认为，地理邻近不一定是竞争优势的充分条件，还应该注意信任和灵活的生产系统的重要作用，从企业和企业所处的社会环境之间的互动关系出发来探究产业集群的形成与发展的动因。佩鲁（F. Perrour，1950）认为，产业集群的形成与发展是因为有起支配作用的经济单位存在，即“推动性单位”的存在，这种推动性单位往往是具有发展前景的、有广泛市场需求的、具有较强带动作用的产业。熊彼特（Schumpeter）认为，创新不是一个孤立事件，趋于群集或成簇的发生，技术创新及其扩散促使具有产业关联性的众多企业形成集群。Lundvall（1988）、Freeman（1995）认为，地理集中为信息交流和知识外溢提供便捷，从而促进创新的发展，集中化的创新环境是创新过程的必要条件。克鲁格曼（Krugman）运用不完全竞争经济学、递增收益、路径依赖和累积因果关系理论来解释产业在空间上的集聚，还提出了基于规模报酬递增的“中心—边缘”理论，认为一个经济规模较大的区域，由于向前和向后的产业关联，会出现自我持续集中的现象，经济规模越大，集中越明显。迈克尔·波特（Michael E. Porter）从竞争力的角度解释产业集群的存在，产业集群这一组织形式能降低交易成本，提高生产效率，改进激励方式，创造集体财富，改善创新条件，加速生产率成长，利于新企业产生，相较于其他地区的企业更具有竞争优势。

在研究产业集群发展条件方面，Claus Steinle（2002）等在《产业集群何以产生》一文中，指出产业集群的形成有必要条件和充分条件。必要条件是指生产过程的可分性和最终产品的可运输性，充分条件是指较长的价值链、合作者能力的多样性、创新、变化的市场以及合作的意愿。符正平（2002）对产业集群的产生条件和形成机制进行了研究，认为产业集群的产生需要具备一定的经济与社会历史条件，其中，经济条件指供给和需求两个方面。郑风田、唐忠（2002）从宏观、中观和微观三个维度探讨了产业簇群的成长条件。在宏观维度上，主要是指需求条件、经济环境与制度、文化传统与基础条件、特殊干预等；在中观维度上，应具备簇群成长需要的支持性服务以及包括吸引与提供专业化投入因子、提供准公共物品服务、信息服务质量与效率、与外界的关联程度、多样化的产品或服务等几个比较重要的因素条件；在微观维度上，信任、联合行动和制裁、企业间互补优势、企业间竞争程度与管理技能、企业的学习与创新能力、新建企业的容易程度等影响着企业簇群的成长。姜义平（2007）将产业集群的形成与发展条件概括为三个层面：基本要素条件、核心要素条件和高端要素条件。其中，基本要素条件有：自然资源、资本资源、劳动力资源、技术与管理支撑、基础设施；核心要素条件包括众多的中小企业群体、较长的产业链、专业化分工合作、配套的市场体系、制度支持；高端要素条件包括制度创新、文化创新、技术创新、集群品牌、社会资本。王治平（2012）从经济、体制、区域、产业、市场、文化、历史等方面探讨了产业集群的形成与发展。

在研究产业集群发展动力方面，主要集中在两个领域：动力因素和动力机制。Schmitz（1995）将"集体效率"作为产业集群竞争力的来源，集体效率主要包括两个方面：外部经济和联合行动，其中，外部经济是被动的集体效率，是无意识的结果；联合行动是主动的集体效率，是有意识的行动结果。Porter（1998）的钻石模型被认为是研究产业集群竞争力的典范，该模型包括生产要素、需求条件、相关与支持产业、企业战略及其结构和同业竞争四个主要因素，以及机会与政府两个影响因素，产业集群的发展和竞争力是这些因素共同作用的结果。产业集群地理上的集中使分离的各要素更容易相互作用、相互增加，体现了产业集群的竞争力，驱动着产业集群的发展演化。Martin & Michael（1999）研究指出，较稳定的技术创新、非正规学习方式、合作与竞争、知识溢出与共享、网络协作以及区域品牌意识等驱动着产业集群的发展，使其呈现出强劲的竞争优势。Maryann P. Feldman（2001）等在研究生物医药产业集群形成过程和条件时发现，即便没有良好的产业基础，但随着创业者的大量产生和进入，由于企业家的创业活动以及外部性，外部资源在当地集聚，环境变得更加有利，从而使产业不断获得发展动力，产业得以迅速发展。Stamer（2003）认为，包括市场进入、劳动力扎堆和技术溢出的正的外部性和企业的联合行动是产业集群发展的动力。国内学者对产业集群发展动力也进行了深入研究，魏守华（2002）分析了集群发展的动力机制，地域分工、外部经济、合作效率、技术创新与扩散四个因素的共同作用，推动着产业集群的发展。郑胜利（2003）认为产业集群的形成有两种基本形式：内生式与外生式。内生式产业集群是凭借区域独特产业的专业化优势或工商业传统，由微观市场经济主体自发创业创新形成的；外生式产业集群主要是依靠外在的优越的地理环境、优厚的投资政策、丰厚的资源条件或依靠跨国公司技术、管理等优势形成的。陈平（2006）分析归纳了驱动高科技产业集群发展的四个因素，即科技因素、投资因素、产业因素和环境因素。李天柱等（2009）在对五个国外典型生物技术产业集群发展动力机制进行多案例研究时，将科学研究、风险投资、政府支持、中介机构、创新文化、大企业介入、相关产业、龙头企业、市场需求以及龙头企业—专家型公司—科研机构之间的良性互动作为生物技术产业集群发展演化的关键动力要素。杨红燕、邓朝辉（2009）在研究高技术产业集群动力机制时，在划分发展阶段的基础上，分析了生成动力、区位指向力、集聚经济、创新力在每个阶段上的作用。侯志茹（2010）在研究东北地区产业集群发展动力机制时，将产业集群发展动力划分为内源动力和外源动力。内源动力包括外部经济、产业价值链、社会资本与网络、技术创新；外源动力包括外部竞争环境、政府促导行为和区域创新环境。吴晓波（2010）在研究低碳产业集群动力机制时认为，可持续发展是低碳产业集群的思想基础，政策和制度创新起激励作用，经济绩效是直接动力，技术创新是关键要素，环境压力和公众的市场取舍和监督是外部动力，各种力量的共同配合作用，推动着产业集群的发展。胡广阔、史安玲（2010）从市场力、行政力、服务力、竞合力四个角度出发建立了产业集群驱动力模型。

2.1.3 产业集群的发展模式

产业集群形成与发展的影响因素很多，各种因素在产业集群发展中的作用程度不尽相同，产业集群的发展模式也是多种多样。

Peter Knorringa & Meyer Stamer（1998）将产业集群的发展模式分为三类：意大利式、卫星式和轮轴式。意大利式产业集群往往专业性强，以中小企业居多；卫星式产业集群同样以中小企业居多，但依赖外部企业；在轮轴式产业集群里，大企业和中小企业并存，具有较强的等级制度。曹红军等（2004）将产业集群划分为轴轮式、多核式、网状式、混合式、无形大工厂式五种模式。轴轮式是指众多相关中小企业围绕一个特大型成品商开展经营活动而形成的产业集群，在大型企业的带领下，中小企业为其提供原材料或零部件的加工、生产，或提供某种服务。多核式是众多相关中小企业围绕3~5个大型成品商而形成的产业集群。网状式产业集群是指由众多相对独立的中小企业相互联系而构成的产业集群。混合式产业集群是指由多核式和网状式并存的产业集群。无形大工厂式是由诸多在生产流程中相互衔接的中小企业所构成的产业集群。

根据产业集群发展动力不同，Gereffi（1999，2005）根据全球价值链理论研究产业集群动力机制时，将产业集群发展模式划分为两类：生产者驱动模式和消费者驱动模式。生产者驱动模式是指生产者通过投资来推动市场需求，形成产业集群内的生产供应链的垂直分工体系；消费者驱动模式则是由大量的零售商、分销商组织、协调和控制针对目标市场的生产、设计和营销，由消费者主导着产业集群的发展。

在研究有关产业集群演化升级的过程中，有关学者提出了“内源论”和“外源论”的思想。迈克尔·波特（2002）、王缉慈（2007）、Pietrobelli & Rabellotti（2004）等学者是产业集群升级“内源论”的主要代表人物。他们关注集群各要素之间的联系对于产业集群升级的影响以及集群企业的学习、创新能力对产业集群升级的重要作用。Dicken（2001）、Gerhard（2002）、张扬（2009）等学者是产业集群升级“外源论”的主要代表人物，强调地方产业集群嵌入全球价值链之中实现集群升级。

涂晓春、蔡强（2003）将产业集群的发展模式划分为七种：第一，由大企业衍生、分解后建成的产业集群；第二，以中小企业的行业协会等中介服务机构为组织主体而建立起来的产业集群；第三，依托某一专业市场，各企业分工合作而建立起来的产业集群；第四，以某一大型制造企业为核心，通过将部分制造环节分级下包而建立起来的产业集群；第五，以高校、科研机构和企业之间协同作用而建立起来的高科技产业集群；第六，以家族关系或共同的文化背景而建立起来的产业集群；第七，以跨国公司对外投资建立起来的产业集群。

戴卫明（2005）在产业集群形成发展过程中，根据政府的参与程度不同，将产业集群的发展模式分为三类：一是自发形成模式，此类产业集群的形成往往是由于当地具有某种产品生产的独特的自然条件或人为条件；二是强制培育模式，此类产业集群的形成与发展主要是依靠政府的作用形成的，虽然当地可能不具备适合的区域条件和集聚效应；三是引导性培育模式，此类产业集群的形成与发展既得益于当地一定程度的区域因素和集聚效应，又离不开政府的引导和支持，北京中关村电子信息产业集群被认为是这类产业集群发展模式的典型案例。

魏江等（2009）指出了我国当前产业集群发展的四种基本模式：自发成长型、资源驱动型、规划引导型、产业转移型。自发成长型产业集群的出现主要源于区域良好的内部条件；资源驱动性产业集群主要是依托自然资源，依靠资源开发、加工和利用而形成的产业集群；规划引导型产业集群是国家和当地政府根据该园区的战略地位和区域发展条件，有针对性的规划、投资建立园区进行招商引资而逐步发展形成的产业集群模式；产业转移型产业集群是随着经济全球化和经济一体化的发展，形成了全球化的产业转移，出现了发达国家和地区将部分低端产业或低附加值部分环节向发展中国家和地区转移的趋势，并逐渐在一些较为邻近和条件较好的地区集聚而形成的产业集群。

根据产业集群发展影响因素的作用程度不同，郭晓萌（2010）在研究美、日、韩、印四国电子信息产业集群发展模式时，提出了链条式、研发驱动型、政府主导型和重点扩散型四种集群发展模式。

2.1.4 产业集群的发展阶段

学术界关于产业集群的生命周期有四种代表性观点，即二阶段说、三阶段说、四阶段说、五阶段说。

（1）二阶段说。Eisingerich（2008）根据产品创新特性将产业集群发展归为两类，即少年阶段和成熟阶段。处于少年阶段的产业集群，创新产品居多，大多数产品为产业集群的新进入者带入，集群内的产品种类和数量持续增多，并且新产品主要是现存产品的延伸产品而非替代品，产品缺乏统一标准而变化迅速；处于成熟阶段的产业集群，产品创新主要来源于产业集群内部的知识溢出和干中学，生产过程逐渐标准化，产品也逐渐趋同，新产品主要是现存产品的替代品，产品种类和数量逐渐稳定。

（2）三阶段说。迈克尔·波特（Michael E. Porter，1998）认为，产业集群的演进是钻石体系中各要素相互作用和变化的结果，在此基础上，把产业集群的演进划分为诞生、发展和衰退三个阶段，并认为产业集群的持续发展是来源于自身持续的竞争能力，而产业集群的衰退既可能是由于产业集群内部僵化和集体思维的惯性造成的，也可能是来自产业集群外部环境的变化造成的。Maggioni（2004）将产业集群划分为三个阶段，在第一阶段，即初始阶段，产业集群的发展往往是由外部的激变触发的，某一企业持续向外界传递该集群所在区域具备盈利性的特征，吸引更多企业进入该产业集群；第二阶段，随着产业集群企业的增多，集聚经济性成为产业集群成长和结构转型的重要原因；第三阶段，产业集群成为该地区技术领袖，能抵御外部技术冲击，开始趋向衰退。Pounder & St. John（1996）将产业集群分为三个演化阶段：创始期、集聚期和再定位期。在集群创始期，外部经济、较低的进入成本以及信息优势促使企业集聚和创新活动，但随着时间的推移，由于拥挤成本、激烈的同质化竞争和知识征用，将企业集聚在一起的集聚经济会出现恶化，出现集聚不经济。Ahokangas & Rasanen（1999）将区域集群的发展过程划分为起源与出现、增长与趋同、成熟与调整三个阶段。Feldman 等（2005）在研究科技型产业集群演化时，将其生命周期分为雏形阶段、自组织阶段和成熟阶段。

（3）四阶段说。借鉴雷蒙德·弗农（R. Vernon，1968）的产品生命周期理论，蒂奇（Tichy G，1998）将集群生命周期划分为产生、成长、成熟、衰退四个阶段，并总结了每个阶段产业集群的特征，在产生阶段，产品和生产过程还没有实现统一的标准化，由于集群内的知识溢出、分工协作和资源共享，集群内企业获得竞争优势；在成长阶段，产业集群迅速发展，企业数量和产量进一步增加，资源趋向于集中；在成熟阶段，产品和生产过程逐渐标准化，创新和创业速度减慢，企业追求大规模生产，同质化竞争日益激烈，利润降低；在衰退阶段，产业集群内企业大量退出，企业数量减少，创新停滞，集群优势逐渐减弱。池仁勇等（2004）根据产品生命周期理论，在对英国154个产业集群进行研究时，将企业集群分为形成、成长、成熟和衰退四个阶段。在形成阶段，大量企业家进入集群创业，企业数量迅速增加，并出现相对集中的趋势；在空间集聚过程中，一些企业成长为核心企业，并呈现出快速增长的态势，这标志着集群进入成长阶段；随着各种中介组织的融入，企业之间的分工协作关系更加密切，集群呈现出网络状态，市场需求趋于稳定，集群进入成熟阶段；由于受外部环境和产品生命周期的影响，成熟阶段的集群内部部分企业出现经营困难，开始出现衰退，核心企业迁出或破产，企业数量减少，集群规模萎缩，集群优势减弱。刘友金、罗发友（2005）对长沙工程机械产业集群进行研究时，将产业集群划分为萌芽阶段、成长阶段、成熟阶段和层级化阶段。郑风田、程郁（2006）对云南斗南花卉产业簇群演进个案进行了研究，将企业簇群的发展过程划分为初生阶段、雏形形成阶段、升级阶段和创新阶段。邵云飞等（2010）以台湾地区自行车产业集群为例，对产业集群生命周期演化阶段进行了研究，提出产业集群演化的初始、成长、成熟和最终四个阶段。

（4）五阶段说。Krugman（1991）将集群演化分为五个阶段，即集群形成、持续增长、饱和与转型、衰退、死亡或复兴成长阶段。M. P. van Dijk（1997）长期研究发展中国家企业集群，基于进化论思想，提出了企业集群五个阶段的成长模型，即地理区位型集群、贸易集散地型集群、劳动分工型集群、创新型集群和功能齐全型工业区。G. Ceglie & M. Dini（1999）根据拉美发展中国家的经验，从中小企业网络化发展的角度，将产业集群划分为五个阶段：集群形成、战略计划、联合发展、选择战略性项目进行实施的阶段和自主管理阶段。

2.2 创业行为的理论研究

从广义上讲，创业是新企业创建与成长的过程，包括从机会识别、商业计划到现实企业组织运营的所有事件。根据创业行为的主体差异，创业可分为个体（创业者）创业和公司创业两类，个体创业是指个体或团体的创业行为，公司创业是由组织发起的创业行为。在本研究过程中，创业行为主要是指创业人才所实施的创业行为。

2.2.1 创业者与创业人才

在西方文献中，最早出现与创业人才相关的词语是"entrepreneur"，国内学者将其翻译为"创业者"或者"企业家"，一般理解为新创企业的人。实际上，经过文献调研发现，有关创业者的含义主要是从三个不同角度来界定的：一类认为创业者是把握机会承担风险的人；一类认为创业者是创办新组合的人；一类认为创业者是具有特定潜质的人。具体如表2－1所示。

表2－1 创业者概念的不同界定

概念焦点	学　者	基本观点
承担风险	Cantillon（1755）	承担风险并可能合法拥有收益
	Turgot & Say（1800）	组织生产要素来创造价值，并在此过程中承担相应的风险
	Knight（1921）	在不确定环境下承担风险并做出决策
	Brockhaus（1980）	具有强烈意愿来捕捉机会、组建团队、筹集资金，承担新事业和风险的人
	Peterson & Alaum（1989）	能够组织资源、积极管理并且能够承担创业风险
创办新组合	Schumpeter（1934）	实现新组合
	Kuratko & Hodgetts（2007）	发现机会并勇于开创企业，创造新的工作机会
	Gartner（1988）	成立新的事业，创办新企业
	Baumoal（1993）	创建并管理一个新企业，或者是将创新转化为新经济体
	雷家辅、冯婉玲（2001）	一个企业初创期和成长期开展经营管理活动的人，或是一项创业活动的积极推进者
	Carland（2007）	以成长与利润为目标，来设立、管理一个新事业

续表

概念焦点	学　者	基本观点
特定潜质	Kirzner（1973）	一般人所不具备的能够敏锐发现市场的人
	Casson（1982）	能够理智地协调利用稀缺资源
	Sexton（1982）	具有野心和旺盛精力，能正确面对挫折
	Nelson（1986）	能承担风险、把握时机、筹措资金和拥有坚强毅力
	Timmons（1999）	具有强烈的承诺、坚定的毅力和耐心
	苗青（2005）	经过大浪淘沙，不断磨练，在市场中接受洗礼

注：根据相关文献整理而成。

第一类观点强调创业者是把握机会承担风险的人，这是有关创业和创业者研究的早期观点。坎蒂隆（Cantillon，1755）认为，创业者是承担风险并可能合法拥有收益的人。奈特（Knight，1921）认为，创业者是能够在不确定环境下承担风险并做出决策的人。Brockhaus（1980）认为，创业者是具有强烈意愿来捕捉机会、组建团队、筹集资金，承担新事业和风险的人。

第二类观点强调创业者是创办新组合的人，这一观点被大多数人所接受。这里的"新组合"既包括创建新的企业也包括在现企业中开创新事业。Gartner（1988）认为，创业者就是成立新的事业，创办新企业的人。Baumoal（1993）认为，创业者是创建并管理一个新企业，或者是将创新转化为新经济体的人。雷家辅和冯婉玲（2001）将创业者定义为在一个企业初创期和成长期开展经营管理活动的人，或是一项创业活动的积极推进者。Carland（2007）认为，创业者是以成长与利润为目标，来设立、管理一个新事业的人。

第三类观点强调创业者是具有特定潜质的人，这是一个比较有争议的观点。Sexton（1982）认为，创业者是具有野心和旺盛精力，能正确面对挫折的人。Nelson（1986）认为，创业者是能承担风险、把握时机、筹措资金和拥有坚强毅力的人。Timmons（1999）认为，创业者是具有强烈的承诺、坚定的毅力和耐心的人。苗青（2005）认为，成功创业者应该是那些经过大浪淘沙，不断磨练，在市场中接受洗礼的人。

综上所述，创业与创业者研究已经历了一个较长时期，不同学者从不同角度对创业者进行了不同诠释，都有其内在道理和依据。本研究通过文献梳理和理论研究对创业者的内涵进行探讨，认为创业者应该包括三个方面的基本要义：首先，创业者必须要创建新组合或新事业。创业者，乃创办新事业的人。这既是创业者的应有之义，也是大多数学者认同的一个基本观点。这里所讲的新组合既包括创办新企业，也包括在已经建立企业内开创新事业，即“衍生创业”。其次，创业者需要承担风险。创业是在不确定条件下进行的活动，存在着失败或损失的可能，这也是创业者和一般管理者的关键区别所在。再次，创业者应具备一定的创业特质。并不是所有人都适合创业，创业是需要某些特定潜质的，这种特质包括敢于承担风险、敏锐的知觉、毅力、耐心等。

本书的研究对象为创业人才。创业人才与创业者是两个相似但又不完全相同的概念，创业人才既包括创业者的基本特性，也应该具有人才的特征。蔡红、胡蓓（2010）认为，并不是每一个创业者都是创业人才，创业人才是创业者的更高层次。创业人才既要求具备上述有关创业者的三个基本特性，即创建新企业或新事业、承担风险、创业特质以外，还应该满足下列三个条件：

其一，创业人才的创业应该具有创新性和开创性。创新性和开创性是创业人才与普通创业者创业的一个根本区别。创业人才能够运用自身知识禀赋和创新精神，通过创业活动为社会创造新的生产力、新财富或者新的生活方式，这种创业活动往往嵌入到产品创新、技术创新、机制创新中，具有开创性，而普通创业者采取的是模仿式创业，缺乏创新性和开创性。

其二，创业人才应该具有整合性知识，并能通过主动学习提升自身能力。知识是人才的一个基本条件。创业人才不仅应具备一定的文化知识，也应该具备某一领域相关的专业知识，创业人才在相关信息和知识整合利用的基础上开展创业活动。除此之外，创业人才还应该具有一定的学习力，学习力是人才的一个基本素质，创业人才在创业活动中，也需要不断学习，调整创业举措，积累创业经验。

其三，创业人才应具备一定的组织管理能力。能力是与人才相对应的。创业活动涉及创业团队成员、创业资金、创业财物等的组织与管理。创业人才的创业组织与管理能力，很大程度上决定着创业的成功与否。因此，相较于普通创业者，创业人才创业的成功概率更大。

2.2.2 创业与创业行为

创业与创业行为的分析研究始于18世纪中叶，经过两个多世纪的发展之后，在20世纪80年代得到迅猛发展，近三十年来，创业的相关研究仍然是热度不减。创业研究之所以能长盛不衰，一个重要原因在于创业是财富的源泉，也是社会发展的动力。纵观创业和创业行为的理论和观点，可大致划分为六大流派（见表2-2）。

表2-2 创业与创业行为理论学派

学派类别	基本观点	代表人物
风险学派	承担风险的行为	Knight（1921）
创新学派	创业行为即创新行为，创业是创新的实现手段，创新是创业的本质	Schumpeter（1934）、Vesper（1983）、Busenitz（1997）
认知学派	创业是创业者主观认知的结果	Kirzner（1971）、Casson（1982）、William Bygrave（1989）
社会学派	应该从创业环境和外部社会来研究创业和创业行为	Saxenian（1999）、Granovetter（1985）、Woodward（1988）
管理学派	从组织理论、领导理论和战略理论的角度来看待创业行为	Drucker（1985）、McMullen & Shepherd（2006）、Bhide（1994）等
机会学派	创业实质上是识别或开发创业机会，并利用实现创业机会的过程	Wickham（1998）、Timmons，（1999）、张玉利（2008）、蔡红和胡蓓（2010）等

注：资料来自于林强，姜彦福，张健．创业理论及其架构分析［J］．经济研究，2001（9）：85-96和其他相关文献修改整理而成。

（1）风险学派。创业行为是一项承担风险的行为。奈特（Knight，1921）提出，创业行为是指应对处理市场、技术的不确定性并为此承担的风险行为。

（2）创新学派。创业行为即创新行为，创业是创新的实现手段，创新是创业的本质。熊彼特（Schumpeter，1934）将创业界定为满足市场需求对生产要素进行重新组合的行为，包括产品创新、工艺创新、流程创新、供应和销售渠道的创新、组织创新、制度创新等；Vesper（1983）指出，创业是开展独立的新业务的过程；Busenitz（1997）认为，创业行为通常是基于创新主意的新企业的创建活动；林强等（2001）认为，创业行为是企业管理过程中高风险的创新行为，既包括创办新企业的活动，也包括现有企业的创业行为。

（3）认知学派。强调创业是创业者主观认知的结果。Kirzner（1971）认为，创业主要是指对市场机会的洞察力和认知；Casson（1982）指出，创业实际上是指对稀缺资源的协调利用并做出明智决策；Stevenson，Roberts & Grousbeck（1985）认为，是洞察到的机会驱动了创业，而不是已控制的资源；William Bygrave（1989）指出，创业要求具有首创精神、想象力、灵活性、理性思考和发现机会的洞察力。

（4）社会学派。强调创业行为不是创业者个体主观的结果，而应该从创业环境和外部社会来研究创业和创业行为，主要强调社会创业氛围和创业网络对于创业的积极影响。Saxenian（1999）在研究硅谷地区创业活动时发现，当地健全的工业体系为创业者提供了创业学习和调整修正的机会，当地试验探索和开拓进取的创业精神，以及当地鼓励创业、鼓励承担风险的社会风气都促进了创业活动的蓬勃发展。社会关系网络积极地影响着创业过程，提高创业活动的成功率（Johannisson，1996；Freeman，1999；Hoanga & Antoncic，2003；Tanas，2007）。Woodward（1988）认为，在创业者建立和发展企业过程中，社会网络发挥着积极的作用，创业者的社会网络广度和深度可以影响其实际创办新企业的概率。

（5）管理学派。从组织理论、领导理论和战略理论的角度来看待创业行为，德鲁克（Drucker，1985）指出创业是日常管理中的一部分，是应该组织也是可以组织的一项活动；Stevenson，Roberts & Grousbeck（1994）认为，创业不应该拘泥于现有资源条件，而应该运用管理方法实现对创业机会的捕捉和利用，这些管理方法包括战略导向、机会把握、资源获取、资源控制、管理结构和报酬政策六个方面；McMullen & Shepherd（2006）认为，创业行为是为了实现创业目的而实施的包括创业决策、创业计划、创业融资等一系列行为。Say（1800）认为，创业就是要把生产要素有效地组织起来，而创业者则是这一生产要素的组织者和协调者；马歇尔也认为，创业者在新创企业中担当着多重领导角色，包括协调者、中间商、不确定性承担者等，同时也肩负重大的领导责任，既要领导经营也要领导下属。Bhide（1994）指出，新创企业都有自己的战略发展经历，一般遵循三个基本战略步骤：明确创业者当前目标，评估目标实施战略，评估自身战略实施的能力。Hitt et al.（2001）认为，创业和战略管理的共同目标是企业财富，因此，创业与战略管理能在以下六个层面上实现融合：企业成长、国际化、网络、创新、组织学习、高层管理团队及其治理。Zahra & Dess（2001）认为，创业和战略管理有很多融合的机会，不应该严格区分创业与战略管理的研究。

（6）机会学派。强调创业实质上是识别或开发创业机会，并实现利用创业机会的过程。威克姆（Wickham，1998）的创业模型包括创业者、创业机会、创业组织和创业资源四个要素，创业者的创业活动本质上是有效处理创业机会、创业组织和创业资源三者关系，实现三者的匹配和动态平衡，并强调创业过程中不断学习的重要性。蒂蒙斯（Timmons，1999）的经典创业过程模型将机会感知与识别、创业团队组建和资源获取作为创业行为的三大内核。他认为，创业的核心是识别和开发机会，并利用机会实现创业；资源是创业的必要支持，为了获取和控制好资源，必须设计巧妙和用资审慎的战略；团队是新创企业的关键组织要素，创业团队成员应该具备基本的创业素质，创业团队应该具有相应的弹性，能适应市场环境的变化。萨尔曼（Sahlman，2000）的创业模型也强调创业活动实际上是机会、人和资源、交易行为和环境四要素的相互协调、相互促进的过程。Shane（2000）和 Venkataraman（2003）将创业机会的识别和创造作为创业行为研究重点。张玉利（2008）认为，创业行为研究是揭示创业过程和新创企业产生机理的关键，并认为创业行为是创业人才感知机会、资源整合、组建创业团队、获取创业资源的逻辑过程。蔡红和胡蓓（2010）将创业划分为五个阶段：第一，在扫描市场和周边环境的基础上，感知并识别创业机会，搜寻到能创造新价值的产品或服务；第二，获取和整合创业资源；第三，开发和利用创业机会，创办新企业；第四，新创企业发展成长；第五，创业的复制、衍生和扩展。

综上所述，有关创业和创业行为的理论研究一直是学界的研究热点，但并没有形成一个统一的认识或看法。从创业与创业行为理论的流派研究来看，主要是侧重于创业行为内容层面的研究，即创业行为究竟是一种什么行为。实际上，根据创业主体不同，创业可划分为个人和组织创业两类。由于创业主体不同，它们的创业行为也会不尽相同。个人创业既包括创业者个人创业，也包括创业者组成的团队创业，个人创业行为主要是基于创业机会的识别与创造，在风险承担基础上，通过对创业资源的管理与控制，实现创业机会开发利用和创办新企业的目的；而关于组织创业行为，Covin & Slevin（1989）研究认为，其应包括三个维度：创新性行为、前摄性行为和风险承担行为，创新性是指组织倾向于通过试验背离已有模式，支持新模式；前摄性是指组织预测动态环境中未来的需求和变化，并保持技术和方法上的领先；风险承担意味着组织是在不确定条件下的投资创业。Lumpkin & Dess（2001）在已有研究基础上，增加了另外两个组织创业行为的维度：超前行为和积极竞争。超前行为主要表现为对创业机会的反应，能做到先发制人；积极竞争主要表现为对威胁的反应，能做到坚决果断和勇于竞争。

本书所研究的创业行为是指创业人才的创业行为，属于个人创业的范畴。作为创业人才创业，商业机会仍然是创业的核心要素，创业机会的识别和创造，以及创业机会的开发与利用，以致于新企业的创建，是创业人才创业的一个基本步骤。因此，本研究将基于机会观的视角来探究创业人才创业行为对产业集群发展的影响。

2.3 知识溢出的理论研究

溢出概念最早可追溯到马歇尔（1890）的经典著作《经济学原理》，他将溢出看作是正的外部性。他在研究外部经济时发现，具有分工性质的产业在地域选择上倾向于集聚，而集聚的一个重要原因是为了获取外部经济的好处，该地域内各企业的平均成本会减少，并且产业在某一特定地域的集聚还有助于技术、信息、思想、知识、诀窍等在集聚企业间传播和运用。马歇尔将这种有关产业的知识、技能、信息比喻成“产业空气”，产业集群内的知识就像空气一样无处不在，企业只要处于产业集群之中，就会接受充斥着的“产业空气”，行业商业秘密不再成为秘密，秘密弥漫在产业空气中，企业在这种氛围中能得到快速成长。这是最早有关产业集群与溢出关系的叙述，引发了学者对于产业集群、外部性、知识溢出的后续研究。

2.3.1 知识溢出的内涵

知识溢出概念的提出最早是与研究对外投资联系在一起的。对外直接投资不仅能提高东道国的劳动边际产出，而且还能给东道国带来额外收益，东道国可以通过知识技术的外部性和规模经济增加本国收入，提高本国企业技术水平。Dougall（1960）将知识溢出界定为知识技术拥有者非自愿的提供知识技术给受让者，而拥有者没有获取任何回报的现象。Arrow（1962）也对投资中的知识溢出效应进行了分析，认为新投资过程中具有溢出效应，不仅新投资企业可以通过积累经验来提高生产率，其他企业也可以通过学习来提高生产率，在此基础上，将知识溢出定义为企业创新者在创新过程中创造的新知识被其他企业所获取，但是企业创新者却没有得到任何形式补偿的现象。Romer（1986）提出了知识溢出的内生增长模型，该模型不仅将传统的资本和劳动列入生产要素，也将人力资本和技术水平列入其中，重点考虑了知识在经济增长中的作用，特别强调以创意或知识品为代表的技术内生化的角度来理解经济增长和经济发展机制，他认为知识与其他商品的一个重要区别在于知识具有溢出性，从这个意义上讲，任何企业生产的知识都能够提高全社会的生产率。Kokko（1992）同样是在研究对外直接投资中的知识溢出效应时，将知识溢出定义为：外商企业所拥有的知识没有正式转让给本地企业，却被本地企业获取的现象。Caniels（2000）认为，知识溢出是指通过信息交流而获取创新成果的同时对创造者没有补偿，或补偿的价值小于创新成果价值的情况，并且认为知识溢出受知识存量差距、空间距离和学习能力等因素的影响。

国内学者对知识溢出也做了广泛研究。刘柯杰（2002）指出，知识溢出实际上是知识的外部性，知识一旦产生就会向外扩散到其他地方，从而导致整个社会福利水平的上升，它是由知识的稀缺性、重要性以及知识溢出便捷性造成的。吴寿仁（2004）指出知识溢出效应是一种正的溢出效应，不仅对自身企业有利，对其他企业也有利，特别是当企业处于创立和成长阶段。金祥荣（2004）认为，知识外部性形成了知识溢出，相较于产业区外的企业，区内企业可以更有优势地利用周边的重要知识资源进行创新活动，而这些知识大多来自于产业区的学术机构和研发机构。孙兆刚（2005）指出，知识溢出是知识在扩散过程中产生的知识外部性，知识接受者将获取的知识与自己已有的知识相融合产生新的知识，但没有给予先前知识提供者以任何补偿，或者虽有补偿但补偿小于知识提供者创造知识成本的现象，他将以这种方式获取的知识喻为“免费的礼物”。因此，知识创造者创造了知识却不能被独占，其他人也能无成本或低成本地使用，虽然这并非是知识创造者的本意，但却产生了积极的知识溢出效应，社会边际效益大于私人边际效益，而且使用这种知识的人越多，社会边际效益越大，知识溢出效应也越大。徐碧祥、符韶英（2006）认为，知识扩散的方式有两种：知识溢出与知识转移。知识溢出是指组织中的技术、技能、信息、管理等知识自然溢出到其他组织内的现象；知识转移是组织之间为了共同利益而有意识、主动地交流，分享知识的现象，是一种主动学习行为。许箫迪、王子龙、谭清美（2007）指出，知识溢出是不同行业或地域之间由于知识存量差异而导致的知识和技术在经济、业务交往过程中发生的转移现象，具有经济外部性和时效性两种性质。王国红（2007）从泛化的角度对知识溢出进行了界定，将主动或非主动的溢出都看作是知识溢出。他认为，知识溢出是指在非完全的市场环境下，企业之间通过正式或非正式信息交流所获取的智力成果，以达到优化互补彼此知识结构的目的，知识创造者不会得到补偿，或者所获补偿小于智力成果价值。黄志启、张光辉（2009）从知识管理的角度将知识溢出界定为在技术贸易交流中无意识、非自愿的信息共享，是知识转移的一种方式。刘满凤（2012）认为，知识溢出是指知识从知识存量高的个体或组织向知识存量低的个体或组织流动转移的现象，是知识无意识地扩散和传递，是知识作为一种准公共物品的外部性表现。

2.3.2 知识溢出分类

根据知识溢出的媒介不同，Griliches（1979）将知识溢出分为两类：产品输出的知识溢出和纯粹的知识溢出，前者以产品输出为媒介，需要付费；而后者表现为一种信息共享，不需要直接付费。Verspagen（1991）、王玉灵（2001）、谢富纪（2001）等，将知识溢出划分为租金溢出（Rent Spillovers）和纯知识溢出（Pure Knowledge Spillovers），这里所讲的租金溢出或“分裂式”溢出是指具有创新知识含量的新产品在商业化过程中，可能价格并不会完全反映出创新知识所带来的产品质量的提高，但是当此含有高知识含量的产品作为其他企业生产要素时，后者能得到前者产品创新所带来的一部分收益，出于商业收益的目的，知识拥有者往往能够接受这样的知识溢出；纯知识溢出是指由于客观原因而引发的自有知识被其他企业模仿和运用，例如：员工流动、正式或非正式交流、知识本身的流动性、合作或自身保密措施不健全都会导致知识的溢出，这类知识的溢出往往是通过大量的非商业化途径得以传播和扩散的，是企业不愿意看到的，但又常常无法避免的。Griliches（1992）又将知识溢出分为两种形式：物化形式和非物化形式。物化形式是指商品买卖时附带的或蕴含其中的知识溢出；非物化的知识溢出是指与商品买卖无关，在期刊、专利、会议、研发中发生的知识溢出现象。

根据知识扩散的形式不同，Fallah & Ibrahim（2004）、徐碧祥和符韶英（2006）将知识流动现象划分为“知识溢出”（Knowledge Spillovers）和“知识转移”（Knowledge Transfer），知识溢出是指知识的无意识、非自愿的传播，超出了预期的边界；如果知识流动是有意识的发生于人或组织之间则应被称为知识转移。

根据知识溢出的内容不同，知识溢出可分为显性知识（Explicit Knowledge）的溢出和隐性知识（Tacit Knowledge）的溢出。M. Polanyi（1958）从知识认识论的角度，将知识划分为显性知识和隐性知识。显性知识是指能够用图表、文字、公式等形式化符号进行编辑的结构化知识，这类知识的溢出往往以形式化符号为载体，通过出版物、文字资料、专利等形式，在不同主体间传播，能够实现知识溢出在时空上的分离，知识溢出现象容易实现；隐性知识是指很难用形式化符号来表述清楚的知识，往往隐含于个体和组织行为中的非结构化的知识，具有高度个性化特点，具体表现为经验、诀窍、感悟、心智模式等。隐性知识的溢出往往通过员工流动、正式或非正式交流、企业衍生、“干中学”等形式，实现在不同主体间的传播，相较于显性知识的溢出更为困难。

根据知识溢出的主客体不同，孙兆刚（2005）将知识溢出划分为：个人与个人之间的知识溢出、个人与组织之间的知识溢出、组织与组织之间的知识溢出、组织内的知识溢出、国内知识溢出和国际知识溢出六种类型。朱光美等（2005）将知识溢出分为区域间知识溢出、企业间知识溢出和产业间知识溢出三个方面。区域间知识溢出是指由于区域间知识和技术差异而导致知识自然外溢的情形；企业间知识溢出是指由于企业之间发生相互联系而产生的知识交流和外溢的情形；产业间知识溢出是指由于产业链上的各环节知识技术差距而导致的知识的交流与扩散的情形。王国红（2007）根据溢出主客体的知识存量不同，将知识溢出分为“高位势—高位势”之间的知识溢出和“高位势—低位势”之间的知识溢出。

2.3.3 知识溢出的途径

Kokko（1992）认为跨国公司对东道国投资，会产生知识溢出现象，主要是通过三种途径来实现的：一是跨国公司通过与东道国供应商、经销商的商贸联系时，会传递质量标准、存货控制、物流管理等方面的知识；二是跨国公司培训的员工可能会流失到东道国本地企业就业，使得跨国公司所拥有的市场、生产、管理等方面的知识被本地企业获得；三是跨国公司可以打破东道国某些行业的垄断格局，增加垄断行业的竞争压力，促使东道国垄断企业主动改进管理模式和生产技术，提高自身的竞争力。Saxenian（1994）指出在外商投资中，东道国企业只有在学习过程中才能获取知识溢出效应，组织之间的交流接触、企业衍生和劳动力流动是东道国企业获取知识溢出的三种基本途径。Mansfield（1995）通过实证调研发现，劳动力流动、供应商的知识输入、会议、非正式的交流、专利使用和逆向工程都是知识溢出的典型方式。他在对一份调查样本研究后发现，60%的技术秘密和专利在四年内全部会被他人模仿。Garrett 等（1995）认为，知识溢出有四种途径：正式和非正式的人际交流；创新产品利用及逆向工程；产业标准和专利的信息披露；劳动力流动。Harabi（1997）调查了不同产业之间的知识溢出途径的有效性问题，重点调查了研发活动、出版物、学术会议、交流、专利信息披露等知识溢出的可能渠道，并得出企业自身在研发活动上的投资是知识溢出最重要的渠道。Malmberg & Maskell（2002）研究了产业集群环境下的知识溢出现象，指出集群内员工的高流动性、雇佣新员工及观察竞争对手的行为构成了知识溢出的主要途径。

魏江（2003）认为，在产业集群内知识溢出有四种主要途径：劳动力流动、非正式交流、企业衍生与合作创新。郑健壮、吴晓波（2004）在研究产业集群的知识转移时，将其分为集群外部知识向集群内部转移和集群内部知识扩散两种情况，并认为集群外部知识向集群内部转移主要是通过全球生产网络、产业链转移、集群外部市场、个体四种主要途径来实现，集群内部知识扩散主要有企业裂变、模仿创新、血缘地缘业缘、价值链、集群内组织间的人员流动五种一般模式。王立平（2006）认为，知识溢出有产业区内的知识溢出和产业区间的知识溢出，前者主要有贸易、交流、创业、合作、劳动力流动等溢出途径；后者主要有国际贸易、对外直接投资、国际专利等溢出途径。缪小明、李刚（2006）根据产业集群内企业知识溢出的介质不同，将知识的溢出途径分为三类：无介质的知识溢出、以产品为介质的知识溢出以及以人力资本流动为介质的知识溢出。王国红（2007）在研究知识溢出与产业集群内企业学习时，从知识溢出的载体为切入点，将知识溢出的路径分为两大类：一类是以人为载体的知识溢出，主要是由劳动力流动所致，包括企业间的人员流动、研发人员向企业流动以及基于知识共享愿望而引发的人员流动；另一类是不以人为载体的知识溢出，即产品为载体的知识溢出，一种新产品的开发很容易被模仿并引发新的创新，知识溢出随即产生。宁军明（2008）在研究知识溢出与区域经济增长时指出，知识溢出主要有投资、劳动力流动、产品流通以及主体间接触四种基本途径。张铁山、赵光（2009）在研究高技术企业集群内的知识溢出时指出，人力资本流动、产品流动、集群内人际关系的频繁接触和非正式交流是知识溢出的三个基本途径。赵勇、白永秀（2009）在探讨知识溢出机制时，将知识溢出的途径划分为四类：一是人才流动，知识具有根植于个体的特性，人才流动既会促进新知识的创造，也会促进新知识在不同空间范围内的转移和流动；二是研发合作，内生增长理论认为，研发部门是知识创造和溢出的重要源泉，来自于不同部门的研发人员通过正式或非正式交流会促进异质性知识的共享，实现技术知识的溢出和扩散；三是创业者创业，创业者创业活动会发生知识溢出效应，促使更多新企业的产生；四是贸易投资，贸易投资是知识溢出的重要途径，商品贸易是物化的技术知识外溢的一个重要渠道，具有先进技术的商品贸易为落后技术区域提供了模仿先进的机会。

2.4 现有研究的评析

围绕本研究的关键词产业集群发展、创业行为、知识溢出等进行了全面而深入的文献调研，国内外学者的研究观点和结论为本研究的开展打下了坚实的基础，具有广泛的理论借鉴和实践参考价值。然而，经过文献调研也发现，已有研究中仍存在一些有待进一步研究的问题，这也是本研究的切入点，具体评析如下：

（1）有关产业集群与产业集群发展的研究，已取得丰硕成果，主要侧重于产业集群发展内涵、发展条件、发展动力、发展阶段、发展模式、发展评价等方面的研究。文献调研发现：第一，基于资源制约的考虑，产业集群发展已从注重数量发展向注重质量发展转变，以内涵式、集约化为特点的质量发展是产业集群发展的基本路径，具有可持续性；第二，产业集群的发展评价仍然是一个难点，并没有形成统一的观点或结论，已有研究主要是从计量经济学的角度，运用相关测度集聚度系数或综合的量化指标来进行测量。但这种方式存在着两个明显缺陷：其一，由于产业集群主体因素的复杂性决定了相关数据获取的困难性，往往需要相关政府部门或专门的调查机构来进行数据采集工作，属于政府行为，研究者在数据获取方面处于被动位置，研究者的研究边界受到制约；其二，获取数据具有明显的滞后性。产业集群的数据采集是一个复杂而又长期的活动，即使能获取发展评价的量化指标数据，但经常也是滞后现实情况的，以此数据得出的研究结论缺乏时效性。因此，基于定性指标与定量指标在统计学上具有相关性，在测量结果上具有一致性的结论，本研究将通过定性指标量化处理的方式来对产业集群的质量发展进行测量，能较好地避免已有研究中存在的局限。

（2）有关创业人才、创业行为研究一直是学术界的一个研究热点。创业人才与创业者是有区别的，创业人才是创业者，但创业者不一定是创业人才。创业人才对产业集群发展的影响作用，主要是通过创业行为来实现的。国内外学者从不同角度对创业与创业行为进行了研究，形成不同的创业流派，这些真知灼见很有启发意义。然而，经过大量文献调研后发现，有关创业行为对产业集群发展的研究结论还很少，主要是通过理论演绎、逻辑推理或案例研究得出的，缺少基于数据的实证研究。本研究将在界定创业关键行为和产业集群发展评估指标的基础上，通过调查数据的统计分析，检验创业行为对产业集群发展的影响作用。

（3）知识溢出一直是研究产业集群发展的一个重要视角，也取得了很多的研究成果和结论。一方面，知识共享、知识溢出是产业集群这一组织形式的内在优势之一，是产业集聚和产业集群形成发展的动力。另一方面，产业集群的地理集中、产业集聚、关系网络等特性又为知识的共享和溢出提供了良好的外在条件。这些观点已形成了基本共识。目前，有关知识溢出与产业集群发展关系的研究已向溢出的知识本身转变，区分不同的溢出知识来具体分析其对产业集群的影响作用，例如：将知识分为显性知识和隐性知识两类。实际上，创业知识的溢出对产业集群的发展影响和作用，也被一些学者所认识，但有关创业知识的类别、创业知识溢出对产业集群发展的影响机理的研究，还处于初步阶段，仍然是一个有待深入研究的领域。本研究将以创业知识溢出、创业知识溢出对产业集群发展的影响机理作为重点研究内容，企图揭开两者关系的“黑箱”。

综上所述，本研究将以三个关键性构念：产业集群环境下的创业行为、创业知识溢出、产业集群发展绩效为基础，以创业行为中的创业知识溢出效应、创业行为对产业集群发展的影响作用、创业知识溢出对产业集群发展的影响作用为研究内容，通过理论和实证研究，构建创业行为对产业集群发展的作用机理模型，扩展现有研究领域，深化现有研究内容，以期为创业与产业集群发展的研究做出一定贡献。

3 产业集群创业行为研究

产业集群是一种创业环境，具有健全的创业机制，促进着创业行为的开展。虽然有关创业行为的研究并不鲜见，主要侧重创业行为内容以及创业行为的前因和结果变量等方面的研究，但有关在产业集群环境下的创业行为研究较少，特别是有关产业集群环境下创业行为本身的研究并不多见。本章将就产业集群环境下创业行为的内容和结构维度展开研究，目的在于探究产业集群环境下的创业行为究竟是一种什么行为，具有哪些关键要素，在此基础上，建立创业行为的结构模型，以期为后续研究提供基础。

3.1 产业集群创业行为内容维度的理论分析

McMullen & Shepherd（2006）认为，创业行为是创业人才基于一定的创业意图和创业机会，为实现创业目的而实施的一系列行为。根据创业的主体不同，创业可分为公司创业和创业人才创业两类。目前有关创业行为研究有两种基本思路：一是从创业机会驱动出发，认为创业活动是创业机会发现或创造、开发并最终创建新企业的过程；二是从现代管理学思想出发，认为创业行为包括创业决策、创业计划、创业合作、创业融资等行为。本研究探讨的是创业人才的创业行为，其创业目的的实现是从创业机会识别开始的，基于此考虑，本研究将从机会观的角度来探究创业行为。代表性人物威克姆（Wickham，1998）的创业模型强调创业是一个学习过程，创业人才处于创业行为的中心位置，承担着识别创业机会、管理创业资源、领导创业团队的作用；蒂蒙斯（Timmons，2003）的经典创业模型将机会感知与识别、创业团队组建和资源获取作为创业行为的三大内核。Alveraz & Barney（2007）认为，创业实质上是机会识别、发现和创造以及采取与机会相匹配的资源配置方式来开发和利用创业机会的过程。张玉利（2008）认为，创业行为研究是揭示创业过程和新创企业产生机理的关键，并认为创业行为是创业人才感知机会、资源整合、组建创业团队、获取创业资源的逻辑过程。李文博（2013）从团队创业认知、创业资源整合、创业网络嵌入来研究集群情境下的创业行为。

在产业集群环境下，创业机会识别、创业资源获取与利用、创业团队组织的组建仍然是创业的关键行为，识别机会是创业过程的起点，是创业过程中具有关键意义的阶段，创业资源是创业过程的必要支持，创业团队组建是创业过程中的关键组织要素。除此之外，创业网络能显著提高创业绩效，不仅促进了企业的创建和发展，更为重要的是创业网络为企业后续的成长奠定了基础，创业网络的建构成为创业人才在创业过程中必须要解决的重大课题之一；模仿是社会生活中的基本法则，创业是需要模仿的，创业模仿提高了创业成功率，节省了创业成本，较大程度地规避了创业风险，特别是在产业集群环境下，更为模仿提供了优越条件。因此，本研究通过文献调研和理论探索，将产业集群环境下创业人才的机会识别、资源整合、团队组建、创业网络建构、模仿行为界定为创业的五大关键行为。

3.1.1 创业机会识别

创业机会识别（Opportunity Recognition）被认为是创业行为的初始阶段和核心环节，是如何发现、评估和开发创业机会的过程，旨在识别出能为市场创造或增加新价值的产品或服务，在创业行为中发挥着重要作用。

国内外有关创业机会识别的研究有多种结论，具有代表性的有以下三种：一是机会论。通过经济学上的均衡理论来看待机会识别。一旦环境变化，就会产生市场不均衡，即产品或服务在需求和供给上出现失衡时，创业机会就会出现。创业人才正是利用这种市场不均衡，识别到别人还没有看到的机会，并加以利用。Shane & Venkataraman（2000）认为，创业研究的实质是研究清楚谁如何发现、评价和利用创业机会，并将其转化为未来商品和服务的。Ardichvilid（2003）认为，创业机会是创业人才从获取预期消费者的角度寻找到了市场的潜在价值，同时，他认为，创业警觉性越高，创业机会发现和利用的概率越高，而创业警觉性则与创业人才个人特质正相关。该理论认为，并不是所有的市场参与者都能成为创业人才，由于信息的不对称，决定个人成为创业人才的原因在于不同个体对掌握有关创业机会的信息不同，不同的信息导致人们看到不同的创业价值。因此，市场是由掌握不同信息的人组成的，信息的不对称性决定了部分人看到了别人看不到的创业机会。

二是过程论。该理论认为，创业机会识别是一个多阶段的复杂过程。Lindasay & Craig（2002）将机会识别过程划分为机会搜寻、机会识别、机会评价三个阶段。在机会搜寻阶段，创业人才在创业意向区域进行机会搜寻与甄别，当某一机会存在商业价值并且创业人才意识到存在获取利润的可能时，就会进入下一个阶段；在机会识别阶段，此时的机会识别是狭义上的识别，是指创业人才通过对经济环境进行评估和判断，结合行业状况对创业机会进行整体评判，以确定创业机会的适当性和价值潜力，然后，创业人才结合自身状况和条件，对创业机会与自身匹配程度进行评价；在机会评价阶段，创业人才主要是考察和评价创业团队组建、财务指标状况、创业资源获取与整合等方面情况，以确定是否正式组建企业。林嵩（2010）将机会识别过程划分为机会搜索和机会开发两个阶段，在机会搜索阶段，创业人才要在多样复杂的市场信息中搜寻到可行的创业项目，为实现这一目标，创业人才可以从宏观环境分析、行业环境分析和产品分析三个方面入手；在机会开发阶段，需要对创业机会进行进一步分析和考察，主要是从创业机会核心特征（包括市场层面特征与产品层面特征）、创业机会的支持因素和创业机会的商业模式三个方面着手。

三是认知论。该理论认为，创业机会识别是创业人才认知过程的结果。Baron（2003）认为，创业机会识别依赖于创业人才个体的认知结构，这种认知结构是根据创业人才以往的生活经历所形成的。通过认知结构将信息储存和外界变化以及发生的事件联系起来，形成创业人才对机会的认识，并赋予其商业内涵。机会存在于创业人才外部，创业人才是否能识别到创业机会，取决于机会外在的特定模式与创业人才自身的认知模式之间的匹配程度，只有匹配才有创业机会的识别。在此基础上，Baron 提出了创业机会特征的四个维度：新颖性、可行性、奇特性和独立性。任迎伟（2011）认为，创业人才认知受创业人才先验知识和创业警觉性的影响。先验知识是创业人才的特殊经历，包括职业经验、创业经历、社会交往和生活经验等。先验知识有助于创业人才识别机会，使得某个创业人才而不是其他人能够识别到特定的机会，从而成为其创业竞争的优势来源。创业警觉性是一种敏感性的态度，是对有关事物、环境和时间等信息的关注和警觉性的倾向，是对创业机会有关信息的感知力，创业人才警觉性下的敏感性态度能够提高创业机会识别的几率。创业人才的警觉性受创业人才个人特质与外部环境交互作用的影响，在创业机会识别行为中发挥着重要作用。

机会论、过程论、认知论从不同角度分析了创业机会识别的内在机制，是创业机会识别有代表性的三种观点。显然，三种理论的结合深化和扩展了对创业机会识别的认识，在面对新的生产技术和未得到满足的市场需求时，创业人才的个人特质和认知模式决定了创业人才能否成功识别到创业机会，而创业机会识别过程的研究则还原了创业机会从出现、评价到识别的一个全过程，细化了对创业机会识别的认识。

3.1.2 创业团队组建

创业是一个包含众多人的组织形成过程，创业团队组建是创业活动的重要环节。创业团队是为了实现共同目标而相互协作的个体组成的正式群体，而这些有着共同愿望、共同理想的创业人才走到了一起，便成为一个创业团队。

创业团队是新创企业的核心，由创业团队创建的企业绩效往往优于单个创业人才创建的企业。杨俊辉（2009）认为，创业团队之所以能提高创业绩效有三个方面的原因：创业团队成员的技能、知识、能力和资源禀赋的多样性，可以发挥团队的整合优势，降低团队成员个体缺陷的劣势；创业团队成员之间的信任和相互支持，有助于创业绩效的提高；创业团队内部的合理分工，提高了创业团队处理面对外部不确定性的能力。经验和实证研究表明：创业团队能扩大团队的知识含量，带来更多的经验、能力、声誉，同时能够扩大社会网络、丰富社会资本和人力资源，使新创企业拥有更坚实的组织基础和获取更多的资源，增加新创企业的成活率。

创业团队组建是创业团队的形成过程，是创业团队生命周期中的一个阶段。创业团队组建是在创业初期，将一群知识能力互补、责任共担、有相同创业目标的人组织起来的过程。有关创业团队组建的研究主要集中在两个方面：创业团队成员的组成以及创业团队的组建模式。创业团队的构成特征对新创企业的绩效影响确实具有显著的解释力，Ensley 等（2007）研究认为，同质抑或异质创业团队在创业绩效中的影响作用，受环境的动态性（稳定性和动态性）与领导模式（指令式和授权式）的影响。在动态环境中，异质性团队受指令性领导时表现更佳，同质性团队受授权性领导时表现更佳；而在稳定环境下，异质性团队受授权式领导时表现更佳，同质性团队在指令式领导下表现更佳。在创业团队组建模式方面的研究，Forbes 等（2006）提出了两种创业团队的组建模式：理性过程模式和社会心理模式。理性过程模式强调在创业团队成员甄选过程中采用实用工具性标准，例如：强调互补性技能、工作经验、知识、能力、先前职能管理经验，等等；而社会心理模式则强调创业团队内部人际关系的和谐和顺畅的团队运作过程，强调创业团队成员应具有和群性、合作性、求同性等特质，这更有助于创业团队成员间人际关系的和谐和团队运作的顺畅。

创业团队组建是一个复杂的过程，受多种因素的影响，不同创业项目所需的创业团队类型也不一样，其组建的步骤和模式也不尽相同。从创业人才自身来说，创业团队的组建一方面是由创业人才思想和能力决定的，创业人才的思想和能力决定了是否需要组建、何时组建以及招募何人来组建；另一方面，由于创业人才是行业的新入者，资金缺乏，又承担着较大创业风险及创业不确定性，创业团队成员的加入还要依靠创业人才的社会关系网络，这决定着创业团队的招募范围以及能招募到何种素质的成员加入。Bird（1989）指出创业团队组建的五个关键步骤：吸引、结合、规划、冲突和发展，并认为团队成员之所以能够集聚在一起，可能是出于以下原因：爱好、愿意亲近、乐于结伴、相似以及特征互补。黄海燕（2008）认为，创业团队组建的主要工作包括六个方面：确定创业目标；制订创业计划；招募团队成员；进行职责划分；建立制度体系；调整融合团队。

3.1.3 创业资源整合

创业需要资源，创业资源是创业成功的基本前提和关键要素。经济学上将资源定义为“为了创造财富而投入生产活动中的一切要素”；管理学上的资源一般是指各种生产要素及其组合，主要包括组织投入的人、财、物等。创业资源是在创业活动中投入的各种资源的总和。余绍忠（2012）认为，创业资源是创业企业拥有的，控制的或整合的各种有形的或无形的要素或要素组合。

创业资源匮乏是创业企业的基本特征，创业资源的获取与整合利用行为成为创业实践的一个关键行为。创业资源获取是创业人才或创业企业通过各种方式获取各种创业资源的过程。张玉利（2008）认为，创业是将不同的资源进行组合和利用，对创业机会开发并创造价值的过程。Sirmon，Hitt & Ireland（2007）研究提出了资源动态管理模型，该模型强调创业资源构建、整合和利用三个环节，其中，资源构建包括资源内部积累和外部获取两种方式。张君立、蔡莉、朱秀梅（2008）认为，创业资源的获取有资源购买、资源吸引和资源积累三种方式。从总体上讲，创业资源获取有两种基本途径：内部积累和外部获取，内部积累是利用现有资源培育创造新的资源，外部获取是从外部市场获取新的资源，但究竟采取何种方式或两种方式的结合，主要受创业人才、创业团队的资源获取能力和资源的可获得性两个因素的影响。其中，创业人才及创业团队的资源获取能力很大程度上由其自有资金和社会网络资源决定，拥有充足的财务资源既有助于资源内部积累也易于从外部获取资源。同样，拥有良好社会网络资源的创业人才和创业团队能获取更多、更有效的资源，社会关系网络是建立在参与方之间利益交换、互惠与信任基础之上的。创业资源的可获得性取决于创业人才从外部获取资源的便利性和外部环境中的资源存量，这两方面受新创企业所处环境影响。

获取的创业资源在未整合之前大多是零散的，要发挥其最大效用，要转化为创业优势还需要创业人才或创业团队运用科学方法将资源进行配置和优化，使创业资源有价值地融合起来，发挥放大效应。Hitt（2001）认为，创业资源的整合过程是将获取的各种资源进行选择、吸取、配置、激活和有效融合，进而建立企业核心资源体系。马鸿佳（2008）从广义的角度将资源获取也归入资源整合过程，并将其划分为四个阶段：资源识别、资源获取、资源配置和资源利用。任迎伟（2011）认为，创业资源整合的对象是能为企业创造价值的各种资源要素，资源整合的行为或活动是集聚、匹配和利用资源，资源整合的目的是将静态的资源转化为动态的能力，资源整合的形态是一个动态的过程。因此，资源整合是一个动态的复杂的过程。在创业资源整合过程中，创业人才和创业团队需要具有较高的资源整合能力，创业资源整合能力是创业人才和创业团队在创业过程中，所表现出来的对获取各项创业资源进行选择、吸收、配置和利用的能力，创业资源整合能力主要来自于创业人才或创业团队的能力、经验和学习力。

产业集群是一种创业导向性环境，产业集群并不仅仅是产业的集群，还包括资源的集聚和人才的集聚，能给新创企业提供政策、信息、资金、技术等多种创业资源的支持，这也正是产业集群环境下创业的优势之一。

3.1.4 创业网络构建

创业网络关系到新创企业的生存与发展，是成功创业的关键因素。创业企业高失败率的主要原因在于“新进入缺陷”（Liability of Newness），这一新进入缺陷突出表现在新创企业缺乏广泛稳定的外部网络关系，以及在要素市场和产品市场缺乏必要的声誉和信用记录（Stinchombe，1965）。Williamson（1985）认为，企业的内部交易和外部的市场交易不能完全实现新创企业的经济性功能，从企业内部交易来说，新创企业往往规模小、资源缺乏而又相对独立，这导致了新创企业存在较高的生产成本；从外部市场交易来说，市场很难实现完全竞争，新创企业在市场中处于劣势，同时，新创企业在参与市场交易过程中需要很高的交易成本。因此，建立和维持介于企业内部与市场之间的创业网络成为新创企业的必然选择。创业网络是创业人才社会网络在创业活动中的嵌入，是创业人才（新创企业）各种社会关系的总和。创业网络可划分为正式网络和非正式网络，正式网络是基于商务往来和利益关系而建立的，包括与供应商、销售商、税务部门、中介机构、行业协会、银行等组织建立的各种社会关系；非正式网络是基于血缘或信任而建立的，与亲朋好友、同事等个体建立的社会关系。尹苗苗和蔡莉（2010）将创业网络划分为个体网络和组织网络两类，其中，个体网络是创业人才与其他个体之间的关系，如亲戚、朋友、同事、熟人等；组织网络包括与银行、政府部门、非政府组织建立的支持性网络关系和与竞争对手、上下游企业建立的企业间的网络关系。林嵩（2009）详细解构了创业网络这一概念，认为创业网络具有三个维度：主体维度、属性维度和产出维度。主体维度主要包括个体网络（社会网络或非正式网络）和组织网络（正式网络）两个层面；属性维度包括信任、沟通、合作、学习、分享五个方面；产出维度包括社会声誉、资金资源、技术资源和营销渠道。

创业网络在创业活动中的影响作用研究一直是一个研究热点。Yiu，Lau & Bruton（2007）从制度经济学的角度分析认为，创业网络的核心作用是取代外部市场，特别是在转型经济背景下，战略要素市场不发达，创业网络成为融资、产品开发、创业和管理技巧等外部市场不发达的有效替代。Kim（2007）研究表明，个体认识成功创办企业的人，能对其参与创业产生积极影响。Carolis et al（2009）在对269名创业者研究后发现，关系资本和社会网络能增强创业者的创业意向，并促成创业初始行为的产生。王侃和董保宝（2010）概况了创业网络在创业活动中的重要作用，表现在创业网络与机会识别、创业网络与融资、创业网络与人员招聘、创业网络与顾客、创业网络与文化支持、创业网络与商务支持、创业网络与绩效等七个方面。Robinson & Stubberud（2011）认为，创业人才构建和维护社会关系网络的能力是决定其创业成功与否的关键要素。社会关系网络积极地影响着创业过程，能够提高创业活动的成功率。创业人才的社会关系网络水平，成为创业人才创业成功的重要影响因素，建构社会关系网络成为创业人才创业活动的重要内容。

有关创业网络的建构模式研究，方世建和蒋文君（2011）概括了国外创业网络的五个经典模型：Larson & Starr 模型基于理性选择交易理论，强调以创业人才为中心，为了创建新企业而进行的关系网络化过程；Smith & Lohrke 模型强调创业网络的构建与拓展本质是信任形成与发展的结果；Kock & Galkina 以创业过程为基础，重点描述了在不同创业阶段存在着不同性质的创业网络和创业资源获取的不同方式；Jack & Mouzas 模型认为，创业活动能否顺利进行取决于交易能否发生和重谈；Slotte - Kock & Coviello 模型将创业网络视为新企业创建过程的结果，是反映创业网络形成过程的动态模型。

本书所研究的产业集群环境下的创业网络建构行为，是一个在产业集群特定环境下创业人才在创业过程中与其他利益相关体，包括供销商、顾客、政府机构、金融机构、中介组织、大学及科研院所等建立正式网络关系的过程。在产业集群环境下，创业网络的建构具有特殊性。产业集群内各主体在地理位置上的相邻性，使得网络关系的建立更加便利；产业的关联性，使得各主体之间更易于建立稳固的关系，大大减少了联系合作的风险；产业集群内人才、资源、机构的集聚性，使得各主体之间的关系更加紧密，创业网络中蕴含着丰富的创业资源；产业集群内的创业导向性，使各主体创业网络建构的意愿更加强烈。

3.1.5 模仿行为

模仿是人类社会存在与发展的基本准则，是人类互动关系中的固有属性，群体的规范和价值正是模仿行为的结果（Tarade，1903）。在经济领域，模仿行为更是普遍存在，较早重视模仿研究的熊彼特认为，其他企业对创新企业的模仿导致了经济的扩展。Miller（1994）认为，模仿是比创新更为普遍的现象。谢伟（2008）认为，模仿是现实世界普遍存在的现象，甚至是部分企业的竞争优势。

有关模仿的最早研究起源于社会心理学，Tarade 和 McDougall 在 20 世纪初期就对模仿的相关问题进行了研究。①在模仿的概念方面，Bandura（1965）从社会学习理论的角度，认为模仿是学习的一种方法，通过观察他人行为及其强化结果而习得新的反应，或自身已有的行为得到矫正；Bolton（1993）从创新管理的角度，认为模仿是企业从利用“看中学”来观察和吸收外部信息的过程；Kim（1997）从技术学习理论视角，认为模仿是国外技术的逆向工程，他特别强调，模仿并不一定必然侵犯别人的专利，也不一定要剽窃别人的专有知识。②在模仿行为的动因方面，Mansfield（1961）认为，企业的模仿行为是为了节约成本；DiMaggio & Powell（1983）认为，个体或组织为了获取行为的“合理性”是模仿产生的重要原因；Henisz & Delios（2001）研究认为，即使企业有创新能力也不开展创新而愿意模仿，原因在于组织管理者害怕承担失败的风险，希望通过模仿行为来降低不确定性；王昭凤、范开阳（2005）归纳了企业模仿行为的经济学原因：一是利润的诱惑和驱动，二是市场竞争压力，三是在节省研发费用的同时分享科技进步的成果。③在模仿行为的分类方面，Bolton（1993）将模仿分为反思性模仿和一般性模仿，前者是对其他企业的产品、服务、商业实践进行创新性模仿，后者是对其他企业的全盘复制；Haunschild 等（1997）将模仿分为基于频率的模仿、基于特色的模仿和基于结果的模仿三类，频率模仿是很多组织采取的行为，特色模仿是模仿其他组织的特色或亮点行为，结果模仿是指模仿被市场证明是成功的行为；Lieberman & Asaba（2006）根据模仿行为的动因不同，将模仿分为基于信息的模仿和基于竞争的模仿，前者强调信息在模仿中的价值，后者是为了减少竞争维护自身市场地位，因为相似行为的企业之间容易形成默契，能有效减少竞争。④在模仿行为的重要性方面，吴延兵、米增渝（2011）研究认为，模仿和竞争增加了创新行为总量和技术进步率，既可以提高经济的静态绩效，也可以提高经济的动态绩效。从微观角度看，模仿的优势体现在：模仿者通常在劳动成本、投资成本、材料成本等方面享有成本优势；模仿者在管理效率和管理成本方面也具有优势，通常不需要在研发、培训、专利、技术服务上投入大量资金；模仿者也能够在创新者的基础上，不断改进而超越创新者；由于创新者并不总能采取正确策略，这也为模仿者在改进设计、开发市场、更好满足顾客方面提供了机会。

产业集群作为一种中间性组织，具有地理邻近性、产业关联性、经济外部性、网络密集型等特点，这些特点为产业集群内各主体之间的相互模仿提供了优越条件，集群内各主体之间的模仿行为越来越频繁。魏江和勾丽（2008）概括了产业集群环境易于产生模仿行为的五个方面的原因：一是模仿源比较集中，产业集群内往往集中了几个龙头企业或高绩效的企业，这会成为其他企业的模仿源；二是模仿源信息传播便利，模仿源的信息只有传播到模仿者，模仿行为才会产生，产业集群环境下，产业关联、交流渠道便捷、文化根植性都有助于模仿源信息的传播和扩散；三是模仿内容丰富，产业集群内的模仿内容包括新产品开发、管理方式和组织模式、市场进入和投资时机、生产流程等；四是模仿成本较低，由于产业集群内地理邻近、知识溢出的特点以及融资平台和机构的存在，有助于节约模仿行为的时间成本、信息成本和资金成本；五是模仿成功率高，在产业集群条件下，由于模仿者能获取更充分的信息，与模仿源交流接触更便捷、更深入，产业规模、性质更接近，模仿行为的成功率更高。显然，创业行为的模仿是产业集群环境下模仿行为的一种类型。

3.2 产业集群创业行为的测量

科学的构念测量是开展实证研究的前提与基础。在对产业集群环境下的创业行为进行理论探索的同时，还需要实证研究的支撑和验证。作为伴随“创业人才”概念而来的“创业行为”构念已有近百年的历史，但时至今日，“创业行为”的相关研究仍然是学术界的一大热点。不同学者从创业行为主体、创业行为内容、创业行为环境、创业行为的前因变量和结果变量等方面进行了广泛的研究，得出了多样的研究观点和结论。但目前，创业行为的定量研究仍然存在一些不足，集中体现在创业行为构念的界定不同、创业行为测度视角不统一、创业行为测度题项差异大等，这不利于创业行为定量研究的开展和实施，也在一定程度上制约了创业行为相关领域的进一步研究，特别是在以往研究中较少有学者以产业集群为背景来定量研究创业行为。此外，对产业集群内的创业行为进行清晰的界定，并建立科学的测度量表也是本书后续研究的基础和前提。因此，本章在理论探索的基础上，通过文献调研、访谈和小范围测试等手段，科学编制了产业集群环境内的创业行为测度量表，并对量表进行验证。

3.2.1 量表设计

本章研究的主要内容是建立产业集群环境下创业行为的测量指标体系。Dunn，Seaker & Waller（1994）认为，问卷测量题项的设计拟采取以下设计步骤：通过文献调研和对企业界的调查访谈设计初始的测量题项，与相关高层管理者或专家讨论修改测量题项，通过小范围的预测试来净化测量题项以最终确定正式问卷；Hinkin（1995）研究指出，量表开发所需题项一般可以通过两种途径获得：相关研究文献和有相关工作经历的个人。在借鉴和参考以往学者在量表开发做法的基础上，产业集群内创业行为的测量量表开发，经历了以下几个步骤：

（1）文献调研。围绕产业集群环境下的创业行为的五个维度，即创业机会识别、创业团队组建、创业资源整合、创业网络建构和模仿行为，进行了广泛而细致的文献调研。调研的主要内容包括创业行为，特别是产业集群环境下的创业行为及其五维度的理论阐释和创业行为中五维度的测量指标体系，并对相关文献进行概况、总结和提炼，形成创业行为五维度测量指标库，然后根据创业行为以及五维度的理论定义对测量指标库中的指标进行了分类和归并，形成了最初的测量量表。

（2）创业人才深度访谈。与创业人才深度访谈的目的主要是对根据文献调研编制的初始量表进行修改和完善。利用导师研究团队资源，选取了上海商业智能产业集群5名创业人才和武汉光谷光电子产业集群内7名创业人才进行了深入访谈，主要就产业集群环境下创业行为的种类及其重要性、各维度测量指标的术语、覆盖范围、表述方式等内容进行了沟通和交流，并进行了局部修改和完善。特别需要指出的是，12名创业人才对于本研究所提出的产业集群环境下创业行为的五个维度的划分，给予了充分肯定，并认为是符合他们创业实践的。

（3）创业专家访谈。经过前两个步骤后，将修改后的测量量表提交给3名创业专家，并当面听取意见。3名创业专家分别是创业管理的理论专家、就业创业管理者、创业经历丰富的实践者。在对3名创业专家访谈过程中，一方面，就本研究中涉及的变量以及变量之间的关系进行了讨论，这为后续研究中假设的科学提出提供参考；另一方面，就产业集群环境下的创业行为五个维度的测量指标进行交流沟通，主要就指标的覆盖范围是否合适、指标是否交叉等方面进行了讨论。综合专家意见，对量表进行了进一步修改和完善。

（4）小范围测试。笔者对武汉市洪山创业孵化中心的22名创业人才进行了小样本测试，征求和吸纳他们的意见和建议。小样本测试的主要目的是就量表的语言表述是否合适、是否有不清楚的地方进行斟酌。笔者分别与22名创业人才就量表中的每一题项逐一进行了确认，看量表中表述是否有让人费解的地方。在收集所有创业人才的建议和信息后，对创业行为量表中少量不合理的题项进行了修改或重新组织语言表述。最后形成了可用于大规模调查的正式问卷。

正式问卷总共有五个维度19个题项组成，发放对象为产业集群环境下的创业人才。问卷采用Likert 5级量表，Berdie（1999）根据其研究经验认为，在大多数情况下，五级量表是最可靠的，选项超过五项的话就会缺乏相应的辨别力。问卷要求被调查者根据每个题项的内容表述与其自身创业实践相符合的程度进行评定，从“完全不符合”到“完全符合”分别用1～5分表示，1表示“完全不符合”，2表示“不符合”，3表示“不确定”，4表示“符合”，5表示“完全符合”。对回收的调查问卷随机均分为两部分，一部分用于探索性因子分析，另一部分用于验证性因子分析，通过数据收集与处理对调查问卷质量进行进一步的检验。

3.2.2 变量测度

以往有关机会识别、团队组建、资源整合、创业网络建构、模仿行为各个维度的测量量表并不少见，但对于本书的研究内容和研究目的来说，并不是成熟的合适的可直接使用的量表，主要表现在：以往的研究主要侧重于某一个维度的研究，并没有把各维度整合起来作为创业行为二阶因子来进行研究；已有研究较少将各个维度置于某一特定环境下来开展研究，特别是置于产业集群环境下；由于研究目的和研究内容不同，量表的编制或借鉴的出发点和落脚点不同。即便如此，参考和借鉴已有研究成果，仍然是量表开发的基本做法。

（1）创业机会识别。以往有关创业机会识别的测量，主要是从三个方面来展开：一是从创业机会识别的认知内容角度进行测量，最有代表性和影响力的是Timmons（2000）提出的《机会评价量表》，该量表由八大类53个指标组成，即行业与市场、经济因素、收获条件、竞争优势、管理团队、致命缺陷、创业人才的个人标准、理想与现实的战略性差异。Baron（2004）通过盈利性识别和可行性识别来界定创业机会识别。苗青（2006）概括了机会识别的六个关键特征，包括新颖奇特性、潜在经济性、持续性、实践性、独立性和可取性，并将六种关键属性归纳为二阶因素：创业机会的盈利性和创业机会的可行性，即提出了创业机会识别的二阶六因素模型，针对创业机会识别的六种关键性特征提出了30个题项。赵观兵、梅强（2010）通过7个问项对创业机会识别进行了测量：创业时期具有独占性；能很快掌握各种创业机会信息；顾客接受创业机会带来的产品或服务，且愿意为之付费；产品或服务对市场影响力高；能使用新技术推出新产品或新服务；产品周期长；能识别新信息可能带来的变化。齐瑶涵（2012）也从盈利性和可行性两个维度对创业机会识别进行了测量，包括6个题项：创业机会可操作性强；创业机会具有独特性，产品或服务不容易被模仿；创业机会带来的产品或服务能被社会个人价值观所接受；产品或服务在市场上没有正式出现或普及；产品或服务能带来较高的收益或回报；产品或服务能带来利润。二是从创业机会识别效果的角度进行测量，Corbett（2005）用过去几年里创业机会识别的数量和成功率，包括新创企业数量、新产品数量、新服务数量，来对创业机会识别效果进行测量。Ucbasaran et al（2010）采用了3个题项对创业机会识别进行了测量：每月产生商业创意的平均数；商业创意中被认为具有奇特或创新性的百分比；奇特或创新性商业创意具有可行性的百分比。三是从创业机会识别的途径来进行测量，Chandler（2002）通过问卷调查聚类分析出创业机会识别的主动搜索、被动搜索和偶然搜索三种识别形式。

在全面回顾已有文献的基础上，根据访谈与调研实际以及专家建议，从创业机会识别认知内容的角度对产业集群环境下创业机会识别行为采用4个问项进行度量，即“集群内，我对创业信息有敏锐的知觉”“集群内，我能很好地识别出有价值的市场机会”“集群内，我能积极行动抓住已有创业机会”“集群内，我能积极适应环境，创造创业机会”，均采用5级李克特量表打分法，具体见表3-1。

（2）创业团队组建。创业团队组建的测量，主要是从团队组建的任务角度来进行。Kamm et al（1993）提出了创业团队形成的决策模式，此模式确定了创业团队组建的关键环节：其一，创业设想阶段。创业设想的形成有两种基本方式，“领导企业家”（Lead Entrepreneur）和“团队方法”（Group Approach），前者是先有创业设想的点子后有创业团队，后者是先有创业团队的结识再有创业设想，更强调人际关系的作用。其二，资源供给。主要是指如何选择团队伙伴以弥补创业所需要的技能资源，这种技能资源可来自创业人才本身、创业团队成员和外部招募成员。其三，团队成员的招募。团队成员的招募要处理好从何处寻找团队成员、如何选择最佳成员以及如何说服他们加入创业团队等问题。其四，团队维护。即如何维护团队关系，包括角色分配、目标共识、行为规范等。Bruce Tuckman（1977）提出创业团队发展的五个阶段：组建期（Forming）、激荡期（Storming）、规范期（Norming）、执行期（Performing）、休整期（Adjourning）。其中，组建期是团队的酝酿形成阶段，该阶段主要任务是辨别创业团队的人际边界和任务边界，即建立团队成员之间关系、成员与领导关系和各项团队标准以及了解创业项目情况和在创业项目中的正式角色和职责。

在借鉴创业团队组建研究前期成果的基础上，结合实地调研和创业访谈，对创业团队组建行为的题项进行了调整和发展，形成了 4 个题项的测量体系，即“我能招募到合适的创业伙伴”“我能对创业团队成员进行合理的职责划分”“我具有良好的团队调整融合能力”“我能建立较完整的创业团队制度体系”，均采用李克特 5 级量表进行打分评定，具体见表 3－1。

（3）创业资源的整合。有关创业资源整合的测量，以创业资源获取的测量较为多见。有关创业资源获取的度量，主要有两种形式：一是从创业资源不同种类分别进行度量。刘预（2008）将创业资源划分为知识资源和运营性资源，其中，知识资源采用获取市场开发技能、获取新产品或新服务开发技能、获取企业管理技能、获取生产运营技能、获取企业营销技能五个问项；运营性资源的度量采用购买厂房、设备、装置，购买专利和技术，聘请有经验的员工，外部融资获取资金等问题。余绍忠（2012）从资金资源、人才资源、管理资源、信息资源、科技资源、政策资源六种资源形式综合测量创业资源的获取，每一资源类别有 3～4 个问项，共计 21 个问项，例如：初创时自有资金较为丰富，拥有创业型人才，创业人员具有创业经历和管理经验，较容易获取行业信息，拥有科技项目和科技成果，创业时得到政府政策优惠或倾斜，等等。二是从创业资源获取方式来进行测量，马鸿佳、葛宝山（2008）通过资产购买、收购外部企业、内部开发无形资产、外部雇佣有经验的员工以获取知识和技能、培训来增加员工的知识和技能、与其他企业合作促进员工学习、与其他企业合作促进所需资源开发7个问项对资源获取进行了测量。尹苗苗、李新春（2012）认为，创业资源的获取大致有三种途径：非正式渠道，如从家人、朋友、亲戚那里获得资源；正式渠道，如从合作者那里获取资源；中介或第三方组织，如咨询机构、政府部门等，在此基础上提出了创业资源获取测量的9个题项，包括通过与供应商、客户、竞争者交流或合作获取资源，通过与政府相关部门交流与合作获取资源等。

通过广泛的文献调研发现，无论是从创业资源的种类还是从创业资源的来源出发来度量创业资源的整合，都存在着两个主要问题：种类或来源的划分差异性大和题项条目偏多。综合创业人才和创业专家访谈意见，考虑到问卷的简洁性原则，在文献调研的基础上，对创业资源整合的度量采用“集群内，我有较好的资源整合能力”“集群内，我能对有限资源进行创造性的利用”“集群内，我能积极寻找新资源，弥补资源不足”3个题项进行测量，均采用likert 5级评分法，具体见表3－1。

（4）创业网络构建。有关创业网络的维度测量主要集中在网络规模和网络强度两个方面。创业网络规模是指与创业人才建立联系的主体数量或连接数，Baron & Markman（2003）用“与创业人才有直接关系或拓展关系的主体数量”来测量创业网络的规模。Sarah et al（2005）用“创业人才与家庭成员和社会团体联系的主体数量”和“在交际圈内朋友数量”两项指标来测量创业网络规模。赵镝、蔡莉（2009）用“有很多可以交往的亲戚朋友”“有很多可以交往的银行等金融机构人员”“有很多可以交往的中介机构人员”“有很多可以交往的企业或商业团体”四个问项对创业网络进行了测量。创业网络强度是指创业人才网络联系的频繁和紧密程度。Premaratne（2002）、Zhang（2005）用“与家人、亲戚、朋友、熟人联系的频繁程度”和“与各种组织机构联系的频繁程度”两个题项对创业网络的强度进行了测量。Smith & Lohrke（2008）用“与亲戚朋友熟人之间关系的紧密程度”“与银行、中介机构、政府机构之间关系的紧密程度”“与其他企业之间关系的紧密程度”3个题项对网络强度进行了测量。赵镝、蔡莉（2009）用“与亲戚朋友保持有长期密切关系”“与银行等金融机构人员保持了长期密切关系”“与中介机构人员保持有长期密切关系”“与其他企业和商业团体保持有长期密切关系”四个题项对创业网络强度进行了测量。

研究的主体是对创业网络构建行为的测量，创业网络的规模与强度度量并不是重点。因此，在借鉴文献调研成果的基础上，结合创业人才和创业专家访谈实际和建议，用“我很注重同集群内供应商、销售商、客户建立良好关系”“我很注重同集群内相关政府部门建立良好关系”“我很注重同集群内高校、科研机构、银行等建立良好关系”“我很注重同集群内相关企业建立良好关系”四个题项对产业集群环境下创业网络建构行为进行了测量，均采用likert 5级量表进行打分评价，具体见表3－1。

（5）模仿行为。已有有关模仿行为的测量大多从其模仿内容着手，王昭凤、范开阳（2005）从生产模仿、管理模仿和经营策略模仿三个方面来界定模仿行为，其中，生产模仿主要包括生产产品模仿和生产技术模仿，管理模仿包括管理方法、管理手段和管理制度的模仿，经营策略模仿包括产品策略、市场营销策略和市场竞争策略的模仿。模仿本质上是一种学习行为，Lane，Salk & Lyles（2001）在对跨国企业中子公司向母公司学习研究过程中，从营销技能、新产品开发技能、管理技能、技术技能和生产技能五个方面对子企业学习进行了测量。Yli－Renko & Autio（2001）研究了创业人才在创业网络中获取的知识，将其划分为产业知识、需求知识和技术诀窍。Lane et al（2001）、吴晓冰和贾生华（2009）将企业学习的知识分为产品开发知识、技术知识、营销知识、管理知识和工艺知识五个维度，并在此基础上对企业知识获取进行了测量。江旭、高山行（2008）将是否能从其他企业获得管理技能、市场营销、产品开发、研发工艺、制造工艺等知识对学习与知识获取进行了测量。

综合上述有关模仿行为和知识学习的测量题项，初步形成了模仿行为测量题项库，通过对产业集群环境下创业人才和专家的访谈和咨询，对模仿行为测量题项库进行了精简和提炼，参照王昭凤（2005）、Lane 等（2001）学者的方法，最终确定了四个题项条款，即“我倾向于生产或提供与创业成功者相同（相似）的产品或服务”“我倾向于采用创业成功者相同（相似）的产品生产技术或流程”“我倾向于借鉴创业成功者的管理制度”“我倾向于借鉴创业成功者的赢利模式”，均采用 likert 5 级量表进行评分，具体见表 3－1。

表 3－1　产业集群创业行为测量量表

维度	编号	题　项	题项来源
创业机会识别	OR1	集群内，我对创业信息有敏锐的知觉	Timmons（2000），Baron（2004），苗青、蔡莉（2006），赵观兵和梅强（2010）等
	OR2	集群内，我能很好地识别出有价值的市场机会	
	OR3	集群内，我能积极行动抓住已有创业机会	
	OR4	集群内，我能积极适应环境，创造创业机会	
创业团队组建	TB1	我能招募到合适的创业伙伴	Tuckman（1965，1977），Kamm et al（1990，1993），黄海燕（2008）等
	TB2	我能对创业团队成员进行合理的职责划分	
	TB3	我具有良好的团队调整融合能力	
	TB4	我能建立较完整的创业团队制度体系	
创业资源整合	RI1	集群内，我有较好的资源整合能力	Simon，Hitt & Ireland（2007），尹苗苗、李新春（2012），马鸿佳、葛宝山（2008）等
	RI2	集群内，我能对有限资源进行创造性的利用	
	RI3	集群内，我能积极寻找新资源，弥补资源不足	
创业网络构建	NC1	我很注重同集群内供应商、销售商、客户建立良好关系	Baron & Markman（2003）、Smith & Lohrke（2008）、赵镝和蔡莉（2009）等
	NC2	我很注重同集群内相关政府部门建立良好关系	
	NC3	我能注重同集群内高校、科研机构、银行等建立良好关系	
	NC4	我很注重同集群内相关企业建立良好关系	
模仿行为	IB1	我倾向于生产或提供与创业成功者相同（相似）的产品或服务	Lane，Salk & Lyles（2001），Yli－Renko & Autio（2001），吴晓冰和贾生华（2009），王昭凤和范开阳（2005）
	IB2	我倾向于采用相同（相似）的产品生产技术或流程	
	IB3	我倾向于借鉴创业成功者的管理制度	
	IB4	我倾向于借鉴创业成功者的赢利模式	

资料来源：根据相关文献整理而成。

3.2.3 数据收集

为了检验产业集群环境下创业行为的构思维度以及为后续研究提供基础，本研究实证分析采用调查问卷方式来获取数据，调查对象为产业集群环境下的创业人才。在完成调查问卷设计和变量测量量表开发的基础上，对产业集群环境下创业人才的创业行为进行了大规模问卷调研。

（1）样本选择和控制。本研究调查对象为产业集群环境下的创业人才，在样本选择上涉及两个层面：产业集群的选择和产业集群内创业人才的选择。笔者结合长期对我国产业集群的关注和研究以及本研究团队的社会资源，最终确定了浙江台州、山东德州和湖北武汉三个地域的产业集群作为大规模问卷发放的区域。台州是浙江重要的制造业基地，形成了诸如汽摩及配件、服装机械、磨具塑料、医药化工等九大制造业产业集群。山东德州新能源、生物技术、食品产业集群发达，是产业集群发展迅速的区域。湖北武汉光电子产业集群具有世界影响力。选择三地作为样本选择区域基于三个方面的考虑：一是浙江台州、山东德州、湖北武汉都是产业集群发展相对较为发达的区域，能够为本研究提供充足的样本空间；二是本研究团队在三地有较好的社会资源，能够为本调查提供较为便利的条件；三是三地处于我国的东部和中部地区，产业集群特征和发展具有一定典型性和代表性，选择三地作为样本区域较为合适。

在调查对象创业人才的选择上，主要考虑创业人士是否真正创业以及新创企业的生存年限两个因素。首先，在上述三地产业集群环境下创业人才的选择过程中，着重强调创业人才必须是正在创业或曾经创过业的创业人才。其次，将创业人才新创企业成立时间限定在 5 年以内，并将其作为创业人才选定的一个限定条件。Biggadike（1979）以及 McDougall，Shane & Oviatt（1994）将新企业限定为 8 年以内，全球创业观察（GEM）将新企业限定为 3 年半以内，借鉴胡望斌、张玉利（2009）折中的办法，本研究将新企业界定为 5 年以内。

（2）问卷发放与回收。问卷的发放与回收直接影响到研究数据的质量。根据上述样本选择和控制的标准，在 2012 年 10 月至 2013 年 3 月期间，通过拜访、邮寄和委托方式，在浙江台州汽摩及配件和服装机械产业集群、山东德州新能源和食品产业集群、武汉光谷光电子产业集群共计发放问卷 632 份，回收问卷 378 份，其中，实地拜访调查回收 32 份，通过邮寄回收问卷 164 份，委托与创业人才关系密切的当地金融机构工作人员回收问卷 182 份，回收率为 59.8%。通过对回收的 378 份问卷进行仔细筛选后，剔除了无效问卷 68 份，剔除原因分别为：问卷填写不完整、问卷填写人不符合样本选择标准、随意填答，最终获得有效问卷共计 310 份。本次调查问卷的发放与回收详细情况见表 3－2。

表 3－2　问卷发放与回收情况一览表

发放方式	发放数量	回收数量	有效数量	回收率（%）	有效率（%）
拜访	32	32	32	100.0	100.0
邮寄	300	164	132	54.7	44.0
委托	300	182	146	60.7	48.7
合计	632	378	310	59.8	49.1

资料来源：笔者研究整理。

3.3　产业集群创业行为结构模型的构建

有效性和可靠性是测量量表的基本要求，在形成正式问卷之前，还需要对测量量表的质量进行评估，即信度和效度的检验。在此基础上，如有必要，还需对量表进行修正和完善。为此，本内容将对调查问卷数据进行描述性统计、项目分析、探索性因子分析和验证性因子分析。

3.3.1　描述性统计

为了了解数据的基本特征，在对量表进行信度和效度检验之前，对调查数据进行了描述性统计。回收合格的 310 份问卷的基本信息如表 3－3 所示。从性别上看，男性创业人才占60%，女性创业人才占近40%，男性创业人才占大多数。从创业人才的学历层次上看，创业人才的学历水平主要为大专和本科学历，分别达到30%和47%，占绝大多数，也基本符合创业人才的学历层次要求。从年龄特征看，45岁以下的创业人才达到90%，说明创业人才创业主要集中在中青年人群中。从创业经历来看，有一次创业经历的创业人才比重为42%，正处于创业阶段而没有创业经历的创业人才占38.4%，两者之和为80%，说明创业人才的创业经历和创业次数相对较少，这也与创业人才年轻化的趋势相一致。从创业人才创业前所从事的职业来看，创业前所从事职业的分布非常广泛，其中，企业人员所占比率最高，达到31%；然后是学生创业，比率为24%；最后是个体户，占15%；其他职业均处于10%以下。

表3-3 样本基本信息

特征	类别	频次	百分比（%）
性别	男	187	60.3
	女	123	39.7
学历	高中及以下	47	15.2
	大专	92	29.7
	本科	143	46.1
	硕士	22	7.1
	博士	6	1.9
年龄	25岁以下	71	22.9
	26~35岁	125	40.3
	36~45岁	81	26.1
	46~55岁	28	9.0
	55岁以上	5	1.6
创业经历	没有	119	38.4
	1次	130	41.9
	2~3次	50	16.1
	4次及以上	11	3.5

续表

特 征	类 别	频 次	百分比（%）
创业前从事的职业	农民	20	6.5
	企业人员	97	31.3
	公务员	26	8.4
	高校及科研机构研究人员	18	5.8
	教师	12	3.9
	个体户	47	15.2
	学生	74	23.9
	其他	16	5.2

资料来源：根据回收问卷数据统计分析及整理所得。

3.3.2 项目分析

项目分析是为了检验编制量表或者题项的适切性和可靠性。Babbie（2004）认为，项目分析是用来评价综合测量中所包括的各个题项是否具有独立的贡献，在项目分析中，如果发现某个题项对整个指标的贡献十分缺乏，就说明该题项的贡献被其他题项所取代，应该将该题项删除。因此，项目分析可作为筛选和修改量表题项的依据，可通过两种方式来实施。

（1）高低组平均数差异检验法。该方法将每一个受试者在量表中的各个问项的得分加总，依据总分高低排序，将总分为前27%的作为高分组，将总分后27%的作为低分组，并找出高低分组的临界值，然后可依据分组受试者的临界值分数，赋予高分组的受试者一新变量码1，赋予低分组的受试者一新变量码2；接着，采用独立样本t检验求出高低分组的受试者在各题项得分平均数的差异显著性，如果达到显著性差异（$P<0.05$），则表明该题项具有鉴别力，应予以保留，如果差异不显著（$P>0.05$），则应删除该题项。本书首先采用高低组平均差异检验法，对调查问卷收集的数据进行鉴别力分析，结果显示每一题项均达到显著性水平，具体见表

3－4，表明产业集群创业行为量表各题项具有区分高分组和低分组的能力。

表3－4为独立样本t检验的统计值，在t统计值的判别上，首先要判别两组的方差是否相等，如果两个群体的方差相等，则要看“假设方差相等”行的t值数据；如果两个群体的方差不等，则要看“不假设方差相等”行的t值数据。“方差相等的Levene检验”栏就是用来检验两组方差是否相等，如题项1，经过Levene方法的F值检验结果，F统计值为0.524，$p=0.470>0.05$，未达到0.05的显著性水平，表明两个群体的方差相等，要看“假设方差相等”行的t值数据。而题项3经过Levene方法的F值检验结果，F统计值为11.154，$p=0.001<0.05$，达到0.05的显著性水平，表明两个群体的方差不相等，要看“不假设方差相等”行的t值数据。为了便于识别，表3－4中将应该看的t值数据用阴影底纹显示。在下述t检验的统计量中，所有19个题项高低分组平均数差异检验的t检验均达到0.05的显著水平，表明所有19个题项均应保留。

（2）问项分与总分相关法。除了可使用高低组作为项目分析的指标外，也可以采用同质性检验作为个别问项筛选的指标，若个别问项与总分的相关性高，表明该问项与整体量表的同质性高，与所要测量的变量接近，该问项应保留；若个别问项与总分的相关性低（$r<0.4$），表明该问项与整体量表的同质性低，最好删除。因此，同质性检验的一个通常做法是求出个别问项同总分的积差相关系数。

表3－5为创业行为量表总分与各问项的相关系数，表明各问项与总分之间的积差相关达到显著，各题项通过了同质性检验，19个问项均予以保留，与高低组平均数差异检验法的结论一致。

表 3－4 独立样本检验

		方差相等的 Levene 检验		平均数相等的 t 检验						
									差异的 95%置信区间	
		F 检验	显著性	t	自由度	显著性（双尾）	平均差异	标准误差异	下 界	上 界
OR1	假设方差相等	.524	.470	12.172	185	.000	1.37623	.11306	1.15317	1.59929
	不假设方差相等			12.193	169.228	.000	1.37623	.11287	1.15341	1.59905
OR2	假设方差相等	2.347	.127	13.218	185	.000	1.42976	.10816	1.21637	1.64316
	不假设方差相等			13.249	156.479	.000	1.42976	.10791	1.21661	1.64291
OR3	假设方差相等	11.154	.001	10.371	185	.000	1.13109	.10907	.91592	1.34626
	不假设方差相等			10.391	164.096	.000	1.13109	.10885	.91616	1.34602
OR4	假设方差相等	11.166	.001	13.075	185	.000	1.34615	.10295	1.14303	1.54926
	不假设方差相等			13.104	160.145	.000	1.34615	.10273	1.14326	1.54903
TB1	假设方差相等	.015	.904	10.746	185	.000	1.17456	.10930	.95892	1.39020
	不假设方差相等			10.749	184.616	.000	1.17456	.10927	.95898	1.39014
TB2	假设方差相等	7.908	.005	12.862	185	.000	1.26081	.09802	1.06742	1.45420
	不假设方差相等			12.889	161.835	.000	1.26081	.09782	1.06765	1.45397
TB3	假设方差相等	.440	.508	11.241	185	.000	1.19652	.10644	.98652	1.40652
	不假设方差相等			11.245	184.298	.000	1.19652	.10640	.98660	1.40645
TB4	假设方差相等	2.030	.156	10.907	185	.000	1.22764	.11255	1.00559	1.44968
	不假设方差相等			10.925	171.014	.000	1.22764	.11237	1.00582	1.44945

续表

		方差相等的 Levene 检验		平均数相等的 t 检验						
									差异的 95% 置信区间	
		F 检验	显著性	t	自由度	显著性（双尾）	平均差异	标准误差异	下　界	上　界
RI1	假设方差相等	18.610	.000	9.171	185	.000	.98250	.10713	.77114	1.19385
	不假设方差相等			9.193	155.438	.000	.98250	.10687	.77139	1.19361
RI2	假设方差相等	8.073	.005	12.776	185	.000	1.26115	.09872	1.06640	1.45591
	不假设方差相等			12.797	170.108	.000	1.26115	.09855	1.06661	1.45570
RI3	假设方差相等	.754	.386	12.523	185	.000	1.16449	.09299	.98104	1.34794
	不假设方差相等			12.534	180.831	.000	1.16449	.09290	.98118	1.34781
NC1	假设方差相等	32.371	.000	11.675	185	.000	1.26253	.10814	1.04918	1.47588
	不假设方差相等			11.707	147.319	.000	1.26253	.10784	1.04941	1.47564
NC2	假设方差相等	29.258	.000	11.682	185	.000	1.34763	.11536	1.12004	1.57523
	不假设方差相等			11.716	144.480	.000	1.34763	.11503	1.12027	1.57499
NC3	假设方差相等	42.444	.000	11.898	185	.000	1.34786	.11328	1.12437	1.57135
	不假设方差相等			11.937	136.135	.000	1.34786	.11291	1.12457	1.57115
NC4	假设方差相等	25.362	.000	9.629	185	.000	1.13349	.11772	.90125	1.36574
	不假设方差相等			9.653	151.707	.000	1.13349	.11742	.90151	1.36548
IB1	假设方差相等	.012	.914	10.334	185	.000	1.33310	.12900	1.07861	1.58760
	不假设方差相等			10.340	183.340	.000	1.33310	.12892	1.07874	1.58747

续表

		方差相等的 Levene 检验		平均数相等的 t 检验						
									差异的 95% 置信区间	
		F 检验	显著性	t	自由度	显著性（双尾）	平均差异	标准误差异	下　界	上　界
IB2	假设方差相等	1.665	.199	9.647	185	.000	1.16266	.12052	.92488	1.40044
	不假设方差相等			9.658	177.769	.000	1.16266	.12039	.92509	1.40023
IB3	假设方差相等	2.773	.098	8.314	185	.000	1.01499	.12209	.77412	1.25585
	不假设方差相等			8.320	181.496	.000	1.01499	.12199	.77429	1.25569
IB4	假设方差相等	4.628	.033	9.413	185	.000	1.19606	.12707	.94537	1.44676
	不假设方差相等			9.426	173.527	.000	1.19606	.12689	.94562	1.44651

数据来源：根据统计数据得来。

表 3-5 创业行为量表总分与各问项得分相关系数（N=310）

题 项	与总分相关（r）	题 项	与总分相关（r）
OR1	0.711***	RI3	0.672***
OR2	0.723***	NC1	0.679***
OR3	0.636***	NC2	0.701***
OR4	0.728***	NC3	0.684***
TB1	0.629***	NC4	0.606***
TB2	0.669***	IB1	0.531***
TB3	0.671***	IB2	0.504***
TB4	0.669***	IB3	0.485***
RI1	0.602***	IB4	0.532***
RI2	0.675***		

注：***表示 $p<0.001$，**表示 $p<0.01$，*表示 $p<0.05$，均为双尾检验。

3.3.3 探索性因子分析

项目分析之后，为检验量表的结构效度，需要进行因子分析。首先通过探索性因子分析（EFA）确定量表的维度结构，当量表的结构维度确定后，需要再对其进行验证性因子分析（CFA），来确定量表的因子结构模型与实际收集数据的适切性。Anderson J. C.，Gerbin，D. W（1998）建议，探索性因子分析和验证性因子分析要用两组数据分别来做。为此，本书将310份有效问卷随机分成两半，一半数据用于探索性因子分析（$n=155$），另一半数据用于验证性因子分析（$n=155$）。差异检验表明，两个子样本在性别、学历、年龄、创业经历等的分布上都没有显著性差异。

首先，对样本数据进行KMO测度和巴特利特球形检验（Bartlett's球形检验），以判断样本是否适合做因子分析。KMO检验统计量主要是用来比较变量间的简单相关系数与偏相关系数的指标，主要用于因子的适合性分析，Kaiser给出了KMO的度量标准，0.9以上表示非常适合，0.8表示适合，0.7表示一般，0.6表示不适合，0.5以下表示非常不适合；Bartlett's球形检验是用来检验相关阵是否为单位阵，检验各个变量是否各自独立，在因子分析中，若拒绝原假设，即相关阵为非单位阵，适合做因子分析，如果接受原假设，则相关阵为单位阵，不适合做因子分析。在本研究所使用的样本中，检验统计量 KMO 值为 0.863，高于 0.7，巴特利特球形检验统计量观测值为 1485.291，对应的概率 P 值为 0.000，低于 0.001 的显著性水平，说明量表适合做因子分析，具体见表 3－6。

表 3－6 创业行为探索性因子分析的 KMO 和 Bartlett's 检验（n＝155）

Kaiser－Meyer－Olkin 取样适切性量数		.863
Bartlett's 球形检验	近似卡方分布	1485.291
	自由度	171
	显著性	.000

在样本通过探索性因子分析适合性检验之后，对 155 个样本进行探索性因子分析，采用主成分因子提取方法和最大方差旋转法，结合碎石图，提取因子。以特征值大于 1 作为主成分保留的标准，19 个问项共提取了 5 个公因子，累计解释总变异 69.27%，第一个因子解释了总变异的 15.258%，第二个因子解释了总变异的 14.282%，第三个因子解释了总变异的 14.268%，第四个因子解释了总变异的 13.395%，第五个因子解释了总变异的 12.067%。每个题项的因子载荷均大于 0.5，达到了统计学上的要求（马庆国，2002），创业网络建构（NC）、创业团队组建（TB）、创业机会识别（OR）、模仿行为（IB）、创业资源整合（RI）五个因子的题项都归入了同一个因子，符合既有的理论构思，通过了探索性因子分析的效度检验（见表 3－7）。

表 3－7 转轴后的成分矩阵[a]

题 项	成 分				
	1	2	3	4	5
NC2	.829	.101	.221	.129	.162
NC3	.809	.113	.189	.143	.110

续表

题项	成分				
	1	2	3	4	5
NC1	.764	.241	.291	.037	-.042
NC4	.680	.130	.063	-.033	.307
TB2	.315	.744	.139	.033	.170
TB1	-.002	.688	.274	.188	.199
TB3	.183	.664	.202	.151	.324
TB4	.202	.599	.155	.189	.340
OR2	.233	.311	.795	.048	.143
OR3	.154	.037	.790	.093	.217
OR1	.227	.291	.751	.082	.104
OR4	.290	.184	.604	.198	.350
IB2	.054	-.003	.037	.863	.182
IB1	.024	.024	.098	.823	.215
IB3	.108	.393	.108	.709	-.180
IB4	.149	.413	.133	.643	-.256
RI1	.154	.146	.186	-.003	.759
RI2	.104	.374	.292	.048	.689
RI3	.230	.292	.185	.115	.663
特征根	7.196	2.194	1.564	1.145	1.062
解释变异量（%）	15.258	14.282	14.268	13.395	12.067
累计解释变量（%）	15.258	29.540	43.808	57.203	69.270

注：萃取法为主成分分析法，旋转方法为最大方差旋转法。
a. 转轴收敛于6个迭代。

然后，对创业行为量表总体和每一维度进行一致性检验，即 Cronbach α 系数检验，以评估创业行为测量的信度。结果显示，量表总体的 Cronbach α 系数值为0.904，各维度分量表的 Cronbach α 系数值分别为0.852、0.843、0813、0.811、0.790，均大于0.7，这表明量表题项的选取在统计学上能够较好地满足信度的要求（DeVellis，1991；马庆国，2002），具体见表3-8。

表 3 –8 创业行为探索性因子分析的信度检验（n =155）

分量表	内部一致性信度	总体信度
机会识别	0. 852	0. 904
网络建构	0. 843	
团队组建	0. 813	
模仿行为	0. 811	
资源整合	0. 790	

3. 3. 4 验证性因子分析

经过探索性因子分析界定创业行为结构维度后，还需要进行验证性因子分析，以检验创业行为的五维结构是否能得到另外样本数据的支持，即创业行为的五维结构模型是否与实际数据相吻合。为此，采用剩余 155 份调查数据对创业行为内容维度进行验证性因子分析。

在进行验证性因子分析之前，需要对样本数据进行信度分析，以检验数据的稳定性和一致性，结果如表 3 –9 所示。创业行为量表的总体 Cronbach α 系数值为 0. 924，各维度分量表的 Cronbach α 系数值分别为 0. 901、0. 867、0. 820、0. 866、0. 824，均大于 0. 7，说明各题项内部一致性程度较高。

表 3 –9 创业行为验证性因子分析的信度检验（n =155）

分量表	内部一致性信度	总体信度
机会识别	0. 901	0. 924
网络建构	0. 867	
团队组建	0. 820	
模仿行为	0. 866	
资源整合	0. 824	

然后对创业行为量表进行验证性因子分析，创业行为验证性因子分析结果分别见表 3 –10 和图 3 –1。创业行为测量模型的拟合指数显示（见表 3 –11）：$\chi^2/df = 1.424$，CFI =0. 967，PCFI =0. 792，NFI =0. 898，PNFI =

0.735，IFI=0.967，GFI=0.881，RMSEA=0.052，路径系数为0.599～0.896，且具有较强的统计显著性（P<0.001），这说明创业行为的测量模型的拟合效果较好。图3-1显示所有的因子结构均通过验证，这表明创业行为构念的测量具有较高的收敛效度。

表3-10　创业行为测量模型的路径系数

路　径	路径系数	标准化路径系数	C. R.	P
团队组建→TB4	1.000	.738		
团队组建→TB3	1.013	.790	9.303	***
团队组建→TB2	1.033	.795	9.350	***
团队组建→TB1	.872	.631	7.431	***
机会识别→OR1	1.000	.859		
机会识别→OR2	.989	.896	14.617	***
机会识别→OR3	.867	.793	11.979	***
机会识别→OR4	.830	.794	12.008	***
模仿行为→IB1	1.000	.867		
模仿行为→IB2	.996	.888	11.893	***
模仿行为→IB3	.610	.599	7.764	***
模仿行为→IB4	.730	.689	9.296	***
网络建构→NC4	1.000	.753		
网络建构→NC3	1.098	.767	9.617	***
网络建构→NC2	1.076	.823	10.393	***
网络建构→NC1	1.077	.822	10.376	***
资源整合→RI3	1.000	.772		
资源整合→RI2	1.070	.835	10.349	***
资源整合→RI1	1.009	.749	9.332	***

注：***表示p<0.001。

表3-11　结构方程模型拟合优度

指　数	χ^2/df	RMSEA	GFI	PNFI	NFI	PCFI	CFI	IFI
统计值	1.424	0.052	0.881	0.735	0.898	0.792	0.967	0.967
参考值[a]	<2	<0.08	>0.9	>0.5	>0.9	>0.5	>0.9	>0.9

续表

指 数	χ^2/df	RMSEA	GFI	PNFI	NFI	PCFI	CFI	IFI
模型适配判断	适合	适合	基本适合	适合	基本适合	适合	适合	适合

a. 根据 Hu & Bentler（1999）、Bryne（2003）等文献确定。

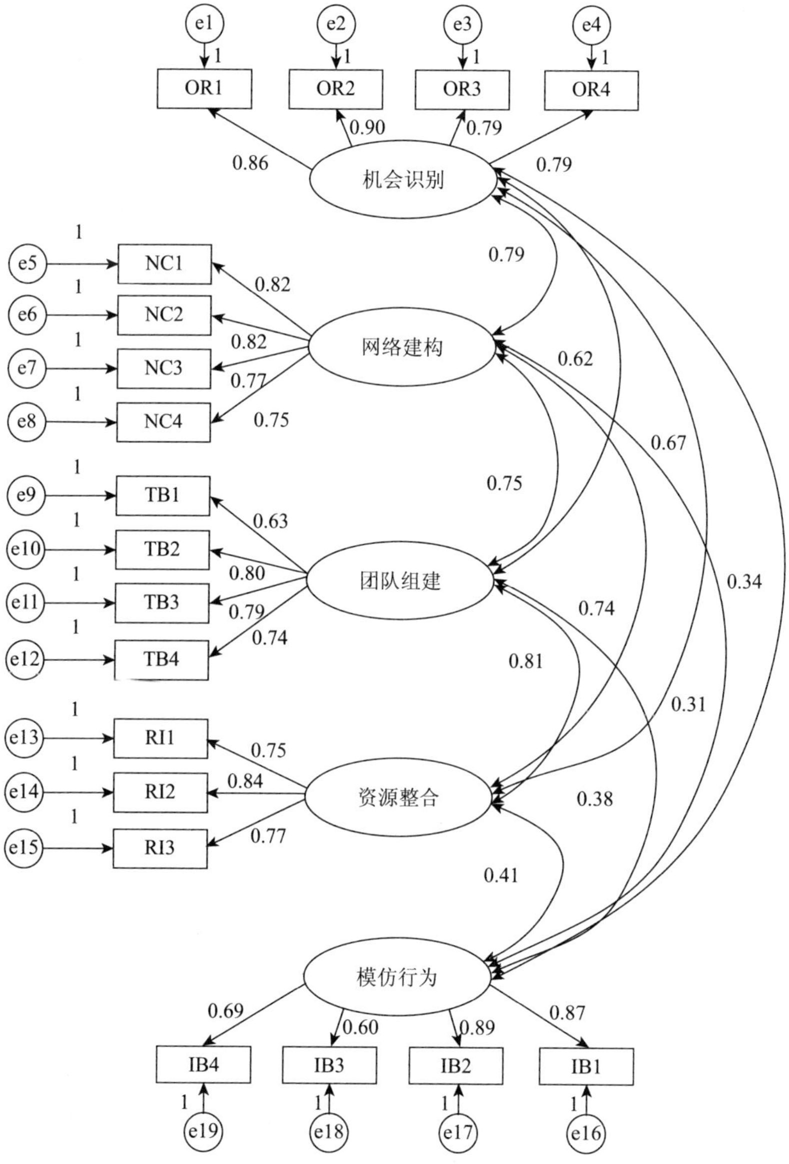

图 3－1 创业行为验证性因子分析测量模型

3.4 本章小结

产业集群环境下创业人才的创业行为是本研究的基本内容。在对创业行为文献综述的基础上，形成产业集群环境下创业行为结构维度的理论构思，即创业机会识别、创业团队组建、创业资源整合、创业网络建构、模仿行为等五大关键性创业行为。然后，根据量表开发的规范程序进行操作：首先收集整理相关文献，对创业行为各结构维度的测量题项进行梳理、归纳，形成创业行为测量的初始量表；接着就初始问卷对创业人才和创业专家进行访谈，听取建议和意见，对初始问卷的部分题项进行修改完善，特别是对题项的表述形式进行了调整；再将经过调整修改的问卷进行小范围测试，并再次根据反馈意见进行修改完善；最后形成正式问卷，进行大规模发放。

经过上述量表开发程序后，在浙江台州、山东德州、湖北武汉三个地域的 5 个产业集群内向各创业人才发放了 632 份调查问卷，回收有效问卷 310 份。然后对问卷数据进行统计分析，首先，对 310 份问卷数据进行了描述性统计，以了解被调查者的分布情况；其次，对 310 份问卷数据进行了项目分析，采用高低组平均数差异检验法、题项分与总分相关法来检验量表中各题项的适切性和可靠性，结果表明，量表中的 19 个题项具有较好的鉴别力，并通过了同质性检验；再次，从 310 份问卷中随机抽取 155 份问卷对创业行为做探索性因子分析，寻求创业行为 19 个题项的基本结构，采用主成分萃取法和最大方差旋转法，提取了 5 个公因子，符合当初的理论构思，并且量表也通过了信度检验，具有较好的内部一致性；最后，对剩余的 155 份问卷进行了验证性因子分析，目的在于验证创业行为五维度结构是否能得到另外样本的支持，结果表明，创业行为的测量模型具有较好的适配性，同时，量表也通过了信度检验。至此，产业集群环境下创业行为量表的开发正式完成，内容结构模型得以建构，这为后续研究打下了良好基础。

4 产业集群创业行为中的知识溢出效应

产业集群情境为创业人才的创业行为创造了良好条件，相较于非集群环境，创业人才在创业行为中能获取更多的信息和资源优势，特别是由于产业集群内积聚了大量供应商、客户、同行企业、中介机构，以及产业集群地理邻近性特点，极大增加了各主体的交流和沟通，信息和知识得以在产业集群内快速传播。因此，知识溢出一直是研究产业集群的一个重要视角。本章将在产业集群内各种不同知识溢出中，重点选择关注产业集群内创业行为中的知识溢出现象，揭示其机理，并实证分析创业行为对知识溢出的影响作用，以期揭开产业集群环境下创业行为中知识溢出的“黑箱”。

4.1 创业行为中的知识溢出现象

创业是经济社会发展的源动力，创业活跃的时期往往是区域经济迅猛发展的时期，在硅谷快速发展的1990—2002年，共新成立了166200家企业；在北京中关村快速发展时期，每年新注册的企业数量超过3000家；在迅猛发展的武汉光谷，平均每天就有6家企业诞生。创业的扎堆效应，加速了产业的集聚，促进了产业集群的形成与发展。知识溢出被认为是创业扎堆和创业人才在创业区位选择上倾向于向同一区域集聚的一个重要原因。“领先创业人才”的成功创业具有强烈的示范效应，Fornahl等（2003）

认为，区域内的创业活动会积极地发挥榜样作用，会降低模仿创业人才的风险知觉。示范效应本质上是一种知识溢出现象。杨静文（2004）研究指出，领先创业人才的创业示范作用会带来知识扩散的外部学习效应，潜在创业人才通过近距离的观察和相互学习，降低了其模仿创业的创业风险，增加了创业的可能性。因此，潜在创业人才为了分享知识溢出，在创业区位选择上倾向于聚集，促进了产业集群的形成与发展。马歇尔将这种在区域间流动的知识喻为“产业空气”，潜在创业人才主动或被动地接受着产业空气，积极影响着创业人才的创业实践。那么，先前创业人才创业行为是如何影响创业知识溢出的？创业行为会影响到何种创业知识的溢出？创业知识的溢出会受哪些因素的影响？已有研究大多从理论演绎、案例分析等研究方法来解释说明创业行为中的知识溢出现象，并没有真正揭示出创业行为与创业知识溢出关系的“黑箱”。本研究将在界定创业行为中知识溢出类别的基础上，通过问卷调研实证探究创业行为对创业机会捕捉知识溢出和克服新进入缺陷知识溢出的影响作用。

4.1.1 创业知识溢出概念的界定

创业知识是知识的一种，与一般知识具有共性特点，按照 Connell（2003）的理解，都是个体经过判断和组织的系统化信息，但创业知识又是一门专业知识，可用于创业实践，帮助创业人才创业，与一般知识又具有不同特点。Reuber（1990）等认为，创业知识是来源于创业实践活动和经验的知识。倪宁和杨玉红（2011）从知识用途出发探讨了创业知识与其他一般知识的不同，强调创业知识是创业人才通过创业以获取经济收益为目的的知识。

有关创业知识的文献往往是在探求创业学习时提出的，Young & Sexon（1997）认为，创业知识是创业人才在创业活动过程中所整合的概念、技巧、智力，不仅包括相关创业行业的专业知识，还包括新创企业管理运营方面的知识。Kirzner（1997）和 Minniti & Bygrave（2001）则将创业知识定义为一种纯粹的、抽象的知识形态，重视创业资源对于创业的重要性，强调创业知识应该包括从何处获取信息和资源的知识以及如何利用资源进行创业的知识。Politis（2005）在对先前创业学习理论文献回顾的基础上，对创业知识进行了有价值的研究，重点探索了创业知识如何从创业人才职业经验中转化而来，并对创业知识进行了分类，包括识别与捕捉创业机会的知识、克服新进入缺陷的知识。识别与捕捉创业机会知识是指有关如何感知一种新的想法并将此转化为具有增值价值的商业概念和新业务的知识；克服新进入缺陷知识是指克服新企业缺陷所必须具有的，面对新市场、新技术、新产品等能正确处理与应对的知识。Cope（2005）从广义上来界定创业知识，认为创业知识包括创业人才自身认识的知识、商业活动的知识、创业环境和创业网络的知识以及企业管理的知识。Holcomb（2009）在创业学习模型中，根据知识的来源不同，将创业知识划分为经验知识和模仿知识。经验知识是通过直接经验积累的知识；模仿知识是通过观察他人的行动和结果的知识。Ettl & Welter（2010）认为，创业机会识别的知识是创业知识的重要内容，并认为获取创业机会识别的知识是创业学习的主要结果。Man（2012）认为，创业学习是通过不同的创业行为将创业者的创业任务、创业经验转化为学习结果的循环过程。

有关创业知识溢出的文献并不多，较有影响的是 Acs Z. J，Braunerhjelm P，Audretsch D. B（2009）提出的创业知识溢出理论模型。该模型揭示了创业活动受区域内知识存量、创业障碍、在位者的内部瞬时知识溢出、区域城市化程度的影响。其中，知识存量将促进创业人才创业机会识别，增加创业活动的赢利能力；创业障碍是指如公共开支、税收等减少创业行为的因素；在位者的内部瞬时知识溢出主要是指在位企业和新创企业的创业知识溢出效应，新的创业主体利用知识溢出，可以增加创业成功的机率；区域城市化程度是指集群经济有助于创业行为。赵勇和白永秀（2009）指出，通过创业人才活动发生的知识溢出与新企业创业和成长有关，拥有创意或专利的创业人才在新创企业过程中与其他组织或群体发生互动和交流，后续创业人才创业活动不仅包括创业机会的识别，还包括对先前创业人才知识溢出的利用，因此，后续创业人才在企业集聚区域能够获得大量与创业有关的知识。李燃和王立平等（2012）认为，创业行为通过渗透“知识过滤”为知识溢出提供便利，形成创业知识溢出。在位企业或者新创企业的创业活动促进知识溢出，创业知识溢出的主体是创业人才或企业家，创业知识溢出的客体是新创企业或在位企业的员工，创业知识溢出的内容包括有关如何识别和利用创业机会的知识以及新创企业运营管理方面的知识。

创业知识与创业行为相关，根据产业集群环境下创业的五项关键性行为，综合文献调研，本研究认为，创业知识溢出是知识溢出的一种形式，是指创业人才的创业知识被潜在或后续创业人才获取而没有获得任何补偿，或补偿的价值小于创业知识价值的现象。创业行为中溢出的知识主要有两类：一类是有关创业机会的感知、识别、创造、利用等方面的知识，即创业机会捕捉的知识溢出；一类是有关新创企业克服新进入缺陷方面的知识，即克服新进入缺陷的知识溢出。具体来说，创业机会捕捉的知识溢出是指创业人才有关感知创业机会和利用机会转变商业价值的知识或经验被潜在或后续创业人才无偿获取的现象，这一现象更多发生于创业人才创建企业之前；克服新进入缺陷的知识溢出是指创业人才有关克服新企业刚成立时所存在的功能性缺陷的知识被潜在或后续创业人才无偿获取的现象，主要包括处理与应对新市场、新客户、新技术、新产品的知识，主要发生于创业人才新企业创建之后。因此，创业知识溢出的主体是创业人才或企业家，创业知识溢出的主要途径是创业行为，溢出的内容为创业知识，即创业机会捕捉的知识和克服新进入缺陷的知识，溢出的客体是潜在或后续创业人才。

4.1.2 创业知识的溢出路径分析

创业是知识溢出的一种形式，创业知识溢出的过程是创业知识通过一定载体或媒介在创业人才之间流动的过程，即创业知识借助一定的途径在溢出方、溢入方或中介部门之间流动的过程。集群环境下创业知识的溢出路径涉及四个主要因素：创业知识的溢出方、创业知识溢出内容、创业知识的溢出途径、创业知识的溢入方，具体见图 4－1。

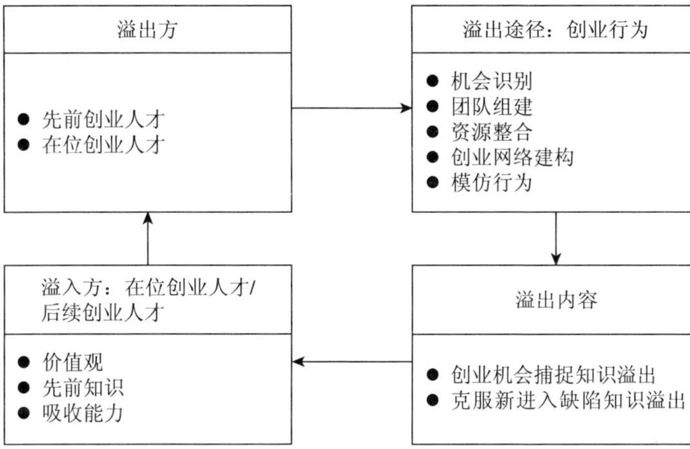

图 4－1　创业知识的溢出机理：创业人才视角

（1）创业知识的溢出方。知识溢出方是指知识的提供者或发送者。产业集群环境下知识溢出方的范围十分广泛，可以是竞争企业、用户、供应商、大学或科研机构、公共服务机构等。创业知识的溢出方则特指那些能提供创业知识的组织或个体，具体包括创业人才、新创企业、创业培训机构或创业服务机构，其中，集群内创业人才是创业知识溢出的主要来源。根据创业的时序不同，可将创业人才分为先前创业人才、在位创业人才和后续创业人才。创业知识的溢出方可以为其他创业人才或后续创业人才提供创业指导的知识，因此，创业知识的溢出方主要是指先前创业人才和在位创业人才。

（2）创业行为中的知识溢出。结合文献和创业知识的特点，创业知识溢出途径主要有创业行为、正式或非正式交流、创业团队成员流动，以及创业资料或产品等。其中，创业人才作为创业知识源，主要是通过其创业行为来实现的。企业衍生、创业行为是产业区内部知识溢出的重要途径（魏江，2003；王立平，2006）。观察创业人才的创业行为是创业知识溢出的基本途径。创业人才创业行为不但涉及发现创业机会、创业机会的开发和利用，还包括新创企业运营管理等，在这一过程中，后续创业人才通过观察和学习能获得大量的有关创业的显性知识和隐性知识，特别是在产业集群环境下，空间地理上的毗邻使创业人才创业活动暴露在后续创业人才的视野中，所有相关的创业信息、活动、经验很容易被模仿。具体来讲，产业集群内创业人才的五大关键性创业行为，即创业机会识别、团队组建、资源整合、创业网络建构、模仿行为实施过程中，都会有创业知识溢出现象。

创业机会识别行为中的知识溢出主要表现为先前创业人才创业机会搜寻和评估的经验和做法被后续创业人才获取，先前创业机会的识别与利用为后续创业人才创造新的创业机会，诱发后续创业人才“创业思维”寻找新的创业机会等三个方面；团队组建行为中的知识溢出表现为在团队组建过程中团队成员有关创业理念、经验、技巧等方面知识的交流、沟通和合作，在以团队成员为节点的社会网络中，知识溢出得以传播；在创业资源整合行为中，知识溢出表现为后续创业人才有关资源获取、途径、配置、优化等经验和知识的获取以及先前创业人才资源获取种类的倾向会启发后续创业人才寻找新的创业机会两个方面；在创业网络构建行为中，一方面表现为网络建构过程中的交流、沟通为知识溢出提供了便捷，另一方面表现为网络建构是以信任关系为前提的，这也为知识溢出提供了便利；模仿本身就是一个知识溢出的过程，并且会产生新的模仿，形成一个“模仿连环”。

（3）创业知识的溢出内容。总体上看，创业知识的溢出内容主要包括两个方面：创业机会捕捉的知识溢出和克服新进入缺陷的知识溢出，前者突出表现在创业机会的识别和利用，即新企业的创建上，后者突出体现在新企业创建后的运营管理上。

第一，创业机会捕捉的知识溢出。创业机会捕捉过程是由创业机会感知识别到创业机会开发利用的过程。识别创业机会是创业的开端，识别创业机会的能力被认为是创业人才的重要能力。Dew（2004）将创业机会的产生最终归因于知识的分散性特质。所谓知识的分散性是“指处于不同时间、不同地点的人们所知道的事情是不一样的”（Hayek，1945）。这种知识的分散性，会导致一部分人具有更多的知识存量，在对个人预期和未来市场预期进行评价的基础上，当预期与某种产品或服务市场有联接关系的时候，创业机会就出现了。因此，创业机会来自于市场机会，当市场出现短暂的不均衡时，就会出现创业人才通过创业来弥合或消除这种不均衡。也就是说，总会有人因为知识存量不同而首先发现并利用这种市场不均衡而获利。因此，创业人才知识存量很大程度上决定着创业机会识别的效率。同样，创业机会利用是指将识别到的创业机会付之于创业实践的过程，即创业机会的商业化过程。创业机会商业化能否实现，很大程度上也受创业人才知识、技能、经验等自身因素的影响。创业人才创业知识的获取有多种途径，其中，通过观察学习先前创业人才的创业行为是一个重要途径。

第二，克服新进入缺陷的知识溢出。通过创业机会识别和利用创建新企业后，最关键的是如何维持新创企业的生存和发展。研究和现实表明，新创企业存活率是非常低的。Stinchcombe（1965）提出了“新进入缺陷”（Liability of Newness）的概念，认为新企业失败率高的原因在于新企业具有先天的缺陷，如缺乏稳定的行业经验和客户关系；需要承担更多的角色；信任关系缺乏等。简单来说，新进入缺陷是指新入企业在面对新市场、新技术、新产品、新团队时，呈现出的不适应、能力经验不足的情形。因此，克服新进入缺陷成为维持新企业生存与发展的一种重要任务。学习先前创业人才克服新进入缺陷的知识和经验是后续创业人才增强克服新进入缺陷能力的一个重要途径。Carroll & Mosakowski（1987）认为，先前创业人才的创业经验可以提高后续创业人才成功开发机会的可能性，因为学习降低了开发机会的成本。克服新进入缺陷知识包括市场知识、技术知识、产品知识、管理知识等新创企业运营知识。先前创业人才在维持新创企业的运营管理经验，为后续创业人才运营管理提供了参考和借鉴。

（4）创业知识的溢入方。创业知识的溢入方即创业知识的接受者，具体指产业集群环境下的后续创业人才或在位创业人才。在企业集聚的环境中，创业人才可以很容易地对先前创业人才的创业成功与否进行区别，当一个成功创业人才获取了优异回报，其他创业人才很快就能够获知，即使有专利或产权的保护，仍然有大量的创业知识溢出到后续创业人才，并使其能够围绕该创业知识加入自己的思想进行新的创业。但不可否认的是，后续创业人才在接受溢出的创业知识水平和程度是不同的，一些后续创业人才从创业知识的溢出中获取更多，而另一些创业人才在创业知识溢出中可能获取很少。究其原因，从后续创业人才角度讲，主要是受其价值观、先前知识和吸收能力的影响。具有与创业知识溢出方相同的价值观、传统、语言等社会结构，有助于后续创业人才的观察过程和观察效果，进而增强其对创业知识溢出的接受成效；后续创业人才的先前知识或知识存量直接影响其对创业知识溢出的吸收能力，先前知识包括基本技能、教育背景、知识多样性、工作经验、理解能力、行业相关知识等；吸收能力是指后续创业人才对溢出的创业知识搜寻、消化并最终运用于创业目的的能力，是后续创业人才先前知识水平的函数。后续创业人才的创业行动，又将为后来创业人才溢出新的创业知识，创业知识的溢出就是这样一个循环往复的过程。

4.2 创业行为对创业知识溢出的影响分析

产业集群环境下创业行为中有创业知识溢出现象，创业行为促进着创业知识的溢出，同时，关系资本是研究知识溢出的一个重要视角，创业人才的关系资本是创业知识溢出的一个重要解释变量。本内容将就产业集群环境下创业行为和创业人才关系资本对创业知识溢出的影响作用进行理论探讨，并科学提出研究假设，为后续的实证检验提供基础。

4.2.1 创业行为与创业知识溢出

学界对创业与知识溢出的关系研究趋于多元化，一种观点是将创业机会的识别和利用作为外生变量，重点研究市场不均衡、创业动机、创业环境和创业过程等外在因素对创业机会识别与利用的影响和作用；第二种观点，从内生增长理论出发，将创业机会作为内生变量来考察，认为知识创造了创业机会，创业活动中溢出的知识是经济增长过程中的一个关键因素，创业活动是创业知识溢出的结果。Jaffe（1993）等认为，知识创造不仅促进了技术进步，也会给新创企业带来机会。Audretsh（1995）研究认为，如果将创业机会作为外生变量，就会忽视创业活动在知识跨时溢出过程中的作用，忽视创业活动溢出的知识在经济增长中的关键作用，强调创业溢出知识的重要性。陈屹珊（2012）认为，知识的内生创造导致了知识溢出，知识溢出促进了创业人才创业机会的识别和利用，因此，知识溢出是创业机会的来源。Audretsh（1995）、Acs Z. J 等（2005）研究认为，创业活动并不是自然随意现象，是某种具有区域属性特定要素的作用结果，知识溢出正是这种特定要素。通过实证研究发现，在新知识投入相对较高的区域，创业活动更为活跃，因为新企业可以在溢出的知识中产生；第三种观点认为，创业行为中有知识溢出效应。Acs（2003）、Varga & Schalk（2004）认为，创业活动既是创业知识溢出的重要方式和机制，也能够显著地加快创业知识的商业化进程，提高知识溢出的效率和速度。Storper & Venables（2004）研究认为，由于地理上相邻，集聚区域内的企业交流学习更加便利和频繁，这会促进更多创业人才的集聚，进而导致知识的溢出。陈琛（2010）认为，通过创业人才发生的知识溢出与新企业的建立和在位企业的成长有关，创业人才创业活动在知识溢出中有重要作用。显然，后两种观点在本质上是一致的，只不过是分析的着力点不同，第二种观点将着重点放在创业和创业机会的来源上，第三种观点将着重点放在知识溢出的来源上。

因此，从内生增长理论考察，创业行为和知识溢出是一对互动关系，一方面，知识溢出是创业机会的一个重要来源，有助于创业机会的识别和利用；另一方面，创业行为中有知识溢出效应，伴随着知识的溢出，特别是创业知识的溢出。如果将创业行为与知识溢出间的互动关系进行整合，就会形成“创业行为——知识溢出——新的创业行为——新的知识溢出”的关系。

囿于本书的研究目标主要是探究创业行为对创业知识溢出的影响作用，本书着重考察了创业行为与知识溢出互动关系中的“创业行为——创业知识溢出”环节。Malmberg & Maskell（2002）研究认为，员工流动、雇佣新员工、观察企业行为是知识溢出的三种主要途径，后续创业人才对先前创业人才的行为观察是创业知识溢出的一个基本形式。Acs Z. J 等提出了创业知识溢出的理论模型，认为创业人才创业行为中有内部瞬时知识溢出（创业知识溢出）现象，后续创业人才或新的创业主体利用溢出的创业知识，可以增加创业成功的概率。赵勇和白永秀（2009）、陈琛（2010）指出，创业人才创业活动中发生的知识溢出对其他创业人才新企业的创建和成长有积极作用，创业人才在创业行为中与其他主体的互动、交流、合作都会促进知识的溢出，这都有利于后续创业人才创业机会的识别和利用，这种现象在创业人才集聚的区域更易出现。李燃和王立平（2012）认为，创业行为为知识溢出提供了载体和媒介，通过新创企业或者创业人才的创业活动，促进了创业知识的溢出。

综上所述，创业行为伴随着知识溢出现象，创业行为影响着创业知识溢出，不仅包括创业机会识别与利用（捕捉）知识的溢出，也包括新企业运营管理（克服新进入缺陷）知识的溢出，因此，本研究提出以下假设：

H1：创业行为对创业机会捕捉的知识溢出有正向影响作用。

H2：创业行为对克服新进入缺陷的知识溢出有正向影响作用。

4.2.2 关系资本与创业知识溢出

在考察创业人才创业行为与知识溢出关系过程中，不能忽视知识溢出中的隔离性限制因素，知识的溢出方可能有强烈的知识产权保护意识，通过采取措施或手段，隔离或阻碍知识的溢出。Breschi & Lissoni（2001）研究认为，企业会采取多种隔离措施阻止自身核心知识的外溢，而发生外溢的知识通常是非核心的零散的知识。文婷和曾刚（2005）通过案例研究也发现，全球领先企业对本土企业的知识溢出仅限于所溢出的知识不损害自身的核心利益，当本土企业的发展危害到其核心利益时，就会采取各种措施打压。吴波（2008）研究也认为，企业越来越倾向于采取独资而不是合资、合作的形式，这也在一定程度上限制了通过合作形式获取知识外溢的渠道。在创业知识溢出过程中，虽然溢出的知识主要是有关创业和守业方面的经验和知识，一般不会涉及溢出方的核心利益和核心竞争力方面的内容，但在产业集群内企业间的产业相关性和竞争关系也决定了先前创业人才在对有关知识溢出问题上可能会采取相应的防备措施。同时，Jarillo（1998）研究认为，以信任为核心的关系资本对主体分享知识的意愿具有影响作用，主体之间可以更加自由的分享知识，而不必防范机会主义行为；Ramasamy（2006）认为，信任和交流等社会关系对知识转移具有重要影响作用；朱秀梅，蔡莉（2007）认为，关系资本是影响知识溢出的一个重要因素。基于此考虑，本研究将创业人才关系资本纳入研究框架，实证分析其在创业行为与创业知识溢出关系中的影响作用。

创业人才关系资本是创业人才与所发生联系的外部组织或个人之间建立的社会关系及其带来的创业优势，是研究创业和知识溢出的重要视角。Bourdieu（1986）认为，关系资本是现实或潜在资源的集合体，这些资源与社会关系有关。刘衡等（2010）概括了企业建立和维持关系资本的三个原由：通过关系资本，能低成本并及时地获取信息等关键性资源；能建立并维持资源的供应来源和市场渠道，通过长期的、互惠的合作关系实现稳定的资源供给和快速的市场进入；通过关系资本，建立合作联盟，实现合作共赢。边燕杰、邱海雄（2000）提出了中国情境下的关系资本的三个维度：与顾客、供应商、销售商关系为主要内容的纵向关系资本；与竞争对手、其他企业关系为主要内容的横向关系资本；与政府组织、中介组织、金融组织等为主要内容的社会关系资本。

有关关系资本和知识溢出的关系，Szulanski（1996）研究认为，社会关系在知识溢出方与知识溢入方之间建立的联系，可以削弱知识的粘性，促进知识在不同主体之间流动，提高知识共享的效果。Yli & Autio（2001）研究认为，关系资本有助于企业对知识的获取，特别是隐性知识的获取。Howells（2002）认为，关系资本促进了主体之间显性知识和隐性知识的传播。Adler & Kwon（2002）将企业社会资本划分为外部社会资本和内部社会资本，认为企业与供应商、竞争对手、大学及科研机构等外部组织建立的良好信任关系，有利于企业获取新知识。陈紫阳（2006）概况了产业集群中关系资本对知识溢出的作用，认为关系资本完善了知识溢出的通道，关系资本克服了知识的粘滞性，关系资本对知识在溢出过程中的知识耗散有弥补作用，关系资本促进了新知识的产生和扩散。杨鹏鹏等（2008）研究认为，创业人才社会关系能够帮助企业获取关键的知识资源，降低知识活动的交易风险，促进知识共享。

因此，关系资本对于后续创业人才来说，有助于创业知识的获取与吸收；对于先前创业人才来说，有助于创业知识的溢出。在先前创业人才知识溢出的研究中，创业人才的关系资本可能也会影响创业行为中知识溢出的深度与广度，创业人才强关系资本促进了创业知识的溢出，而弱关系资本则会成为创业知识溢出的阻碍。因此，创业人才关系资本对创业知识溢出也可能有显著性影响作用，本研究提出如下假设：

H3：创业人才关系资本对创业机会捕捉的知识溢出有正向影响作用。

H4：创业人才关系资本对克服新进入缺陷的知识溢出有正向影响作用。

4.2.3 关系资本对创业行为与创业知识溢出关系的调节作用

创业知识溢出虽然可能并不是创业人才主动放任的结果，但创业人才的关系资本仍然在客观上有助于创业知识的溢出。这种积极影响作用既体现在创业人才关系资本对创业知识溢出的直接影响上，也体现在其间接影响上。创业人才的关系资本增加了溢出主客体参与双向互动的意愿，有助于知识向外部溢出，并能显著提高知识溢出的效率。Kale et al（2000）认为，在知识学习过程中，创业人才的信任程度高，就会增加创业人才的关系资本，从而促进创业人才之间的知识共享。Hansen（2002）研究认为，基于信任的关系资本对于知识转移有正向影响作用，并且认为创业人才关系资本对于创新和团队合作有积极的影响作用。罗家德（2005）强调每一个在组织外部建立的社会网络是外在变量中真正能起“前拉”作用的因素。Carlisle & Flynn（2005）认为，关系是中国社会中的一个文化现象和文化产物，它能为创业人才及其企业建立社会关系资本，而社会关系资本，特别是与相关政府部门之间的良好关系，能使企业获取合法性并降低不确定性，进而提高其经营绩效。郭骁（2013）在探讨小企业导向与企业绩效关系时，将创业的社会资本划分为商业社会资本、制度社会资本和技术社会资本，并着重分析了三类社会资本在创新功能与企业绩效中的调节作用。

创业人才的关系资本促进了知识溢出主客体之间持续密切的互信交流，这有助于创业知识的有效传递，潜在或后续创业人才越具有获取创业知识的可能性；创业人才之间信任程度越高、关系资本越强，知识溢出方就越不会因为担心后续创业人才的机会主义行为而过分强调自我保护和知识产权，知识溢入方越容易获取交流经验和分享知识，对知识的理解和应用也会越充分。因此，创业人才关系资本不仅对于创业知识溢出可能有正向影响作用，而且关系资本在创业行为与创业知识溢出关系中可能还起调节作用，强关系资本在创业行为与创业知识溢出的关系中起强化作用，而弱关系资本则会起减缓作用。研究假设如下：

H5：关系资本在创业行为与创业机会捕捉的知识溢出关系中起调节作用。

H6：关系资本在创业行为与克服新进入缺陷的知识溢出关系中起调节作用。

根据文献综述与研究假设，建立了本研究的概念模型（如图4－2），试图分析说明创业行为、关系资本和创业机会捕捉知识溢出、克服新进入缺陷知识溢出的关系。

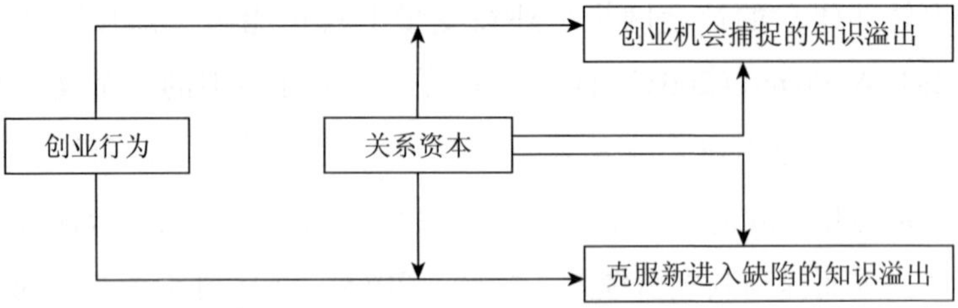

图 4-2 研究框架图

4.3 创业行为对创业知识溢出影响的实证检验

在科学提出研究假设后，通过对调查数据的收集与统计，对创业行为、创业人才关系资本与创业机会捕捉知识溢出、克服新进入缺陷知识溢出的关系假设进行验证，并对研究结论进行理论分析。

4.3.1 数据收集

本研究数据来源于山东德州、湖北武汉、浙江台州三市的问卷调查，通过拜访、邮寄、委托等形式发放问卷。调查对象为三地 5 个产业集群环境下的创业人才，创业人才界定为正在创业或者是新创企业在 5 年内，共计发放问卷 632 份，回收问卷 378 份，回收率为 59.8%，其中，有效问卷为 310 份，有效率为 49.1%。在样本中，从性别看，创业人才中男性 187 人，占比为 60.3%；女性 123 人，占比为 39.7%。从年龄看，年龄在 25 岁以下的创业人才 71 人，占比 22.9%；26~35 岁的 125 人，占比 40.3%；36~45 岁的 81 人，占比 26.1%；46~55 岁的 28 人，占比为 9%；55 岁以上的 5 人，占比 1.6%。在学历方面，高中及以下的创业人才 47 人，占比 15.2%；大专学历 92 人，占比 29.7%；本科 143 人，占比 46.1%；硕士 22 人，占比 7.1%；博士 6 人，占比 1.9%。在创业经历方面，无创业经历的 119 人，占比 38.4%；有 1 次创业经历的 130 人，占比 41.9%；有 2~3次创业经历的 50 人，占比 16.1%；有 4 次及以上创业经历的 11 人，占比3.5%。从创业前所从事的职业来看，农民20人，占6.5%；企业人员97人，占31.3%；公务员26人，占8.4%；高校和科研机构研究人员18人，占5.8%；教师12人，占3.9%；个体户47人，占15.2%；学生74人，占23.9%；其他16人，占5.2%。

4.3.2 测量工具及其检验

4.3.2.1 解释变量

解释变量为创业行为。创业行为是指创业人才在产业集群环境下为实现创业目的，而实施的一系列关键行为。在前文中，已详细研究了创业行为的内容维度和测量指标。创业的关键行为由五个因素组成，分别是创业机会识别、创业团队组建、创业资源整合、创业网络建构和模仿行为。其中，创业机会识别通过创业知觉、创业信息识别、创业机会捕捉能力、创业机会创造4个问项进行测量；创业团队组建通过伙伴招募、职责划分、团队融合、团队体系建构4个问项测量；创业资源整合由资源寻找、资源整合能力、资源创造3个问项进行测量；创业网络建构由与政府部门关系，与高校、科研机构、银行金融机构关系，与供销商与客户关系，与集群上下游企业关系4个问项进行测量；模仿行为通过采用产品模仿、技术模仿、管理模仿、赢利模式模仿4个问项进行测量，共计19个问项，均采用李克特5点量表，即1代表“非常不符合”，2代表“不符合”，3代表“一般”，4代表“符合”，5代表“非常符合”。在创业行为量表开发过程中，通过了效度和信度检验，测量具有较好的可靠性和有效性。

在创业行为对创业知识溢出影响的实证研究过程中，创业行为的测量仍将通过对五因素的19个问项来进行。由于收集数据的不同，创业行为的测量工具仍需进行信度和效度检验，主要是检测创业行为变量中结构维度和测量问项的信度和效度水平，这是后续实证研究的前提，影响着分析结果的可靠性和准确性。

首先，对创业行为各变量进行内部一致性检验，即Cronbach α系数检验，以评估创业行为的测量信度。结果（见表4-1）表明，创业行为量表总体的 Cronbach α 系数为 0.916，机会识别、网络建构、团队组建、资源整合、模仿行为的 Cronbach α 系数值分别为 0.879、0.856、0.819、0.810、0.845，均高于 Cronbach α 系数 0.70 的统计标准，表明量表问项的内部一致性较高。

表 4-1 创业行为量表的信度检验

分量表	内部一致性信度	总体信度
机会识别	0.879	0.916
网络建构	0.856	
团队组建	0.819	
资源整合	0.810	
模仿行为	0.845	

其次，对创业行为测量量表进行效度检验，主要包括内容效度和结构效度。创业行为量表虽然为自行设计量表，但是在大量调研文献的基础上，借鉴已有研究成果，经过创业人才和专家访谈以及小规模预测试等步骤，对量表问项进行了仔细推敲和反复修改完善，并且经过了严格的项目分析、探索性和验证性因子分析，因此，可以认为量表具有较好的内容效度。

结构效度包括收敛效度和区分效度。通过 AMOS7.0 软件对创业行为结构模型进行验证性因子分析，评估本测量方法的收敛效度。由于创业行为这一构念由五个维度构成，本研究将使用二阶验证性因子分析对测量量表进行效度检验。通过对样本数据进行统计分析，创业行为的二阶五因素模型拟合结果分别为：$\chi^2/df = 1.884$，RMSEA = 0.053，CFI = 0.960，GFI = 0.919，TLI = 0.953，IFI = 0.960，标准化的因子载荷处于 0.467 ~ 0.867，且均具有较强的统计显著性（$P < 0.05$）（具体见图 4-3）。另外，通过对组合信度（CR）和平均方差抽取量（AVE）进行分析，创业行为各变量的组合信度处于 0.8132 ~ 0.8893，符合组合信度大于 0.60 的建议值（Raines - Eudy，2000），平均方差抽取量（AVE）介于 0.5170 ~ 0.6685，

符合大于0.5的建议值（Fonell & Larcker, 1981），表明该测量方法具有较好的收敛效度。

区分效度是区分不同构念下问项之间是否具有显著相关性的指标，Bagozzi & Yi（1998）建议平均方差抽取量（AVE）的算术平方根应大于潜在变量之间的相关系数的绝对值，表明测量有较好的区分效度。根据建议，对区分效度进行了检验。表4-2显示了创业行为测量量表的区分效度检验结果，各对角线的数值为各变量的平均方差抽取量（AEV）的算术平方根，非对角线的数值为各变量的相关系数，各测量变量的平均方差抽取量（AVE）平方根均大于变量所在行和列的相关系数，表明创业行为各测量变量有较好的区分效度。

表4-2　区分效度的检验结果

	机会识别	网络建构	模仿行为	团队组建	资源整合
机会识别	(0.8176)				
网络建构	0.724	(0.7777)			
模仿行为	0.343	0.317	(0.7190)		
团队组建	0.660	0.677	0.429	(0.7339)	
资源整合	0.672	0.636	0.337	0.718	(0.7700)

由于维度层次的研究结论并不能简单推论到构念层次，并且实证检验要与研究假设相一致。创业行为是一个五维构念，本研究假设是在构念层次做出的，为了保证实证检验与研究假设相一致，将从创业行为这一整体构念出发来探讨其与关系资本、创业机会捕捉知识溢出、克服新进入缺陷知识溢出之间的关系。上文中，各变量的信度、收敛效度和区分效度均达到了可接受的水平，根据马庆国（2002）、谢洪明（2006）等学者的观点，可以用单一衡量指标取代多重衡量指标，创业行为可以用其第一级各因素问项得分的均值作为该因素的值，再由第一级各因素作为第二级变量的多重衡量指标。

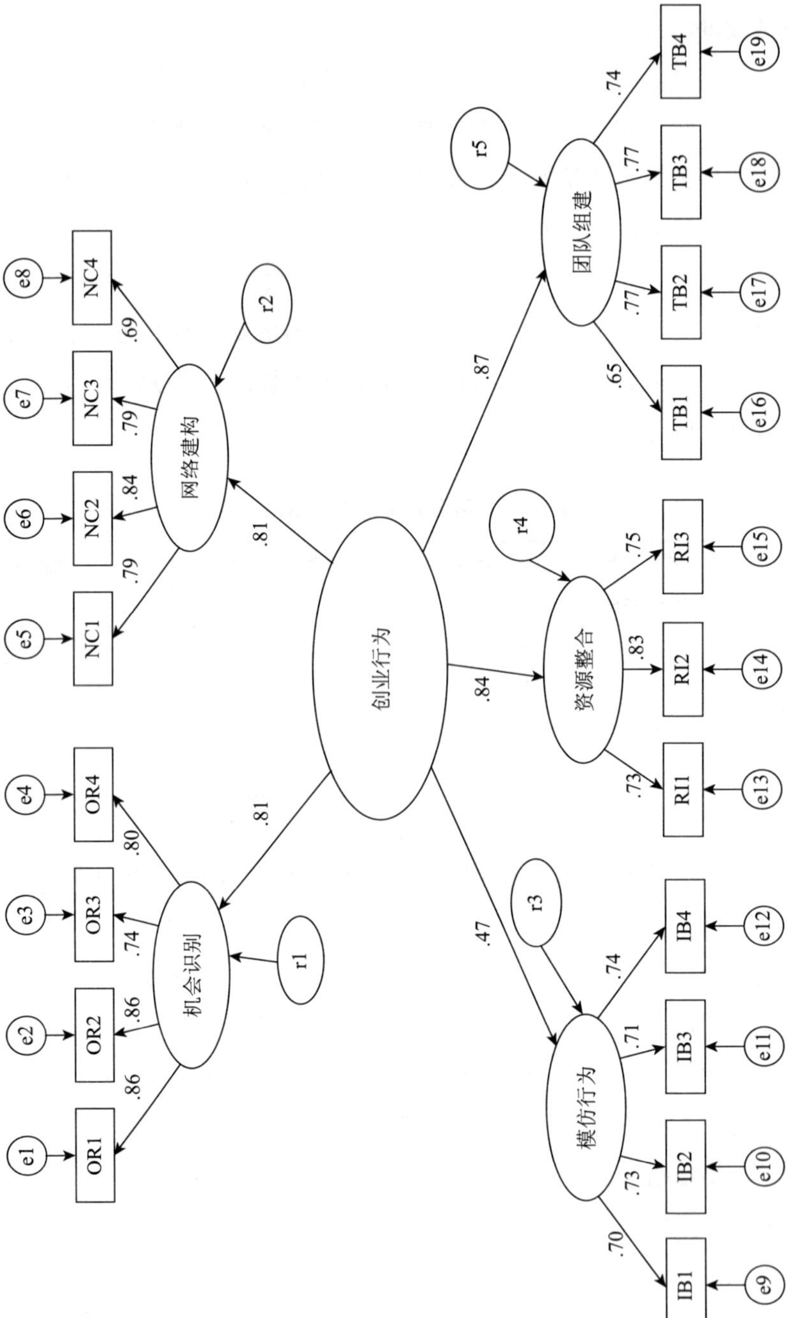

图4-3 创业行为的测量模型

4.3.2.2 被解释变量

被解释变量为创业机会捕捉的知识溢出和克服新进入缺陷的知识溢出。根据 Politis（2005）有关创业知识分类的研究结论，将创业知识溢出划分为创业机会捕捉的知识溢出和克服新进入缺陷的知识溢出。前者侧重于创业技巧的溢出，后者侧重于守业技巧的溢出。对于知识溢出的测量主要采用间接方法。陈文婷和李新春（2010）通过“了解商品和服务的信息”“了解到一些商机”“了解了产品和服务改进的信息”三个题项对创业机会的知识进行了测量；通过“了解了企业运作流畅的经验与知识”“领悟到企业先进的经营理念”“了解了如何获取商业关键资源的相关知识”“了解了如何获取融资渠道的相关知识”四个题项对克服新进入缺陷的知识进行了测量。Polanyi（1996）在研究新建企业所需技能时，认为新企业的技能应包括：管理技能、市场开发技能和产品研发技能。Fallah & Ibrahim（2004）认为，还应该包括开发技能和生产运作技能。魏江（2003）、朱秀梅和蔡莉（2006）将企业所获得的隐性知识类型进行了划分，包括管理技能、新产品开发技能、生产运作技能、营销技能。基于文献，本书对创业机会捕捉的知识溢出测量量表进行了修订，通过对创业商机、创业行业信息、创业资源信息、创业经验的溢出来进行测量；通过新产品开发技能、新创企业管理技能、市场开发技能和生产运作技能的溢出四个维度对克服新进入缺陷的知识溢出进行测量，具体见表 4－3。均采用 Likert 5 级量表进行评定，即 1 代表“非常不符合”，2 代表“不符合”，3 代表“一般”，4 代表“符合”，5 代表“非常符合”。

虽然有关创业知识溢出的测量量表是借鉴了经过信度和效度检验的成熟量表，但由于对部分题项进行了修改和修订，需要对量表进行信度和效度检验。首先，对样本数据进行 KMO 测度和巴特利特球度检验（Bartlett's 球度检验），以判断样本是否适合做因子分析。在本研究所使用的样本中，检验统计量 KMO 值为 0.900，大于 0.7 参考值，巴特利特球度检验观测值为 1471.341，对应的概率 P 值为 0.000，低于 0.001 的显著性水平，说明量表适合做因子分析。

其次，为了检验测量问项选择的合适性，运用SPSS17.0软件进行主成分因子分析，经过方差最大化正交旋转后，以特征根大于1为提取标准，8个问项共萃取了2个公因子，解释了总变异的73.388%，2个因子分别解释了总变异的39.083%、34.304%，最低因子载荷为0.626，每一个问项的因子载荷均大于0.5，达到统计要求。创业机会捕捉的知识溢出和克服新进入缺陷的知识溢出的两个因子的问项均根据既有的理论构思归入到同一因子中，表明创业知识溢出的测量量表有较好的构思效度。

表4-3 创业知识溢出测量量表

变量	编号	题项	题项来源
创业机会捕捉的知识溢出	OCKS1	从我的创业行为中，其他创业人才能了解（获取）有关创业的商机	Polanyi（1996）、Fallah & Ibrahim（2004）、魏江（2003）、朱秀梅和蔡莉（2006）、陈文婷和李新春（2010）
	OCKS2	从我的创业行为中，其他创业人才能了解（获取）有关创业资源的信息或知识	
	OCKS3	从我的创业行为中，其他创业人才能了解（获取）有关创业的行业技术或信息	
	OCKS4	从我的创业行为中，其他创业人才能了解（获取）我的创业经验	
克服新进入缺陷的知识溢出	ODKS1	从我的创业行为中，其他创业人才能了解（获取）新产品开发技能	
	ODKS2	从我的创业行为中，其他创业人才能了解（获取）新创企业的管理技能	
	ODKS3	从我的创业行为中，其他创业人才能了解（获取）市场开发技能	
	ODKS4	从我的创业行为中，其他创业人才能了解（获取）生产运作技能	

接着，通过对创业知识溢出的两个变量进行内部一致性检验，即Cronbach α系数检验，以测量其信度。结果表明，创业知识溢出量表总体的Cronbach α系数为0.903，创业机会捕捉的知识溢出、克服新进入缺陷的知识溢出的Cronbach α系数值分别为0.846、0.904，均高于Cronbach α系

数 0.60 的统计标准，表明量表问项的内部一致性较高。

然后，对创业知识溢出进行验证性因子分析，以检验量表的收敛效度和区分效度。通过 AMOS7.0 对创业知识溢出的结构模型进行验证性因子分析，其双因素模型拟合结果分别为：$\chi^2/df = 1.892$，RMSEA = 0.054，CFI = 0.988，GFI = 0.972，TLI = 0.983，IFI = 0.988，标准化的因子载荷处于 0.662 ~ 0.878，且均具有较强的统计显著性（$P < 0.05$）（具体见图 4－4）。另外，对组合信度（CR）和平均方差抽取量（AVE）进行分析发现，创业机会捕捉的知识溢出、克服新进入缺陷的知识溢出两个变量的组合信度分别为 0.8487、0.9057，符合组合信度大于 0.60 的建议值，平均方差抽取量（AVE）分别为 0.5854、0.7062，符合大于 0.5 的建议值，表明该测量方法具有较好的收敛效度。在对量表进行区分效度检验后发现，两个变量的相关系数 $r = 0.70$。两个变量的平均方差抽取量（AEV）的算术平方根分别为 0.7651 和 0.8719，说明两个变量的平均方差抽取量（AVE）平方根均大于其相关系数，表明创业知识溢出的测量有较好的区分效度。

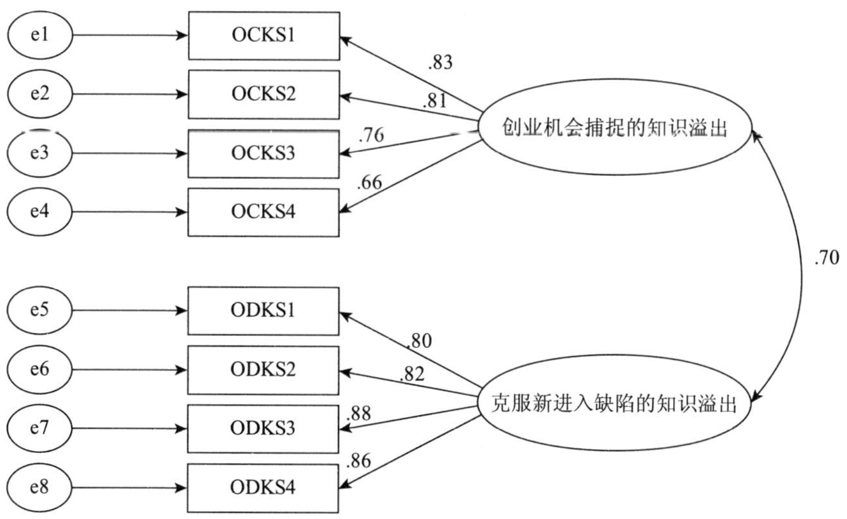

图 4－4　创业知识溢出的测量模型

4.3.2.3 调节变量

调节变量为创业人才关系资本。在 Peng M W & Luo Y（2000）研究的基础上，借鉴刘衡等（2010）的有关关系资本测量的研究结论，通过已经与政府、银行金融机构、同行、客户建立了良好关系 4 个问项来对创业人才关系资本进行测量，即采用“我与政府相关部门有良好关系”“我同银行金融机构有良好关系”“我有良好的行业关系”“我有良好的人缘”四个问项。采用李克特 5 点量表进行评分，即 1 代表“非常不符合”，2 代表“不符合”，3 代表“一般”，4 代表“符合”，5 代表“非常符合”。

本研究中，创业人才关系资本的各问项的内部一致性信度系数，即 Cronbach α 系数值为 0.807，大于 0.60 的基本要求。创业人才关系资本的单因子模型的验证性因子分析结果为：$\chi^2/df = 2.875$，$RMSEA = 0.078$，$CFI = 0.996$，$GFI = 0.995$，$NFI = 0.993$，$IFI = 0.996$，标准化的因子载荷介于 0.545～0.910，且具有较强的统计显著性（$p < 0.05$），表明单因素模型拟合程度较好。

4.3.2.4 控制变量

由于人口统计学变量可能会影响到本研究结果，因此，在检验假设和验证模型时，将创业人才性别、年龄、学历、创业经历作为控制变量引入模型中。在本研究中，将创业人才性别作为虚拟变量，男性为 1，女性为 2；创业人才年龄有 25 岁以下、25～35 岁、36～45、46～55、55 岁以上五个类别；创业人才学历有高中及以下、大专、本科、硕士、博士五个类别；创业经历通过先前创业次数来衡量，有 0 次、1 次、2～3 次、4 次及以上四个类别。

4.3.3 统计分析

4.3.3.1 同源性偏差检验

由于本研究数据均来自于同一对象填写的调查问卷，可能会产生同源性偏差问题，目前，最常见的检验方法是运用 Harman 单因子检验，将调查问卷所有项目都进行因子分析，通过在未旋转时得到的第一个主成分因子的载荷量来检验同源性偏差的程度。Podsakoff et al（2003）建议，如果存在多个因子且第一个主成分因子的载荷量超过了40%，则表明数据存在严重的同源性偏差问题；如果第一个因子的载荷量小于40%，则表明数据同源性偏差问题并不严重。本研究将调查问卷中的所有变量进行了因子分析，共生成了11个因子，在对其未旋转的主成分因子分析过程中，第一个因子的载荷量为29.086%，其他因子均在2%~13%，都没有达到40%。因此，可以认为，本研究所使用的数据受同源性偏差影响的程度在可接受范围内。

4.3.3.2 变量的相关关系

表4-4报告了各研究变量的均值、标准误以及相关系数。其中，创业行为与创业机会捕捉知识溢出（$r=0.583$，$p<0.01$）、克服新进入缺陷的知识溢出（$r=0.517$，$p<0.01$）的相关性显著；关系资本与创业机会捕捉的知识溢出（$r=0.398$，$p<0.01$）、克服新进入缺陷的知识溢出（$r=0.171$，$p<0.01$）的相关性显著。在人口统计学变量中，创业行为与学历正相关（$r=0.213$，$p<0.01$），关系资本与学历正相关（$r=0.146$，$p<0.05$），年龄与创业经历正相关（$r=0.408$，$p<0.01$）。这为创业行为、关系资本与创业机会捕捉知识溢出、克服新进入缺陷知识溢出关系的进一步研究提供了基础。

表4-4 研究变量的描述性统计分析和Pearson相关系数（N=310）

研究变量	均值	标准误	1	2	3	4	5	6	7
1. 创业行为	3.887	0.559							
2. 关系资本	3.382	0.640	0.677**						
3. 机会捕捉知识溢出	3.764	0.733	0.583**	0.398**					
4. 克服新进入缺陷知识溢出	3.672	0.851	0.517**	0.171**	0.632**				
5. 性别	1.397	0.490	-0.005	0.029	0.032	0.059			
6. 年龄	2.261	0.965	0.025	0.057	0.032	-0.024	0.000		

续表

研究变量	均 值	标准误	1	2	3	4	5	6	7
7. 学历	2.510	0.902	0.213**	0.146*	0.049	0.043	0.075	0.003	
8. 创业经历	1.848	0.816	0.057	0.105	0.025	-0.095	-0.019	0.408**	-0.009

注：**表示 $p<0.01$，*表示 $p<0.05$，为双尾检验。

4.3.3.3 研究假设的检验

运用层次回归模型分析创业行为对创业知识溢出的影响作用和关系资本在两者关系中的调节作用。其中，创业行为为解释变量；创业机会捕捉的知识溢出、克服新进入缺陷的知识溢出为被解释变量；关系资本为调节变量；年龄、性别、学历、创业经历为控制变量。考虑到交互项的存在，解释变量和调节变量往往与其高度相关，会导致多重共线性问题。Aiken & West（1991）、温忠麟（2005）等指出，通过将变量中心化或标准化处理，可以成功地减少多项式或交互效应模型中的多重共线性问题。因此，本研究在计算交互项时，将解释变量和调节变量都进行标准化后再相乘得出。模型回归分析结果见表4-5。

对回归模型的多重共线性分析发现，膨胀因子（VIF）在1.006~2.149，均小于10，表明各变量之间不存在多重共线性问题，Durbin-Watson检验值为1.598、1.446，说明不存在自相关问题。除模型1、模型5外，R^2、F、ΔR^2、ΔF等指标以及显著性表明回归模型的总体效果比较理想。在回归模型1、模型5中，控制变量对机会捕捉的知识溢出和克服新进入缺陷的知识溢出的解释方差分别为0.4%（$\Delta F=0.340$，$P>0.1$）、1.4%（$\Delta F=1.081$，$P>0.1$），说明控制变量对被解释变量没有显著性影响；在模型2、模型6中，将创业行为引入回归方程中，发现模型2对机会捕捉的知识溢出的解释方差增加了34.3%（$\Delta F=159.765$，$P<0.001$），创业行为对机会捕捉的知识溢出具有显著的解释能力（$\beta=0.601$，$P<0.001$），模型6对克服新进入缺陷的知识溢出的解释方差增加了27.8%（$\Delta F=119.338$，$P<0.001$），创业行为对克服新进入缺陷的知识溢出具有显著的解释能力（$\beta=0.541$，$P<0.001$），H1、H2得到验证；在模型3、

模型7中，将关系资本引入回归方程中，发现模型3对机会捕捉的知识溢出的解释方差没有增加（△F = 0.006，P > 0.1），关系资本对机会捕捉的知识溢出没有解释力，模型7对克服新进入缺陷的知识溢出的解释方差增加了5.5%（△F = 25.768，P < 0.001），关系资本对克服新进入缺陷的知识溢出有较显著的解释力（β = −0.322，P < 0.001），且属负向影响，H3、H4没有得到验证；在模型4、模型8中，将创业行为和关系资本的交互项引入回归分析中，这一交互项的引入使模型4对机会捕捉的知识溢出的解释方差增加了2.7%（△F = 13.03，P < 0.001），其对机会捕捉的知识溢出具有较显著的解释力（β = 0.188，P < 0.001），在模型8中，交互项对克服新进入缺陷的知识溢出的解释方差增加了3.2%（△F = 15.508，P < 0.001），其对克服新进入缺陷的知识溢出具有较显著的解释力（β = 0.204，P < 0.001），H5、H6得到验证。

为了更加清楚地说明和表现关系资本水平的高低对创业行为与机会捕捉知识溢出关系的影响以及对创业行为与克服新进入缺陷知识溢出关系的影响，本研究以图4-5、图4-6模拟出关系资本的调节作用。图4-5表明，高水平关系资本的创业人才相对于低水平关系资本的创业人才，在创业行为过程中，更容易导致机会捕捉知识的溢出，创业人才高水平关系资本对创业行为与机会捕捉知识溢出关系的调节作用更加明显；图4-6表明，高水平关系资本相对于低水平关系资本的创业人才，在创业行为过程中，更容易导致克服新进入缺陷知识的溢出，创业人才高水平关系资本对创业行为与克服新进入缺陷知识溢出关系的调节作用更加明显。

表 4－5　回归分析结果

	创业机会捕捉的知识溢出				克服新进入缺陷的知识溢出			
	模型 1	**模型 2**	**模型 3**	**模型 4**	**模型 5**	**模型 6**	**模型 7**	**模型 8**
控制变量								
性别	0. 029	0. 041	0. 041	0. 034	0. 054	0. 065	0. 076	0. 069
年龄	0. 025	0. 025	0. 025	0. 017	0. 017	0. 016	0. 021	0. 013
学历	0. 047	－0. 082	－0. 082	－0. 064	0. 038	－0. 078	－0. 078	－0. 060
创业经历	0. 016	－0. 019	－0. 019	0. 000	－0. 101	－0. 132*	－0. 112*	－0. 092
解释变量								
创业行为		0. 601***	0. 597***	0. 680***		0. 541***	0. 757***	0. 847***
关系资本			0. 005	0. 005			－0. 322***	－0. 321***
创业行为＊关系资本				0. 188***				0. 204***
R^2	0. 004	0. 347	0. 347	0. 374	0. 014	0. 292	0. 347	0. 379
F	0. 340	32. 367***	26. 885***	25. 821***	1. 081	25. 068***	26. 887***	26. 365***
$\triangle R^2$	0. 004	0. 343	0. 000	0. 027	0. 014	0. 278	0. 055	0. 032
$\triangle F$	0. 340	159. 765***	0. 006	13. 030***	1. 081	119. 338***	25. 768***	15. 508***

注：＊＊＊表示 $p<0.001$；＊＊表示 $P<0.01$，＊表示 $P<0.05$。

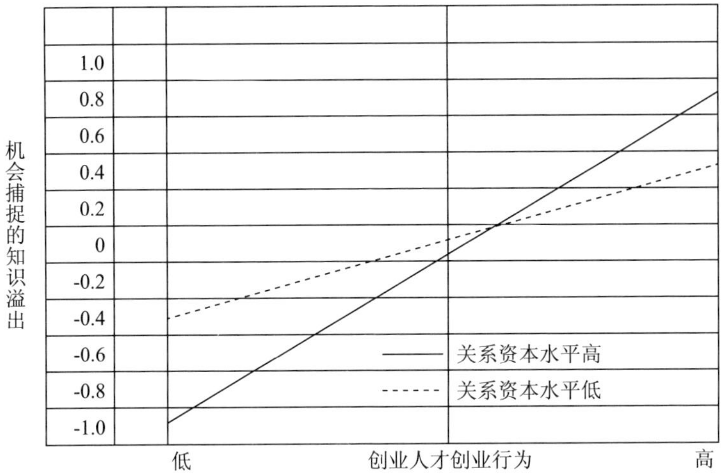

图4-5 创业行为与关系资本对机会捕捉知识溢出的交互影响作用

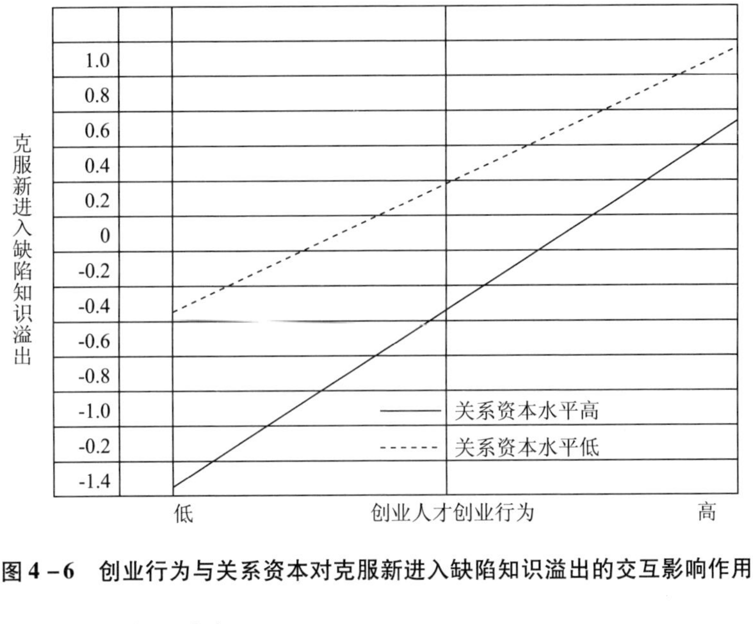

图4-6 创业行为与关系资本对克服新进入缺陷知识溢出的交互影响作用

4.3.3.4 结果讨论

本研究在界定创业行为、创业知识溢出的基础上，探讨了关系资本如何影响创业行为与创业知识溢出的关系，构建了创业行为和关系资本与创业机会捕捉知识溢出、克服新进入缺陷知识溢出之间影响作用的概念模型，并利用310份创业人才调查问卷进行了实证研究。研究结果表明：

（1）创业行为对机会捕捉的知识溢出、克服新进入缺陷的知识溢出有显著性影响。创业行为伴随着创业知识的溢出，既包括创业机会识别、捕捉、利用的经验与知识的溢出，也包括新建企业如何面对处理新市场、新客户、新产品、新技术等知识的溢出，这在一定程度上解释了创业行为在地域上的扎堆现象，后续创业人才为获取创业知识溢出的好处，倾向于向创业人才集中的区域集聚。这对于后续创业人才在创业选址问题上具有启发和参考价值，同时，对相关政府部门在制定有关促进产业集聚和产业集群发展政策方面具有借鉴作用。

（2）关系资本对机会捕捉的知识溢出的影响不显著，而对克服新进入缺陷的知识溢出有负向影响。这表明，创业人才关系资本水平对创业机会捕捉知识的溢出没有明显影响作用，但会减缓克服新进入缺陷的知识溢出。究其原因，创业机会捕捉的知识溢出主要侧重于创业人才创业机会的获取与利用，其溢出的知识类型为利用性知识，而克服新进入缺陷的知识是有关新创企业克服功能性缺陷方面的知识，属于探索性知识范畴。蒋春燕、赵曙明（2006）实证研究表明：强关系资本对传递和利用知识最有效，能促进利用性知识的学习，而弱关系资本则会促进探索性知识学习。Rhee（2004）研究也表明，弱关系资本使得主体具有广泛的多样性，有助于探索性知识的学习。先前学者的理论观点在一定程度上也解释了关系资本对克服新进入缺陷知识溢出有负向影响的研究结论。关于关系资本对属于利用性知识的机会捕捉知识溢出影响不显著的结论，可能的解释是机会捕捉知识溢出这一结果变量，还会受到溢出方知识产权意识、隔离性措施、溢入方及其知识存量等其他因素的影响。

（3）关系资本在创业行为与创业机会捕捉知识溢出关系中起调节作用，同样，在创业机会与克服新进入缺陷知识溢出关系中也起调节作用。这说明创业人才的高关系资本会促进创业行为中创业机会捕捉知识的溢出，同时，也会促进创业行为中克服新进入缺陷知识的溢出，符合当初的理论设想。

4.4 本章小结

本章的主要研究内容为产业集群环境下创业行为中的知识溢出效应，包括两个主要方面：一是揭示创业行为中创业知识溢出现象和机理；二是揭示创业行为对创业知识溢出的影响作用。

（1）创业知识溢出现象和机理。在阐述创业行为中知识溢出现象的基础上，从创业知识的溢出方、创业行为（机会识别、团队组建、资源整合、创业网络建构、模仿行为）、溢出内容（机会捕捉知识溢出、克服新进入缺陷知识溢出）、溢入方四个关键环节入手对创业知识溢出的机理进行了理论分析，并重点对创业机会捕捉知识溢出和克服新进入缺陷知识溢出的含义、维度、内容进行界定。创业机会捕捉的知识溢出是指创业人才有关感知创业机会和利用机会转变商业价值的知识或经验被潜在或后续创业人才无偿获取的现象，这一现象更多发生于创业人才创建企业之前；克服新进入缺陷的知识溢出是指创业人才有关克服新企业刚成立时所存在的功能性缺陷的知识被潜在或后续创业人才无偿获取的现象，主要包括处理与应对新市场、新客户、新技术、新产品的知识，主要发生于创业人才新企业创建之后。

（2）创业行为对知识溢出的影响作用。在文献调研和理论探索的基础上，科学提出了研究假设和概念模型。在研究假设的验证过程中，涉及创业行为、关系资本、创业机会捕捉的知识溢出、克服新进入缺陷的知识溢出、人口统计学等变量，其中，创业行为的测量采用第三章开发的量表，机会捕捉知识溢出和克服新进入缺陷知识溢出的测量主要是采用较成熟量表并进行了适度修改，关系资本测量采用的是成熟量表。在量表进行正式使用之前，都经过了严格的信度和效度检验。通过对 310 份创业人才调查问卷数据的统计分析，对 6 个研究假设进行了验证。结果表明，创业行为对机会捕捉的知识溢出和克服新进入缺陷知识溢出有正向影响作用，关系资本对机会捕捉知识溢出的影响不显著，对克服新进入缺陷知识溢出有显著性负向影响，并且关系资本在创业行为与机会捕捉知识溢出关系中起调节作用，在创业行为与克服新进入缺陷知识溢出中也起调节作用。

5 创业行为、创业知识溢出对产业集群发展的作用机理

在实证研究创业行为对创业知识溢出的影响作用之后，本章将重点研究创业行为和创业知识溢出是如何影响产业集群发展和发展绩效的。通过编制产业集群发展绩效量表，建立产业集群发展的测量体系，在整体关系模型构建与验证的基础上，对三者间的多维度关系进行了深入实证研究，以期揭示创业行为、创业知识溢出对产业集群发展绩效的微观作用机理。

5.1 相关文献综述

创业行为总是在某一特定环境中开展的活动，产业集群既是创业人才，也是创业行为的孵化之地，是创业人才开展创业行为的天然沃土。同时，创业行为的蓬勃发展，又进一步强化了产业的集聚，扩大产业集群规模，提高产业关联度，甚至可能会提升产业集群整体的创新水平。

5.1.1 产业集群与创业行为

（1）产业集群健全的创业机制，促进了创业行为的开展。马歇尔（Marshall，1890）在其《经济学原理》一书中指出，在产业集群中，一个企业的存在往往能为他人提供便利和利益，这种互利互惠的共生关系，造

就了产业集群内被创业者共享的创业平台。迈克尔·波特（Michael E. Porter，1998）也认为，在同一产业中，产业集群比地理分散的企业更具有竞争优势，原因在于产业集群有利于新企业的形成。产业集群代表着一个特定区域市场的形成，创业者能从诸多关系中获利。Saxenian（1994）在研究美国高科技产业集群硅谷和128公路微电子产业集群时认为，创业活动和公司创业在当地产业集群的形成与发展中发挥了重要作用，而这些创业活动是嵌入当地社会经济环境的，敢于冒险的创业文化、容忍失败、宽松制度环境、活跃的风险投资、完善基础设施等都是当地创业活动蓬勃发展的重要原因。杨静文和朱宪辰（2005）在研究冀、豫、浙三地中小企业集群中的创业情况时发现，产业集群中存在着比较健全完善的创业机制，创业在产业集群中发生的概率要远远大于其他孤立的区位，突出表现在：产业集群内部往往蕴含着丰富的市场机会，诱发创业者的创业冲动，促进新企业或新事业的诞生；产业集群本身就是潜在的市场，可以为创业者提供广泛的市场支持；产业集群内部企业的衍生创业更为活跃；产业集群对于外部风险投资和创业者具有吸引力。买忆媛等（2007）对创业活动与产业集群发展阶段之间的关系进行了研究，认为产业集群内的创业活动比其他区域更加活跃，产业集群中蕴含着丰富的创业活力、创业资源和健全的创业机制。优越的创业环境和创业平台、产业集群自身的创新优势都是产业集群的创业优势。同时，也有学者研究认为，产业集群发展并不是一个孤立事件，往往伴随着产业服务体系的健全和完善。蔡莉（2008）认为，产业集群中各种规范的中介服务机构、创业服务体系、教育培训项目、信息共享平台等，不仅完善了产业集群的创业机制，也营造了良好的创业环境，更有助于创业的成功。

（2）产业集群的集聚效应，降低了创业者的创业成本。Krugman（1991）认为，产业集群由于集聚效应，在熟练劳动力和原材料供给、运输成本、产品定价以及基础设施提供等方面能为初创企业提供较大的便利，吸引创业者进入产业集群内进行创业。Pouder和St. John（1996）一分为二地看待产业集群与创业活动之间的关系，他们认为，在产业集群早期阶段，由于规模效应，创业成本降低，更易获得各种创业资源，创业活动会增加，产业集群会成为新企业产生的孵化器；而在后期阶段，由于拥挤效应、路径依赖、模仿行为和创业者心智趋同，导致对外部环境反应能力减低，创业生态变坏，创业成功率会降低。Feldman（2003）在研究生物技术产业集群时指出，生物技术产业最显著的区位特征是相关企业具有明显的空间集聚倾向，生物技术产业的高技术、高投入、高风险决定了企业不可能独立地完成研发和生产过程，企业和相关机构具有在空间地理上靠近的需要，产业集群企业比独立企业具有更大的竞争优势。仇保兴（2001）认为，产业集群对创业的促进作用主要体现在三个方面：减少交易成本，降低创业门槛；分散创新风险，降低创业成本；获取互补结构，增强竞争能力。吴宣恭（2002）认为，产业集群的集聚效应会转化为资源优势、成本优势、创新优势、市场优势和扩张优势，使创业者更容易发现创业商机，减少创业投资风险顾虑，诱发其创业愿望，进而促进产业集群内新企业的增加。王朝云、梅强（2010）对产业集群不同发展阶段的创业活动差异性进行了分析，结果表明：在产业集群发展的不同阶段，创业活动的发生率是存在差异的，这是由不同阶段蕴含的创业机会、创业资源、集群特征和环境的差异性导致的。

（3）产业集群的知识溢出效应，降低了创业门槛，提升了创业成功率。Chiles（2001）认为，产业集群不仅具有区位效应、竞争优势、创新能力等静态特征，还有企业家精神培育、创业活动激发等动态过程。产业集群规模经济和范围经济所带来的外部性，不仅表现在产品或服务经济成本的节约上，还体现在创业者创业和学习上，各创业者的相互交流和学习，推动了知识的传播，促进了与产业相关的创业文化。张辉（2003）认为，产业集群内部的学习效应是产业集群竞争力的重要源泉，这种集群内部的学习效应对创业活动的影响主要体现在两个方面：一是为产业集群内的企业衍生和创业提供了资金、技术、人力、企业家才能、市场拓展等完善的便利条件；二是学习效应所带来的稳定成熟的生产技能和管理经验的扩散机制，大大降低了创业风险，特别是使产业集群大多数企业规避了创新风险和磨合风险。李作战和曾忠禄（2009）从创业企业社会网络资源获得的角度分析了产业集群对创业活动的影响作用。一方面，创业者可以从产业集群直接获得或以制度规定的可为创业企业所用的资源，如政策优惠、投资补贴等；另一方面，创业者还可以凭借同产业集群内其他企业合作获得溢出价值，如知识、技术、管理等。来新安、王聪颖（2011）认为，相对于产业集群外创业，产业集群的优越条件为集群内创业活动提供了孵化器和催化剂的影响作用，特别是以产业集群内的社会关系为载体的知识传递网络，更是一种富有活力的创业组织形态。

5.1.2 创业行为与产业集群发展

（1）创业行为促进产业集聚和产业集群的形成。创业活动在产业集群的形成与发展中的重要作用受到了众多学者的关注。Feldman（2001）等研究发现，即便没有良好的产业基础，但随着创业人才的大量产生和进入，由于企业家的创业活动以及外部性，外部资源在当地集聚，环境变得更加有利，产业不断获得发展动力得以迅速发展。Donate & Peter（2003）在对意大利 100 多个产业集群的创立进行研究后发现，最早一批创业者创建企业的发展以及所引发的创业效仿，是当地产业集群发展的重要原因。Feldman 等（2005）认为，创业者是产业集群形成与发展的“内部解决方案”，具有自增强的正反馈效应。在某一特定地域创业成功的创业者会降低潜在创业者的风险知觉，诱发其模仿创业，随着创业者的大量进入，产业集群的自支持体系不断加强，产业声誉不断形成，又会进一步吸引新一批创业者的加入，产业集群因此得到发展和壮大。朱华晟（2003）在研究浙江产业群产业网络成长轨迹和发展动力时，将地方企业家作为浙江产业群形成与发展的三个重要因素之一。赵江明和刘金红（2004）研究认为，创业活动的空间集聚就是产业集群的的形成过程。少数企业家将扮演产业集群发起人的角色，他们的创业和创新活动将带动其他创业者的创新和创业，通过这种一人带动一片的方式，加速了产业集群的形成与发展。郑风田、程郁（2006）认为，产业集群就是创业者群体的集聚，产业集群的形成过程就是创业者创业和创新行为引发的模仿过程。创业者在产业集群形成与发展过程中发挥着关键作用，是产业集群从低级向高级阶段发展的根本动力因子，但在产业集群生命周期的不同阶段，需要的创业者类型是不一样的。在产生阶段，需要发起型创业者；在发展阶段，需要模仿型创业者；在成熟阶段，需要网络型创业者；在升级换代阶段，需要研发型创业者。罗亚非等（2007）从产业集群不同发展阶段出发来分析创业活动的影响作用。在萌芽阶段，少数创业者的创业成功会带来巨大利润，企业迅速壮大，会带动大量创业者效仿，促进产业关联配套和要素供给条件的改善；在快速发展阶段，集群内的基础设施逐渐建立，辅助产业在区域内出现，创业条件的改善吸引更多的创业者进入该地域创业，而随着创业活动的逐渐增多，也会进一步导致创业条件的改善，形成一个自增强的正反馈过程；在成熟阶段，随着劳动力和地租等价格的上升，创业成本开始增加，集群内的创业活动开始减少；在衰退阶段，随着集群丧失竞争优势，集群可能让位于其他集群。郑春颖（2012）对企业家在企业集群演化中的作用进行了研究，揭示了基于企业家创业的产业集群的形成机理、企业家才能推动产业集群的成长机理、企业家社会资本在产业集群演化中的作用机理，着重强调了企业家在产业集群形成、成长、演化中的重要作用。

（2）创业行为提高产业集群产业关联度。韦伯（Weber，1929）指出，随着专业化分工的深入，生产环节中的某一部分或某一微件可以从企业中逐渐提取出来，变成独立的生产单元。专业化分工是产业集群理论中的一个具有重要影响的代表性观点。迈克尔·波特（Michael E. Porter，2000）认为，产业集群是既竞争又合作且相互关联的企业、供应商、销售商、服务商、中间机构等在空间地域上的集聚。产业关联是产业集群的一个突出特点，产业集群的创业活动往往是围绕某一产业展开的，成为产业链上的一环。芮明杰（2006）认为，产业集群是以产业链为基本单位的，是以产业链为依托的空间组织形式。产业链的形成与完善是以创业为前提的，产业集群内的创业活动总是围绕产业链来挖掘商机的，决定着产业链的长度和宽度。买忆媛等（2007）认为，在产业集群初期，关联创业活动的开展促进了产业集群的形成与发展，而在产业集群发展的后期，创业活动也有助于产业集群生命周期的延长与更新。陈柳钦（2007）认为，专业化分工是产业集群形成的前提和基础，社会化分工使处于不同分工链条上的企业衍生或新企业创建，区域化分工使专业化市场和一体化市场水平不断提高。产业集群的成长取决于分工的深化，分工的演化决定着产业集群的演化。林学军（2008）认为，分工促进了产业集群的发展，包括横向分工、混合分工、纵向分工、模块化分工，而建立分工基础上的创业活动则是产业集群发展的动力。梅良勇、刘勇（2011）认为，产业链在产业集群中起主导作用，产业链的行为主体是企业，新创企业的进入会完善或延长产业链。

（3）创业行为提高产业集群创新绩效。迈克尔·波特（Michael E. Porter，2000）认为，产业集群内部成员在垂直维度上存在合作，这种合作可以降低产业集群企业的创新成本和创新风险。也有学者从创业过程中知识溢出的角度来解释其对经济发展的积极影响，创业中的知识溢出既有助于新的创业，也有助于创新（Audretsch & Lehmann，2005；Mueller，2006；Acs，2009；Gilbert，2008）。郭海、李垣等（2007）认为，转型期复杂多变的市场环境要求企业通过竞争，特别是突破性创新建立企业的竞争优势，而企业家的创业能力能促进企业的突破性创新。聂振飞（2010）认为，集群产业组织网络结构促进了协同创新和激励了集群企业创新。一方面，从集群的纵向维度上看，创业企业处于产业链上的不同环节，具有互补性的知识、经验和技能，为了开发新产品满足市场需求，常常会发生交流互动，就会形成顾客、供应商、合作伙伴、企业的创新联盟，促进创新效率的提升；另一方面，从集群的横向维度上看，集群内部新创企业与已有企业在行业和产品上的相似性，决定了同类企业具有绝对压力，包括竞争性压力、比照压力、同类条件压力，企业要想突围，必须不断创新。正是这种竞争压力激励着企业的创新潜能，产业集群的创新绩效从中也获得提升。戴维奇、魏江等（2012）研究认为，创业活动中的信息收集和经验积累为产业集群内企业获取技术知识和市场知识提供了重要渠道，再加上集群内知识的扩散和运用，两种知识的融合将会发展既有技术能力和市场能力，又能促进产业集群的升级。

同时，Feldman（2005）、Garavaglia & Breschi（2009）研究认为，创业对产业集群的形成和发展演化具有重要影响作用，二者是一种协同演化关系，呈现出自我调整的形态。但在这一过程中，创业活动对产业集群的影响并不总是正向的。Rocha（2004）研究认为，在产业集群的形成初期，产业集群这一组织形态能提高企业生产率和促进创新，而在后期会出现竞争效应和拥挤效应，抵消这些正效应。Tan（2006）以北京中关村为例，研究了20年来这一产业集群的发展变化，随着中小企业的大量涌现，中关村产业集群的结构也发生了变化，导致竞争压力加剧、企业之间相互模仿情形严重，整个产业集群面临着衰退危机。Menzel & Fornahl（2010）对产业集群发展演化过程中出现的停滞衰退现象进行了解释，认为产业集群内部各企业之间的学习过程相同、知识多样化程度降低、产业集群网络由开放转为封闭、动态调整能力缺乏是造成这一现象的重要原因。Boschma（2004）将其归结为产业集群的过度专业化。何铮、谭劲松（2005）认为，产业集群是一个复杂的适应性系统，具有非线性特征，产业集群内各组织相互作用、共同演进是产业集群形成与发展的根本动力，任何个别因素的作用都是有限的。吴晓波、张超群（2012）也认为，同质化是产业集群衰退的一个重要原因，并在此基础上，将创业分为模仿型创业和开拓性创业。这两种创业对产业集群的形成、发展和存续都是必要的，模仿型创业能将创业机会扩散开来，扩大整个产业集群规模，形成规模效应，但过于同质化，产业集群难以形成协同效应；开拓型创业有利于整个产业集群知识的积累沉淀和产业链的完善，但过于多样化，产业集群难以形成集聚效应。李琳等（2013）研究认为，地理邻近对产业集群创新的影响呈现阶段性特征，在产业集聚的初期阶段，随着新创企业数目的不断增加，设施机构的不断完善，集群优势不断显现，地理邻近表现出正的影响效应，但是超过临界点之后，就会由于企业的过度密集导致产生过度地理邻近性问题，再加上管理效率和过度竞争，会造成不经济性，限制产业集群的创新绩效。

5.1.3 知识溢出与产业集群发展

（1）知识溢出与产业集群的形成与发展。Kurgan（1991）认为，知识溢出是产业集聚或外部收益递增的来源之一，相关知识的溢出促使产业在地域选择上倾向于集聚。Jaffe & Henderson（1993）认为，知识溢出是造成集聚效应的主要动力，促进了产业集群的形成。当产业集群内某一企业通过创新或研发获得新知识，其中的大部分新知识会发生外溢，成为整个产业集群内的公共知识，这些知识的溢出是企业间空间距离的函数，短距离有利于知识的扩散，因此，只有产业集群中的企业才能获取这些知识，一旦离开产业集群，企业将会丧失这些知识溢出的好处。Breschi 和 Lissoni（2001）认为，知识外部性为相互靠近在一起的企业提供了比分散企业更快地获得创新所需要知识的机会。知识溢出是存在空间壁垒的，企业在创新和研发中产生的新知识大多数是具有缄默性的，往往需要面对面的交流，无法在长距离中传递和传播。叶建亮（2001）认为，知识的应用具有很显著的规模经济，这种规模经济利益会促使相关或相似企业特别是创新能力不强的中小企业在空间上集聚，因此，他认为，知识溢出是导致产业集群形成的重要原因，它不仅决定了产业集群的规模，也影响产业集群组织内企业的生产函数。还有学者通过构建知识溢出与产业集聚的内生因果循环的动态框架来研究两者间关系，Keely（2003）的动态框架将知识溢出看作是具有异质禀赋的熟练员工交流互动作用的结果，随着员工交流互动作用范围的扩大，员工之间的集群和技术集群得以形成，并且在这一过程中还伴随着集群之间的知识溢出。Berliant et al（2006）的一般均衡搜寻理论模型考察了知识交换与集聚活动的交互关系，具有异质化知识的个体通过搜寻“合作伙伴”以交换思想、信息并创造新知识，提高双方知识存量，进而提高生产效率，在这一过程中会导致人口的集聚。

（2）知识溢出与产业集群创新。Freeman（1991）认为，产业集群内部存在着知识溢出效应，该效应的存在是促进集群创新网络发展和集群经济增长的最根本动力，是集群创新产出和生产率提高的源泉。Von Hippel

（1988）的研究表明，大多数企业的创新并不是来自于自己的发明创造，而是借助竞争者、合作伙伴、供应商、顾客等外在创新源。Jaffe（1993，1996）从创新活动、专利引用等不同角度论证了知识溢出的存在性，并探讨了知识溢出在促进产业集聚和推动创新产出过程中的影响因素和作用机理。Feldman（1994）指出，企业的智力投入有助于支持地理邻近区域创新活动的技术基础设施建设，促进本区域的整体创新活动。Audretsch & Feldman（1996）实证检验了地理区位对不同类型产业的重要性，发现在控制生产地理集中的程度后，创新活动更容易发生在集聚和知识溢出起重要作用的产业。Baptista & Swann（1998）用地区就业来衡量集聚的程度，并检验是否位于同一产业集群中的企业比其他企业更有可能创新。他们得出的结论是在地理上集中并依赖于基础科学知识的产业从知识交换中获益更多，因而能以更快速度增长。Bottazzia & Peri（2003）在对欧洲86个州级区域研究时发现，知识溢出对邻近地区的创新活动具有显著的正向影响，但这种影响会随着空间距离的扩大而减小。Eckhardt Bode（2004）对德国不同区域间知识溢出的研究表明，知识溢出对区域知识生产具有显著的正向影响，但往往伴随着较高的空间交易成本。

国内学者侯汉平和王浣尘（2001）研究了研发知识溢出效应，指出企业通过知识创新并以专利形式保持的垄断地位只能保持一段有限时间，模仿企业会以较快速度追赶知识领先企业，以致增长率趋同，接着企业就会继续创新，继续会有知识溢出，继续会有模仿企业和知识追赶，结果是创新与模仿螺旋式推进，推动经济增长和社会技术进步。魏江（2003）认为，知识溢出、产业集聚和产业集群创新是一个良性互动关系。首先，企业在空间地理上的集聚为形成知识溢出，特别是隐性知识溢出提供了条件；其次，知识溢出的存在推动了产业的进一步集聚和产业集群的形成；再次，产业集群内的知识溢出促进了产业集群创新网络的发展，进而提高了产业集群的创新产出。郭韧、曾国祥（2007）认为，产业集群内的知识溢出能够推动集群企业的技术创新和集群整体的技术升级，使整体和个体的竞争力都得到提升，具体表现在：降低创新成本，提高创新能力；形成学习网络，提高知识累积；降低生产成本，提高生产效率；激活缄默知识，提升整体竞争力。林健、曹静（2007）研究认为，知识溢出、知识共享与企业集聚是一个互动的过程，由于企业集聚带来了集群知识的共享，加速了知识的溢出；知识溢出促进了集群知识的共享，同时又促进了企业的集聚。占小军（2009）认为，知识溢出是我国产业集群升级的决定性因素，主要表现在：降低创新成本；降低技术距离；优化知识结构；激活隐性知识等。蒋伏心、高丽娜（2012）研究认为，空间距离因素在知识溢出和知识创造中起着重要作用。空间距离越近，知识溢出效应越强，越是邻近知识创造中心的区域，获得知识溢出效应的强度就越强，但同时也受自身吸收能力的制约。

但关于知识溢出与产业集群创新的关系研究上还存在着争论，按照知识溢出主客体是否属于同一行业，知识溢出可分为不同产业间的多样化知识溢出和同一行业间的专业化知识溢出，这两种溢出在区域创新中的相对重要性是不同的。以 MAR（Marshall，Arrow，Romer）等学者为代表的研究表明，同一行业间的专业化知识溢出和垄断市场环境更有利于区域创新的产生；而以 Jacobs 为代表的学者认为，不同行业间的多样化知识溢出和竞争性的市场环境更有利于创新的形成。针对两种不同观点的争论，理论界进行了大量的实证研究，但仍没有得出一致的结论，以致于 Glaeser（2005）发出这样的感慨：已有文献并没有解决专业化溢出和多样性溢出的作用问题，研究的时间不同、样本不同，产生的研究结论也不同，在这个问题上还没有普遍的真理。张明倩、赵彦云（2008）在对我国制造业细分产业技术创新活动的研究发现，产业集聚对区域创新活动有促进作用，并且基于实证研究，指出专业化和多样化的产业集聚结构对创新活动均有不同程度的推动作用。赵勇、白永秀（2009）认为，由于产业类别、产业发展阶段、产业技术特点、区域范围、区域发展水平等情况的不同，专业化溢出和多样化溢出在创新中的作用也会不同，并不必然存在哪一种溢出在区域创新形成中有更重要作用的问题。

5.2 产业集群发展绩效的测量

5.2.1 量表开发的理论基础

产业集群发展评价是一个难点问题。目前，关于产业集群发展的评价主要有两种基本形式：定性评价和定量评价。有影响力和代表性的定性评价法包括迈克尔·波特（2002）的钻石模型评价法和霍特林（Hotelling，1929）的区位竞争模型评估法。钻石模型评价法是通过对生产要素、需求条件、相关和支持产业以及企业战略、结构和同业竞争四大关键要素和政府与机会两个辅助要素的变化和相互作用来评估产业集群的发展程度。霍特林模型强调企业区位选择是受两种效应影响的结果：需求效应和竞争效应。需求效应产生“向心力”，促使企业向消费市场的中心集聚；竞争效应产生“离心力”，促使企业分散于市场的外围，因此，产业集群的发展程度受两种效应共同作用的结果。此外，Feser（2001）从诸多动态的影响因素角度来评价产业集群发展和竞争力状况，动态的影响因素主要包括生命周期、地理状况、关联关系三个维度。Mitra（2003）从产业集群 11 种能力的综合表现来评估产业集群的发展和竞争力状况，这 11 种能力因素包括：密度、宽度、深度、跨度、技术、活动、地理范围、创新能力、产权结构、领导能力、发展阶段。

在定量评价方面，较有影响的是通过对产业集群集聚度的测量来评价产业集群的发展程度，产业集群的集聚程度反映了集群中企业间纵向联系和横向联系的程度，在一定意义上体现了产业集群的发展程度。几种有代表性的方法分别是：行业集中度指数 CR（Concentration Ratio），是指规模较大的几个企业或地区销售收入、产值、就业人数、资产额等主要经济指标在总体中所占比重的情况，比重越大，说明行业集中度越高；空间基尼系数 G（Spatial Gini Coefficient），是指通过比较某一地区某个产业的就业人数占该产业总就业人数的比重及该地区全部就业人数占总就业人数的情况，反映产业的集聚程度，Krugman（1991）曾用这一指标来测量美国制造业的集聚程度；区位商系数 LQ（Location Quotient），是指某一区域某个产业占有的份额与整个经济中该产业占有份额的比值，其值大于 1，说明高于平均集聚，该比值越大，表明某行业的集聚程度越高；赫芬达尔—赫希曼指数 HHI（Herfindahl - Hirschman Index），是指某特定行业市场上所有竞争企业市场份额的平方和，市场份额通过企业所占行业总收入或总资产百分比来衡量，是一种评价产业集中度的综合指标；空间集聚指数 EG（Ellison - Glaeser），是考虑产业规模之间的差异，对空间基尼系数的修正，是 HHI 指数和空间基尼系数的综合运用；产业集群集聚度 CAD（Cluster Agglomeration Degree）指数，是通过产业集群集中程度和企业间的联系程度共同决定的。

通过综合指标来定量评价产业集群的发展程度也是一种常见的做法，这类评价方法有两个主要难点：评价指标的选择和评价指标权重确定。评价指标的选择往往是通过相关理论结论或观点来提炼，评价指标权重的经常通过层次分析法、德尔菲法、熵值法、BP 神经网络评价模型等来确定。联合国贸易和发展组织（UNCTAD，1998）根据三个指标对产业集群的发展阶段进行了分类，这三个指标分别是集群网络化的企业技术水平、市场的扩展程度和企业之间的合作程度，并通过技术水平、技巧、创新能力、企业规模、出口状况、信任、竞争、学习等因素来评价。Padmore & Gibson（1998）在钻石模型的基础上建立了 GEM（Groundings - Enterprises - Markets）评估模型，该模型认为产业集群的发展取决于三要素六因素，三要素分别是：基础（Groundings），由资源和设施两个因素组成；企业（Enterprises），由供应商与相关企业和企业结构与战略两因素组成；市场（Markets），由本地市场与外部市场组成，该模型通过对影响因素的量化处理来评估产业集群的发展程度和竞争能力。国内学者池仁勇等（2005）从企业出生率与死亡率、企业成长率、集群网络联接度、集群产业配套度四个方面对产业集群发展阶段进行划分。周碧华等（2006）提出了产业集群综合评价的八个指标维度，分别是集成密度、发展规模、服务体系、基础设施、经济效益、品牌形象、科技水平、管理能力。已有研究表明，产业集群发展的衡量指标宜采用综合评估指标体系，但有关评估指标的具体内容，在学界仍存在差异。梁宏、姜振寰（2007）从经济竞争力、集聚竞争力和环境竞争力三个角度建立了产业集群发展状况的评价体系。经济竞争力主要考察生产、市场和技术创新方面的情况；集聚竞争力主要考察集聚经济的有效程度和网络的密切程度，即产业集群内部产业链上下游的完善程度、关联水平以及企业与研究机构、行会、协会等中介组织间的密切程度；环境竞争力主要考察产业集群外部环境的影响和支持力度，例如：政府优惠政策、当地研发能力、高素质劳动力供给能力、区域文化、创业氛围，等等。

有关定性和定量评价的区别问题，Chandle 和 Hanks（1993）研究认为，尽管主观性指标可能会因为问卷填写者的个性与期望水平等因素而显得不够准确与可靠，但采用主观性测量指标通常具有较高的内部一致性与可接受的内部可信度。Covin 和 Slevin（1994）的研究也指出，对于绩效测量，主观指标与客观指标在统计上具有显著的相关关系，因而这两种方法在测量结果上具有一致性，用主观绩效代替客观绩效不会影响研究的信度和效度。

5.2.2 量表开发步骤

产业集群发展绩效测量量表的开发，仍然遵守量表开发的四个基本步骤：文献调研；创业人才深度访谈；产业集群管理者访谈；小范围测试。

（1）文献调研。通过对有关产业集群发展评价和测量的文献收集、整理和提炼后，得出三个方面的基本结论：在产业集群发展的概念界定上，产业集群发展包括外延式发展和内涵式发展，前者注重规模扩大、数量增长和空间拓展，后者强调结构优化、资源整合和质量提高；在产业集群发展的评价形式上，有定量评价和定性评价两种形式，定量评价主要是通过数量指标来衡量产业集群的发展程度，如集聚度、空间基尼系数，定性评价主要是不采用数学的方法，而是评价者根据产业集群发展的状态、表现，直接给产业集群发展做出定性结论的价值判断，在两种评价形式的有效性方面，大部分研究学者认为，在两种方法的测量结果上具有一致性；在产业集群发展评价指标上，有主观指标和客观指标两类，其中，主观指标主要是用在定性评价的方法上，而客观指标主要是用在数量评价的方法上。

本研究在开发产业集群发展测量量表过程中，在产业集群发展的概念界定上，侧重于产业集群的内涵式发展上，内涵式发展是集约式发展，更具有可持续性；在评价方法的选择上，主要采用定性的评价方法，这主要是由于定性评价相较于定量评价来说有三个方面的优势，即定性评价有更强的时效性、指标上的全面性和资料的易得性；在指标的选择上，运用一级指标和二级指标相结合使用的指标体系，采用主观指标客观化的方式，即将被调查者的主观评价确定为五个等级，这有助于后续的实证研究。

通过文献调研发现，虽然不同学者从不同角度运用不同指标来衡量产业集群的发展，但从内涵式发展的角度，可以看出集聚度、网络化、科技水平或创新水平是使用最为频繁的三个指标。基于此，本研究将衡量产业集群发展绩效的一级指标界定为产业关联、主体交互、集群创新三个方面。产业关联是指在产业集群内，围绕某一特定产业通过产品、技术、人才、信息等供需而形成的企业与企业之间的互相关联、互为存在的内在联系，产业关联程度越高，表明产业集群的集聚程度越高；主体交互是在产业集群内的各主体之间，包括创业人才、中介机构、银行金融机构、高校等科研机构、相关政府部门等，往来、交流、沟通的频度和强度，体现的是产业集群的网络化水平；集群创新是指产业集群内整体的创新水平，往往是通过技术、管理、产品等方面的创新来体现。基于产业关联、主体交互、集群创新的理论性定义，对产业集群发展评价的三个一级指标进行了操作化处理，形成了产业集群发展评价的初始量表。

有关产业集群内的产业关联方面，胡大立（2006）认为，产业关联是产业集群内企业处于相同或相近的产业链上，具有向前、向后、横向的产业联系。Porter（1990）从发生共享行为出发，将业务单元之间的关联划分为三类：以价值链中的技术、客户资源共享为主要内容的有形关联；不同价值链之间的管理技巧和知识技能方面的无形关联；竞争关联。胡大立（2006）进一步将有形关联划分为市场关联、技术关联、生产关联和基础设施关联，其中，市场关联主要是指与市场有关的各种活动的关联性，生产关联是生产环节各种活动的关联性，技术关联是技术开发各种活动的关联性，基础设施关联主要包括财务、法律和人力资本方面的关联。本研究中所指的产业关联主要是有形关联，考虑到市场关联是以市场信息为基础的，而生产关联是以产品为基础的，故将产业关联划分为技术关联、产品关联、人才关联和信息关联四类。

有关产业集群内的主体交互，雷如桥、陈继祥（2004）将其界定为集群内各种行为主体之间在交换、传递资源活动过程中发生联系时建立的各种关系的总和。有关主体交互的测量，主要是通过主体交流的强度、规模，紧密度，活跃性等指标来体现。Anderson，Park & Jacket（2007）通过采用交流范围、交流长期性、交流的紧密性来测量；Zhang et al（2008）通过交流网络范围、网络关系的紧密程度来进行测量；Smith & Lohrke（2008）通过交流网络强度、网络联系结构、关系交换质量、信任程度等来进行测量。本研究中主体交互的测量主要采用主体交流的便捷性、广泛性、稳定性和深入性四个指标来测量，便捷性是指交流的难易程度，广泛性是指交流的范围或规模，交流的稳定性是指交流的长期性，交流的深入性是指交流的紧密程度。

有关产业集群的创新水平，Steinle & Schiel（2002）认为，产业集群创新是一种网络式创新，表现为集群内通过各组织的互动关系产生的知识的产生、传递和积累。曹群、姜振寰（2009）认为，产业集群创新是借助产业集群优势，依靠产业相关、地理邻近，产生创新集群效应，获取创新优势的一种创新形式。陈柳钦（2008）认为，产业集群能够创造一种良好的创新氛围，能降低企业创新成本，有利于创业支持网络的形成，这种集群创新体现在观念、技术、管理、制度和环境等多方面。熊彼特将创新界定为五个方面：技术创新、产品创新、市场创新、资源配置创新和组织创新。本研究从产业集群的创新内容出发，对产业集群的创新进行测量，包括产业集群的技术创新、知识创新、产品创新和管理创新。技术创新是指改造现有或者是创造新的产品、生产过程或服务方式的技术活动；知识创新是指获取新知识的过程；产品创新是对某一产品功能的创新或创造某种新产品；管理创新是指在管理过程中出现的观念创新、手段创新和技巧创新。

（2）创业人才深度访谈。与创业人才深度访谈的目的主要是对根据文献调研编制的初始量表进行修改和完善。利用导师研究团队资源，选取了上海商业智能产业集群 5 名创业人才和武汉光谷光电子产业集群内 7 名创业人才进行了深入访谈。深入访谈的内容主要包括三个方面：一是产业集群发展的评价指标，请被访谈者根据自身创业实践，按照产业集群发展评价指标的重要性进行排序。结果表明，集群规模、集群产业关联程度、集群创新水平、集群硬件环境改善、集群网络化程度是被 12 位创业人才提及最多的 5 个指标。二是就本研究基于文献调研开发的初始问卷与创业人才进行深入交流和沟通，主要包括指标选取的合适性、重要性、术语表达的准确性、表述方式的合理性等问题进行了意见交换。三是在听取创业人才合理建议的基础上，对产业集群发展评价的初始量表进行了第一轮修改和完善。考虑到本研究侧重于对产业集群内涵式发展的评价，因此，产业关联、主体交互和集群创新三个维度的选取与创业人才的选择是基本一致的。

（3）产业集群管理者访谈。产业集群管理者是产业集群发展的参与者，也最有发言权。本研究在正式量表确定之前，通过团队资源联系了 4 名产业集群相关管理人员，将经过文献调研和创业人才访谈修改后的量表提交给 4 名管理者，并当面听取意见。意见主要集中在两个方面：一是测量指标的完备性问题；二是语言表述问题。针对管理者提出的意见，经慎重考虑，对测量指标的条数进行了扩充，对指标文字表述进行了修改。

（4）小范围测试。通过武汉市洪山创业孵化中心，笔者对 22 名创业人才进行了小样本测试，征求和吸纳他们的意见和建议。小样本测试的主要目的是就量表的语言表述是否合适，是否有不清楚的地方进行斟酌。笔者分别与 22 名创业人才就量表中的每一题项逐一进行了确认，以了解量表中是否有表述让人费解的地方。在收集所有创业人才的建议和信息后，对产业集群发展评价量表中少量不合理的题项进行了修改或重新组织语言表述。最后形成了可用于大规模调查的正式问卷。

正式问卷共由三个维度12 个问项组成，发放对象为产业集群环境下的创业人才。问卷要求被调查者依据每一个问项的内容表述将产业集群发展的现在状态与产业集群发展的过去状态进行比较，比较结果通过 Likert 5 级量表的形式确定为五个等级，即“差很多”“差”“一样”“好”“好很多”五个等级，分别用1～5 表示，被调查者根据自己的判断进行选择，具体见表 5－1。

表 5－1 产业集群发展绩效评价量表

维　度	编　号	题项（与产业集群的过去相比，您如何评价产业集群现在的发展情况：1 差很多；2 差；3 一样；4 好；5 好很多）	参考文献
产业关联	IA1	产业集群内产品关联性	Porter（1990）；UNCTAD（1998）；池仁勇等（2005）；胡大立（2006）
	IA2	产业集群内技术关联性	
	IA3	产业集群内人才关联性	
	IA4	产业集群内信息关联性	
主体交互	BI1	产业集群内交流便捷性	UNCTAD（1998）；Anderson，Park & Jacket（2007）；Smith & Lohrke（2008）；周碧华等（2006）
	BI2	产业集群内交流广泛性	
	BI3	产业集群内交流稳定性	
	BI4	产业集群内交流深入性	
集群创新	CI1	产业集群内产品创新	UNCTAD（1998）；梁宏、姜振寰（2007）；Steinle & Schiel（2002）；陈柳钦（2008）
	CI2	产业集群内知识创新	
	CI3	产业集群内技术创新	
	CI4	产业集群内管理创新	

5.2.3 量表的信度和效度检验

5.2.3.1 数据收集

为了检验产业集群发展绩效的构思维度以及为实证研究提供基础，本研究采用调查问卷方式来获取数据，调查对象为产业集群环境下的创业人才。在完成调查问卷设计和变量测量量表开发的基础上，对产业集群环境下创业人才进行了大规模问卷调研。

在2012年10月至2013年3月期间，通过拜访、邮寄和委托方式，在浙江台州汽摩及配件和服装机械产业集群、山东德州新能源和食品产业集群、武汉光谷光电子产业集群共计发放问卷632份，回收问卷378份，其中，实地拜访调查回收32份，通过邮寄回收问卷164份，委托与创业人才关系密切的当地金融机构工作人员回收问卷182份，回收率为59.8%。通过对回收的378份问卷进行仔细筛选后，剔除了无效问卷68份，剔除原因分别为：问卷填写不完整、问卷填写人不符合样本选择标准、随意填答，最终获得有效问卷共计310份。

5.2.3.2 项目分析

为了检验产业集群发展绩效量表和题项的适切性和可靠性，需要对其进行项目分析。项目分析的目的是找出未达到显著性水平的题项，并将其删除，以达到净化题项的目的，可通过两种途径来实现。

（1）高低组平均数差异检验法。高低组平均数差异检验法也叫区分度检验法，检验每一个题项是否具有显著性的鉴别能力。该方法是将每一个受试者在量表中的各个问项的得分加总，依据总分高低排序，分成高分组和低分组，采用独立样本t检验求出高低分组的受试者在各题项得分平均数的差异显著性，达到显著性差异（$P<0.05$），则表明该题项具有鉴别力，应予以保留；如果差异不显著（$P>0.05$），则应删除该题项。在t统计值的判别上，首先要判别两组的方差是否相等，如果两个群体的方差相等，则要看“假设方差相等”行的t值数据；如果两个群体的方差不等，则要看“不假设方差相等”行的t值数据。表5-2为独立样本t检验的统计值，为了便于识别，将应该看的t值数据用阴影底纹显示。在下述t检验的统计量中，所有12个题项高低分组平均数差异检验的t检验均达到0.05的显著水平，表明所有12个题项均应保留。

表 5－2 样本 t 检验

		方差相等的 Levene's 检验		平均数相等的 T 检验						
									差异的 95% 置信区间	
		F 检验	显著性	t	自由度	显著性（双尾）	平均差异	标准误差异	下　界	上　界
IA1	假设方差相等	1. 677	. 197	15. 104	187	. 000	1. 26281	. 08361	1. 09788	1. 42774
	不假设方差相等			15. 059	181. 815	. 000	1. 26281	. 08386	1. 09735	1. 42827
IA2	假设方差相等	. 130	. 719	14. 518	187	. 000	1. 14787	. 07906	. 99190	1. 30383
	不假设方差相等			14. 442	179. 294	. 000	1. 14787	. 07948	. 99102	1. 30471
IA3	假设方差相等	. 001	. 979	15. 371	187	. 000	1. 20539	. 07842	1. 05069	1. 36009
	不假设方差相等			15. 249	175. 812	. 000	1. 20539	. 07905	1. 04939	1. 36140
IA4	假设方差相等	4. 142	. 043	14. 687	187	. 000	1. 20303	. 08191	1. 04144	1. 36463
	不假设方差相等			14. 572	176. 019	. 000	1. 20303	. 08256	1. 04010	1. 36596
BI1	假设方差相等	1. 292	. 257	18. 749	187	. 000	1. 43652	. 07662	1. 28537	1. 58766
	不假设方差相等			18. 723	183. 350	. 000	1. 43652	. 07673	1. 28514	1. 58790
BI2	假设方差相等	. 189	. 664	19. 201	187	. 000	1. 44404	. 07521	1. 29568	1. 59241
	不假设方差相等			18. 996	171. 688	. 000	1. 44404	. 07602	1. 29399	1. 59410
BI3	假设方差相等	. 019	. 891	17. 967	187	. 000	1. 46022	. 08127	1. 29990	1. 62055
	不假设方差相等			17. 692	163. 818	. 000	1. 46022	. 08253	1. 29726	1. 62319
BI4	假设方差相等	9. 791	. 002	16. 710	187	. 000	1. 34753	. 08064	1. 18844	1. 50661
	不假设方差相等			16. 608	178. 281	. 000	1. 34753	. 08114	1. 18741	1. 50764

续表

		方差相等的 Levene's 检验		平均数相等的 T 检验						
									差异的 95% 置信区间	
		F 检验	显著性	t	自由度	显著性（双尾）	平均差异	标准误差异	下　界	上　界
CI1	假设方差相等	.198	.657	19.392	187	.000	1.69876	.08760	1.52595	1.87158
	不假设方差相等			18.962	150.667	.000	1.69876	.08959	1.52175	1.87578
CI2	假设方差相等	.184	.668	17.727	187	.000	1.59753	.09012	1.41975	1.77531
	不假设方差相等			17.435	161.608	.000	1.59753	.09163	1.41658	1.77847
CI3	假设方差相等	11.555	.001	18.411	187	.000	1.70258	.09248	1.52015	1.88501
	不假设方差相等			17.858	134.855	.000	1.70258	.09534	1.51403	1.89114
CI4	假设方差相等	4.837	.029	17.814	187	.000	1.55865	.08749	1.38605	1.73125
	不假设方差相等			17.670	175.544	.000	1.55865	.08821	1.38456	1.73274

（2）问项分与总分相关法。同质性检验也是个别问项筛选的指标，采用个别问项同总分的积差相关系数来进行检验。若个别问项与总分的相关性高，表明该问项与整体量表的同质性高，与所要测量的变量接近，该问项应保留；若个别问项与总分的相关性低（$r<0.4$），表明该问项与整体量表的同质性低，最好删除。表5-3为产业集群发展绩效量表总分与各问项的相关系数，表明各问项与总分之间的积差相关达到显著，各问项通过了同质性检验，12个问项均予以保留，与高低组平均数差异检验法的结论一致。

表5-3　产业集群发展绩效总分与各问项得分相关系数

题　项	与总分相关（r）	题　项	与总分相关（r）
IA1	0.732***	BI3	0.776***
IA2	0.718***	BI4	0.721***
IA3	0.761***	CI1	0.820***
IA4	0.678***	CI2	0.803***
BI1	0.765***	CI3	0.816***
BI2	0.750***	CI4	0.785***

注：***表示 $p<0.001$，**表示 $p<0.01$，*表示 $p<0.05$，均为双尾检验。

5.2.3.3 探索性因子分析

为了检验产业集群发展绩效量表的结构效度，还需要进行因子分析。先通过探索性因子分析（EFA）确定产业集群发展绩效量表的维度结构，维度结构确定后，再对其进行验证性因子分析（CFA），来确定量表的因子结构模型与实际收集数据的适切性。为此，本书将310份有效问卷随机分成两半，一半数据用于探索性因子分析（$n=155$），另一半数据用于验证性因子分析（$n=155$）。差异检验表明，两个子样本在性别、学历、年龄、创业经历等的分布上都没有显著性差异。

首先，对样本数据进行KMO测度和巴特利特球度检验（Bartlett's 球度检验），以判断样本是否适合做因子分析。在本研究所使用的样本中，检验统计量KMO值为0.892，高于0.7，巴特利特球度检验统计量观测值为1480.607，对应的概率P值为0.000，低于0.001的显著性水平，说明量表适合做因子分析。

在样本通过探索性因子分析适合性检验之后，对155个样本进行探索性因子分析，采用主成分因子提取方法和最大方差旋转法，结合碎石图，提取因子。以特征值大于1作为主成分保留的标准，12个问项共提取了3个公因子，累计解释总变异79.178，第一个因子解释了总变异的28.330%，第二个因子解释了总变异的25.719%，第三个因子解释了总变异的25.130%。每个题项的因子载荷均大于0.5，达到了统计学上的要求，集群创新（CI）、主体交互（BI）、产业关联（IA）三个因子的题项都归入了同一个因子，符合既有的理论构思，通过了探索性因子分析的效度检验（见表5-4）。

表5-4　转轴后的成分矩阵

	主成分		
	1	2	3
产业集群内管理创新	.888	.198	.199
产业集群内知识创新	.842	.270	.219
产业集群内技术创新	.830	.258	.329
产业集群内产品创新	.825	.249	.279
产业集群内交流深入性	.157	.904	.171
产业集群内交流广泛性	.240	.816	.241
产业集群内交流稳定性	.352	.793	.192
产业集群内交流便捷性	.247	.715	.408
产业集群内信息关联性	.182	.166	.831
产业集群内产品关联性	.214	.239	.801
产业集群内技术关联性	.247	.203	.784
产业集群内人才关联性	.353	.312	.711
特征根	6.842	1.382	1.277
解释变异（%）	28.330	25.719	25.130
累计解释变异（%）	28.330	54.049	79.178

对集群发展绩效量表总体和每一维度进行一致性检验，即 Cronbach α 系数检验，以评估集群发展绩效测量的信度。结果显示，量表总体的 Cronbach α 系数值为 0.931，各维度分量表的 Cronbach α 系数值分别为 0.876、0.905、0938，均大于 0.7，这表明量表题项的选取在统计学上能够较好地满足信度的要求，具体见表 5-5。

表 5-5　产业集群发展绩效探索性因子分析的信度检验（n=155）

分量表	内部一致性信度	总体信度
产业关联	0.876	0.931
主体交互	0.905	
集群创新	0.938	

5.2.3.4　验证性因子分析

经过探索性因子分析界定产业集群发展绩效结构维度后，还需要进行验证性因子分析，以检验产业集群发展绩效的三维结构是否能得到另外样本数据的支持，即产业集群发展绩效三维结构模型是否与实际数据相吻合。为此，采用剩余 155 份调查数据进行验证性因子分析。

在进行验证性因子分析之前，需要对样本数据进行信度分析，以检验数据的稳定性和一致性，结果如表 5-6 所示。创业行为量表的总体 Cronbach α 系数值为 0.936，各维度分量表的 Cronbach α 系数值分别为 0.887、0.907、0.943，均大于 0.7，说明各题项内部一致性程度较高。

表 5-6　产业集群发展绩效验证性因子分析的信度检验（n=155）

分量表	内部一致性信度	总体信度
产业关联	0.887	0.936
主体交互	0.907	
集群创新	0.943	

对产业集群发展绩效量表进行验证性因子分析，产业集群发展绩效的验证性因子分析结果分别见表 5-7 和图 5-1。产业集群发展测量模型的

拟合指数（见表5－8）显示：$\chi^2/df = 1.632$，CFI = 0.980，PCFI = 0.713，NFI = 0.951，PNFI = 0.692，IFI = 0.980，GFI = 0.930，RMSEA = 0.064，路径系数介于0.804～0.928，且具有较强的统计显著性（P < 0.001），这说明产业集群发展的测量模型的拟合效果较好。图5－1显示所有的因子结构均通过验证，这表明产业集群发展绩效的测量具有较好的收敛效度。

表5－7　产业集群发展绩效测量模型的路径系数

路　径	路径系数	标准化路径系数	C. R.	P 值
产业关联→IA4	1.000	.839		
产业关联→IA3	.886	.815	11.552	* * *
产业关联→IA2	.884	.814	11.703	* * *
产业关联→IA1	.892	.804	11.465	* * *
主体交互→BI4	1.000	.868		
主体交互→BI3	1.077	.882	14.154	* * *
主体交互→BI2	.944	.808	13.042	* * *
主体交互→BI1	1.041	.868	13.708	* * *
集群创新→CI4	1.000	.928		
集群创新→CI3	.906	.844	15.492	* * *
集群创新→CI2	.950	.862	16.465	* * *
集群创新→CI1	1.010	.920	19.307	* * *

注：* * * 表示 $p < 0.001$。

表5－8　结构方程模型拟合优度

指　数	χ^2/df	RMSEA	GFI	PNFI	NFI	PCFI	CFI	IFI
统计值	1.632	0.064	0.930	0.692	0.951	0.713	0.980	0.980
参考值[a]	<2	<0.08	>0.9	>0.5	>0.9	>0.5	>0.9	>0.9
适配判断	适合	适合	适合	适合	适合	适合	适合	适合

注：a. 根据 Hu & Bentler（1999）、Bryne（2003）等文献确定。

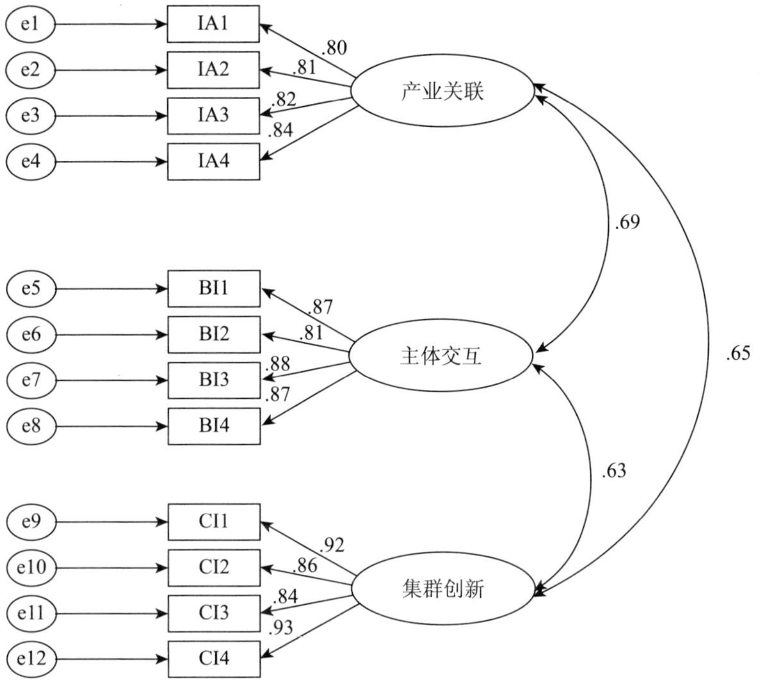

图 5-1　产业集群发展绩效验证性因子分析的测量模型

5.3　关系模型的构建与验证

5.3.1　理论推导与研究假设

5.3.1.1　创业行为对创业知识溢出的影响作用

创业行为对创业知识溢出有直接的影响作用，创业行为促进了创业知识的溢出，后续创业人才通过对先前创业人才创业行为的观察获取创业知识溢出的好处，从而促进其新企业的创建和成长。同时，创业人才在创业行为中需要与其他主体之间进行交流互动、合作，这也会导致创业知识的溢出，特别在产业集群内更易发生，这有利于后续创业人才创业机会的识别和利用以及新创企业的生长。Acs Z. J 等（2009）认为，创业行为中有内部瞬时知识溢出现象，即有创业知识溢出现象出现，后续创业者或新的创业主体通过自身的学习能力和知识储备可以吸收和利用溢出的创业知识，从而提高创业者创业的可能性，增加创业成功的概率。李燃和王立平（2012）认为，创业行为为知识溢出提供了载体和媒介，新创企业或者创业者的创业活动，促进了创业知识的溢出。有关创业行为对创业机会捕捉知识溢出和克服新进入缺陷知识溢出的影响作用在前文中已有较深入的理论研究和实证研究。本章将从整体角度和多维度角度进一步对创业行为与创业知识溢出，以及创业行为中五个维度和创业知识溢出的两维度之间的关系进行研究，以期揭示创业行为、创业知识溢出与产业集群发展绩效关系的作用机理。基于此，本书首先提出如下假设：

H1：创业行为对创业知识溢出有正向影响作用。

5.3.1.2 创业知识溢出对产业集群发展的影响作用

创业知识溢出是知识溢出的一种形式，主要包括创业机会捕捉知识溢出和克服新进入缺陷知识溢出。其中，创业机会捕捉知识溢出对于后续创业人才在创业机会识别、评估和利用均有积极的促进作用，其在产业集群内的传播，将吸引更多创业人才进入产业集群创业，促进产业集群创业氛围的形成和创业成功率的上升，有利于产业集群规模的扩大和产业链的延长；克服新进入缺陷知识溢出对于后续创业人才在运营管理新创企业过程中具有借鉴作用，通过对成功创业人才守业经验的学习和借鉴，提高创业人才自身的创业和守业能力，有助于新创企业的运营和管理以及提高新创企业的成功率，进而提高整个产业集群内创业的整体成功率。另外，克服新进入缺陷知识在产业集群内的传播还有助于创业氛围的形成和创业环境的优化，吸引更多创业人才加入创业。基于此，本研究提出以下假设：

H2：创业知识溢出对产业集群发展有正向影响作用。

5.3.1.3 创业行为促进产业集群发展

综合已有研究文献的结论，创业和创业行为对产业集群发展的影响作用主要体现在三个方面：其一，由于创业行为的示范效应，成功创业人才的创业行为会诱发更多创业人才加入创业。随着大量创业人才的涌入，产业集群的自支持系统不断增强，又会吸引新一批创业人才进入，产业集群因此发展和壮大。其二，创业行为能提高产业集群的关联程度。专业化分工是产业集群发展理论的一个重要观点，集群内创业行为往往是围绕某一特定产业展开的，创业人才的创业行为能延长产业链的长度，拓展产业链的宽度，提高产业链的质量。其三，创业行为能够提高产业集群的创新绩效。创业人才的创业行为会促进企业的突破性创新，而且创业行为为知识、信息、技术的溢出和转移提供了渠道，这也有助于集群的创新和升级。基于此，本研究提出以下基本假设：

H3：创业行为对产业集群发展有正向影响作用。

依据以上的文献综述和理论推导，本研究提出一个整体的理论框架，如图 5 - 2 所示。

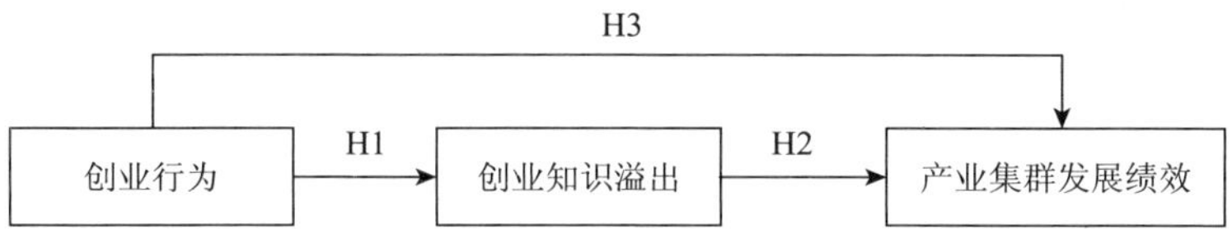

图 5 - 2 理论框架

5.3.2 数据收集

本研究数据来源于山东德州、湖北武汉、浙江台州三地产业集群的问卷调查，通过拜访、邮寄、委托等形式发放问卷。调查对象为产业集群环境下的创业人才，创业人才界定为正在创业或者是新创企业在 5 年内，共计发放问卷 632 份，回收问卷 378 份，回收率为 59.8%，其中，有效问卷为 310 份，有效率为 49.1%。在样本中，从性别看，创业人才男性 187 人（60.3%），女性 123 人（39.7%）；从年龄看，年龄在 25 岁以下的创业人才 71 人（22.9%），26 ~ 35 岁的 125 人（40.3%），36 ~ 45 岁的 81 人（26.1%），46 ~ 55 岁的 28 人（9%），55 岁以上的 5 人（1.6%）；在学历方面，高中及以下的创业人才 47 人（15.2%），大专学历 92 人（29.7%），本科学历 143 人（46.1%），硕士学历 22 人（7.1%），博士学历 6 人（1.9%）；在创业经历方面，无创业经历 119 人（38.4%），有 1

次创业经历130人（41.9%），有2~3次创业经历50人（16.1%），有4次及以上创业经历11人（3.5%）；从创业前所从事的职业来看，农民20人（6.5%），企业人员97人（31.3%），公务员26人（8.4%），高校和科研机构研究人员18人（5.8%），教师12人（3.9%），个体户47人（15.2%），学生74人（23.9%），其他16人（5.2%）。

5.3.3 变量测量

（1）创业行为。创业行为是指创业人才在产业集群环境下为实现创业目的，而实施的一系列关键行为。在前文中，已详细研究了创业行为的内容维度和测量指标。创业的关键行为由五个因素组成，分别是创业机会识别、创业团队组建、创业资源整合、创业网络建构和模仿行为。其中创业机会识别通过创业知觉、创业信息识别、创业机会捕捉能力、创业机会创造4个问项进行测量；创业团队组建通过伙伴招募、职责划分、团队融合、团队体系建构4个问项测量；创业资源整合由资源寻找、资源整合能力、资源创造3个问项进行测量；创业网络建构由与政府部门关系，与高校、科研机构、银行金融机构关系，与供销商、客户关系，与集群上下游企业关系4个问项进行测量；模仿行为通过采用产品模仿、技术模仿、管理模仿、赢利模式模仿4个问项进行测量，共计19个问项，均采用李克特5点量表，即1代表“非常不符合”，2代表“不符合”，3代表“一般”，4代表“符合”，5代表“非常符合”。在创业行为量表开发过程中，通过了效度和信度检验，测量具有较好的可靠性和有效性。在本研究过程中，创业行为的测量仍通过对五因素的19个问项来进行。

（2）创业知识溢出。创业知识溢出包括创业机会捕捉知识溢出和克服新进入缺陷知识溢出。在前文中，已详细研究了创业知识溢出的内容维度和测量指标，其中，机会捕捉知识溢出通过创业商机、创业资源信息、创业行业信息、创业经验的溢出四个指标来进行测量；克服新进入缺陷知识溢出采用新产品开发技能、生产运作技能、市场开发技能和新创企业管理技能的溢出四个指标来进行测量，共计8个问项，均采用李克特5点量表进行评分，即 1 代表“非常不符合”，2 代表“不符合”，3 代表“一般”，4 代表“符合”，5 代表“非常符合”。在创业知识溢出量表质量检验过程中，通过了信度和效度检验，测量具有较好的可靠性和有效性。在本研究中，创业知识溢出的测量仍通过对二因素的 8 个问项来进行。

（3）产业集群发展绩效。产业集群发展绩效是衡量产业集群发展状况一个基本指标。产业集群发展绩效的测量主要通过对产业集群发展状况衡量的三个维度来进行，即产业关联、主体交互和集群创新。其中，产业关联通过信息关联、产品关联、人才关联和技术关联 4 个指标进行测量；主体交互通过交往的深入性、广泛性、便捷性和稳定性 4 个指标进行测量；集群创新通过产品创新、技术创新、知识创新和管理创新 4 个指标进行测量，共计 12 个问项。测量采用主观指标客观化的方式来进行，具体是将创业人才对所在产业集群过去与现在的发展状况进行比较后的主观评价进行等级划分，即“与产业集群的过去相比，你如何评价产业集群现在的发展状况”，共分为五个等级，1 代表“差很多”，2 代表“差”，3 代表“一样”，4 代表“好”，5 代表“好很多”。虽然在产业集群发展绩效量表开发过程中，通过了信度和效度检验，测量具有较好的可靠性和有效性。但在本研究中，由于收集的数据和样本不同，产业集群发展绩效的测量工具仍需进行信度和效度检验，主要是检测产业集群发展绩效结构维度和测量问项的信度和效度水平，这是后续实证研究的基础。

首先，对产业集群发展绩效各变量进行内部一致性检验，即 Cronbach α 系数检验，以评估产业集群发展绩效的测量信度。结果显示（见表 5 - 9）：产业集群发展绩效量表总体的 Cronbach α 系数为 0.934，产业关联、主体交互、集群创新的 Cronbach α 系数值分别为 0.881、0.907、0.941，均高于 Cronbach α 系数 0.70 的统计标准，表明量表问项的内部一致性较高。

表 5－9　产业集群发展绩效量表的信度检验

分量表	内部一致性信度	总体信度
产业关联	0.881	0.934
主体交互	0.907	
集群创新	0.941	

其次，对产业集群发展绩效测量量表进行效度检验，主要包括内容效度和结构效度。产业集群发展绩效量表虽然为自行设计量表，但是在大量调研文献的基础上借鉴已有研究成果，经过创业人才和管理者访谈以及小规模预测试等步骤，对量表问项进行了仔细推敲和反复修改完善，并且经过了严格的项目分析、探索性和验证性因子分析，因此，可以认为量表具有较好的内容效度。

结构效度包括收敛效度和区分效度。通过 AMOS7.0 对产业集群发展绩效结构模型进行验证性因子分析，评估本测量方法的收敛效度。由于产业集群发展绩效这一构念由三个维度构成，本研究将使用二阶验证性因子分析对测量量表进行效度检验。通过对样本数据进行统计分析，产业集群发展绩效的二阶三因素模型拟合结果分别为：$\chi^2/df = 2.300$，RMSEA = 0.065，CFI = 0.980，GFI = 0.948，TLI = 0.971，IFI = 0.980，标准化的因子载荷处于 0.776～0.903，且均具有较强的统计显著性（$P < 0.05$）。另外，通过对组合信度（CR）和平均方差抽取量（AVE）进行分析，产业关联、主体交互、集群创新的组合信度分别为 0.8905、0.9164、0.9411，符合组合信度大于 0.60 的建议值（Raines－Eudy，2000），平均方差抽取量（AVE）分别为 0.6708、0.7331、0.7997，符合大于 0.5 的建议值（Fonell & Larcker，1981），表明该测量方法具有较好的收敛效度。

区分效度的检验采用 Bagozzi & Yi（1998）的建议：平均方差抽取量（AVE）的算术平方根应大于潜在变量之间的相关系数的绝对值，此时表明测量有较好的区分效度。根据建议，对区分效度进行了检验。表 5－10 显示了产业集群发展绩效测量量表的区分效度检验结果，各对角线的数值为各变量的平均方差抽取量（AEV）的算术平方根，非对角线的数值为各变量的相关系数，各测量变量的平均方差抽取量（AVE）平方根均大于变量所在行和列的相关系数，表明产业集群发展绩效各维度有较好的区分效度。

表 5－10 区分效度的检验结果

	产业关联	主体交互	集群创新
产业关联	（0.8190）		
主体交互	0.674	（0.8562）	
集群创新	0.631	0.643	（0.8943）

5.3.4 研究结果

为了从整体的角度，探讨创业行为、创业知识溢出和产业集群发展绩效之间关系，本研究采用结构方程模型对三者间的路径关系进行了分析。其中，机会识别、资源整合、团队组建、网络建构、模仿行为表征了产业集群创业行为变量；创业机会捕捉知识溢出、克服新进入缺陷知识溢出表征了创业知识溢出变量；产业关联、主体交互、集群创新表征了产业集群发展绩效变量。结构模型如图 5－3 所示。从表 5－11 可知，创业行为与创业知识溢出之间的标准化路径系数为 0.702，对应的 p 值小于 0.001；创业行为与产业集群发展绩效间的标准化路径系数为－0.158，对应的 p 值大于 0.1；创业知识溢出与产业集群发展绩效间的标准化路径系数为 0.791，对应的 p 值小于 0.001；结构方程模型的拟合指数分别为：$\chi^2/df = 1.783$，RMSEA＝0.050，CFI＝0.935，PCFI＝0.861，NFI＝0.864，PNFI＝0.795，IFI＝0.935，GFI＝0.837，具体见表 5－12，表明模型的拟合指数较好。因此，从图 5－3 中的路径系数可知，创业行为对创业知识溢出有正向影响作用，创业知识溢出对产业集群发展绩效有正向影响作用，创业行为对产业集群发展绩效的影响作用不显著，H1、H2 得到了验证，H3 没有得到数据的支持。

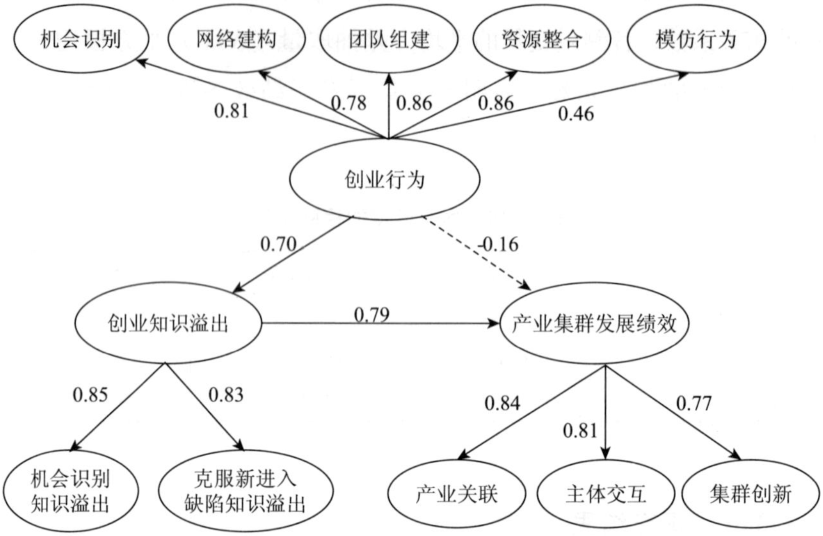

图 5－3　结构模型图

表 5－11　结构模型的路径系数

路　径	路径系数	标准化路径系数	S. E.	C. R.	P 值
创业行为→创业知识溢出	. 705	. 702	. 080	8. 770	＊＊＊
创业知识溢出→集群发展绩效	. 621	. 791	. 102	6. 088	＊＊＊
创业行为集群发展绩效	－. 125	－. 158	. 083	－1. 508	. 132
创业行为→机会识别	1. 000	. 812			
创业行为→网络建构	. 761	. 777	. 080	9. 510	＊＊＊
创业行为→团队组建	. 854	. 860	. 081	10. 598	＊＊＊
创业行为→资源整合	. 782	. 859	. 073	10. 720	＊＊＊
创业行为→模仿行为	. 643	. 464	. 095	6. 738	＊＊＊
创业知识溢出→创业机会捕捉知识溢出	1. 000	. 848			
创业知识溢出→克服新进入缺陷知识溢出	1. 058	. 827	. 103	10. 233	＊＊＊
集群发展绩效→产业关联	1. 000	. 841			
集群发展绩效→主体交互	1. 049	. 809	. 099	10. 567	＊＊＊
集群发展绩效→集群创新	1. 208	. 772	. 114	10. 623	＊＊＊

表 5 - 12 结构方程模型拟合优度

指 数	χ^2/df	RMSEA	GFI	PNFI	NFI	PCFI	CFI	IFI
统计值	1.783	0.050	0.837	0.795	0.864	0.861	0.935	0.935
参考值[a]	<2	<0.08	>0.9	>0.5	>0.9	>0.5	>0.9	>0.9
模型适配判断	适合	适合	基本适合	适合	基本适合	适合	适合	适合

a. 根据 Hu & Bentler（1999）、Bryne（2003）等文献确定。

5.3.5 结果讨论

本研究在界定创业行为、创业知识溢出、产业集群发展绩效结构维度的基础上，探讨了创业行为、创业知识溢出与产业集群发展绩效三者间的整体关系，构建了框架模型，并利用310份调查问卷数据进行了实证研究。研究结果表明：

（1）创业行为对创业知识溢出有显著性的正向影响作用。Malmberg & Maskell（2002）研究认为，创业行为是知识溢出，特别是创业知识溢出的重要途径。后续创业人才通过观察、交流、合作、学习等方式从先前创业人才那里获取有关创业方面的知识，为新企业的创建和成长提供帮助。因此，先前创业人才的各项创业行为为创业知识的溢出提供了条件，其创业行为对创业知识溢出有正向影响作用。

（2）创业知识溢出对产业集群发展绩效有显著性的正向影响作用。Kurgan（1991）研究认为，知识溢出促使产业在地域选择上倾向于集聚，是产业集聚的重要来源之一。这些知识溢出不仅包括创新或研发的新知识，也包括有关创业经验、技巧等知识的溢出，并且由于产业集群内企业间的近距离，更有助于知识的扩散，导致其中的大部分知识发生外溢，成为产业集群的公共知识，在产业集聚、产业关联、主体交互和集群创新方面发挥积极作用。同时，Bottazzia & Peri（2003）研究认为，知识溢出对邻近地区的创新活动有正向影响作用，并且这种影响随着空间距离的扩大而减小，创业知识溢出对产业集群内的创新活动有促进作用。创业知识溢出对产业集群发展绩效的积极影响作用得到了相关理论的支持。

（3）创业行为对产业集群发展绩效的影响不显著。创业行为对产业集群发展的影响作用会受到创业类型、产业集群发展阶段、产业集群自身特点等因素的影响。开拓性创业更有利于产业集群发展，模仿性创业会导致产业集群的同质化倾向；在产业集群的形成与发展阶段，创业行为对产业集群发展的积极影响明显，而在产业集群成熟或后期阶段，创业行为可能会产生过度竞争效应和拥挤效应；当产业集群具有开放性和动态能力时，创业行为有利于产业集群发展，当产业集群开放不足时，创业行为对产业集群发展的影响可能是负面的。本研究并没有对产业集群的发展阶段、自身特点以及创业类型进行区分，得出创业行为对产业集群发展绩效影响不显著的结论是可能的。

5.4 作用机理的实证分析

虽然通过理论推导和实证研究，从整体角度分析了创业行为、创业知识溢出和产业集群发展绩效三者间的因果关系，但如果考虑到维度间的关系以及具体的作用机理，仍然需要对各变量各维度之间的关系作用做进一步研究。为了进一步揭示创业行为、创业知识溢出对产业集群发展的作用机理，本研究还将从微观角度，即从各变量的结构维度出发，探究各维度间的关系作用。由于在先前研究中，发现创业行为对产业集群发展绩效的影响并不显著，因此，在多维度关系研究之中，重点探讨创业行为与创业知识溢出各维度以及创业知识溢出与产业集群发展绩效各维度之间的关系。

5.4.1 理论推导与研究假设

5.4.1.1 创业行为与创业知识溢出各维度关系的研究假设

产业集群环境下创业的五个关键行为分别是机会识别、团队组建、资源整合、网络建构和模仿行为，而创业知识溢出包括创业机会捕捉知识溢出和克服新进入缺陷知识溢出两个维度，分析研究创业行为五维度与创业知识溢出两个维度之间的关系有助于揭示作用关系的内在机理。

创业机会识别被认为是创业行为的初始阶段和核心环节，是发现、评估和开发创业机会的过程。林嵩（2010）将机会识别过程划分为机会搜索和机会开发两个阶段，在机会搜索阶段，创业者要在多样复杂的市场信息中搜寻到可行的创业项目；在机会开发阶段，需要对创业机会进行进一步的分析和考察。在机会识别过程中，总会有人因为知识存量等个人特质不同而首先发现并利用创业机会而获利，但这种知识或认识不具有排他性。先前创业人才识别或搜寻到的创业机会会影响到后续创业人才利用该创业机会，其创业机会搜寻和评估的经验和做法，也会对后续创业人才在捕捉创业机会和利用开发创业机会方面产生借鉴作用；而且，先前创业人才的创业经验会促进后续创业人才开发“创业思维”，驱动他们搜寻和追求更高质量的创业机会。故提出以下研究假设：

H1：机会识别对创业机会捕捉的知识溢出有正向影响作用。

H2：机会识别对克服新进入缺陷的知识溢出有正向影响作用。

创业团队是通过分享认知和合作行动而共同承担新创企业责任的有效工作群体。经验和实证研究表明：创业团队组建能扩大团队的知识含量，带来更多的经验、能力、声誉，同时，能够扩大社会网络，丰富社会资本和人力资源，使新创企业拥有更坚实的组织基础获取更多的资源，增加新创企业的成活率。一般来说，创业团队组建包括六个方面的内容：团队成员的招募；创业目标的共识；团队成员的角色分配；创业计划的制订；制度体系构建；团队调整融合。团队组建的过程实际上也是团队成员交流沟通、协商，进而达成一致意见的过程。在这一过程中，创业机会识别与捕捉、新创企业运营等经验会成为交流沟通的重要内容，再加上社会网络的发散性特点，创业知识会随着团队成员为节点的社会网络向外溢出，被更多后续创业人才获取。故提出以下研究假设：

H3：创业团队组建对创业机会捕捉的知识溢出有正向影响作用。

H4：创业团队组建对克服新进入缺陷的知识溢出有正向影响作用。

创业资源是创业成功的基本前提条件和关键要素。获取的创业资源在未整合之前大多是零散的，要发挥其最大效用，要转化为创业优势还需要创业人才或创业团队运用科学方法将不同来源、不同类型、不同效用的资源进行配置和优化，使创业资源有价值的融合起来，发挥放大效应。创业资源整合主要是指资金资源、信息资源、政策资源、人才资源、技术资源、管理资源等创业资源的识别、获取、配置和利用。先前创业人才的创业资源整合行为会给后续创业人才带来两个方面的学习影响，一是后续创业人才可从中获取有关创业资源的种类、获取方式、途径等知识信息，而这些知识信息有助于其新创企业的资源获取与利用；二是由于先前创业人才的资源获取往往是围绕某一特定创业项目展开的，其获取资源种类的倾向，会给后续创业人才的机会识别与利用提供启示作用。故提出研究假设：

H5：创业资源整合对创业机会捕捉的知识溢出有正向影响作用。

H6：创业资源整合对克服新进入缺陷的知识溢出有正向影响作用。

创业网络构建会促进知识的溢出。Nahapiet & Ghoshal（1998）认为，组织间的强社会联接有助于信任关系和相同价值与规范的形成，促进认知趋同，知识以某种网络内都能理解的语言范式得以传播，知识溢出以更有效率的方式出现。产业集群环境下的地域邻近性、产业关联性、人才集聚性的特点，都为创业网络的建构提供了便捷条件。在创业网络建构过程中，一方面，联系、交流、互动等是创业网络建构的基本手段，为创业知识的溢出提供了便捷的渠道，有关创业信息、创业经验等知识在创业网络建构中得以传播；另一方面，网络建构和网络维持是以信任关系为其前提的，再加上产业集群内创业人才共同的目标追求和相同的产业背景，会促使创业人才形成相同的创业认知模式，在这种情境下，创业知识的溢出更有效率。故提出以下研究假设：

H7：创业网络构建对创业机会捕捉的知识溢出有正向影响作用。

H8：创业网络构建对克服新进入缺陷的知识溢出有正向影响作用。

模仿行为既是知识溢出的结果，也是知识溢出的一个重要渠道，会继续促进新知识的溢出。创业行为的示范效应，会吸引更多创业人才加入产业集群实施创业活动，他们是创业追随者和模仿者，也是创业知识溢出的得益者，但他们只是基于知识溢出“连环创业”中的一个环节，他们的创业行为同样会被其他后续创业者追随和模仿，他们的创业知识同样会溢出。因此，模仿行为下的创业和知识溢出关系，是“创业行为—知识溢出—新的创业行为—新的知识溢出”的持续关系。需要指出，模仿并不等同于复制，模仿行为中有创业人才的创新，创业知识在持续溢出过程中并不一定意味着知识量的减少；相反，由于创业人才对创业实践的不断改进和完善，创业经验越来越丰富，创业知识越来越有效，创业知识的溢出内容也会不断更新和拓展。故提出以下研究假设：

H9：模仿行为对创业机会捕捉的知识溢出有正向影响作用。

H10：模仿行为对克服新进入缺陷知识溢出有正向影响作用。

5.4.1.2 创业知识溢出与产业集群发展绩效关系的研究假设

创业知识溢出对产业集群发展绩效有正向影响作用，而进一步研究机会捕捉知识溢出、克服新进入缺陷知识溢出与产业集群发展绩效中的产业关联、主体交互、集群创新之间的关系有助于揭示知识溢出对产业集群发展的内在机理。

创业机会捕捉知识主要是指创业人才有关如何识别创业机会以及利用机会转变商业价值的知识。由于产业集群内的创业行为主要是围绕某一特定产业或行业展开的，集群内创业人才的行业知识类别相同或相似，先前创业人才有关创业机会识别、评价和利用等方面的做法、经验和知识能较容易地被后续创业人才观察或体悟到，特别是在先前创业人才的创业行为中，后续创业人才能激发新的创业思维，开发出新的创业机会，通过实施创业行为弥合产业链缺口，完善或者延长产业链，提高产业的集聚程度和产业集群内的产业关联程度。同时，后续创业人才为了获取先前创业人才有关创业机会捕捉的知识，会非常注重同先前创业人才的接触、沟通和交流。因为基于信任的关系资本有助于知识的溢出，再加上产业集群内特殊的业缘关系和地缘关系，创业人才之间围绕有关创业机会的信息交流、人员往来也会十分频繁，因此，为了获取创业知识溢出的好处，创业人才会主动建构同相关利益方的关系网络，这在客观上有助于集群内各主体的交互网络的建构和产业集群的质量提升。此外，创业机会捕捉知识溢出对产业集群内的创新活动具有积极的影响作用。先前创业人才的创业行为中体现出的新思想、新观念、新知识很容易在产业集群内扩散和传播，成为公共知识，被其他后续创业人才共享，这在一定程度上提高了产业集群的知识存量水平，知识的创新理论认为，知识存量是创新的重要影响因素之一。在产业集群内部，知识溢出和关系网络的存在，会强化不同创业人才之间知识交融和碰撞情形的发生，后续创业人才将自有知识和溢出的知识进行整合交融，创业创新活动更易出现。综上所述，提出以下研究假设：

H11：创业机会捕捉知识溢出对集群内产业关联具有正向影响作用。

H12：创业机会捕捉知识溢出对集群内主体交互具有正向影响作用。

H13：创业机会捕捉知识溢出对集群创新具有正向影响作用。

克服新进入缺陷知识是指创业人才有关如何克服新创企业成立时所存在的功能性缺陷的知识，主要包括产品开发知识、生产运作知识、市场开发知识和新企业管理知识。对于创业人才而言，利用创业机会新建企业是创业活动的一个初始阶段，而更为重要的是如何维续新企业的存在与发展，其中，克服新进入缺陷是新企业必须要面对的一个突出课题。在产业集群内，先前创业人才有关克服新进入缺陷的知识可通过观察、人员流动、合作交流等途径被后续创业人才获取，即有克服新进入缺陷知识溢出现象。在先前创业人才克服新进入缺陷知识溢出过程中，后续创业人才通过获取有关新创企业运营管理方面的知识，会大大增强新创企业的生命力，使隐性企业真正转变为显性企业，在集群产业链的完善或延长中真正发挥作用；同样，为了获取先前创业人才克服新进入缺陷知识溢出的好处，后续创业人才会注重同他们的接触、合作交流与沟通，随着信任感的增强，创业人才之间可以更自由地交换知识，而不必防范机会主义行为，创业人才之间的交互网络的建构客观上也提升了产业集群内各主体间的交互关系，这有助于产业集群内企业的运营效率。在克服新进入缺陷知识溢出与集群创新关系方面，魏江（2003）研究认为，集群内的后续创业人才能够利用先前创业人才溢出的知识、信息和市场机会，使其在创新中节约成本，提高效率，缩短周期，减少创新活动的风险和不确定性。先前创业人才有关克服新进入缺陷的溢出知识能够提高产业集群内知识存量，增强新老知识交融和整合的机率，节约创新成本，减少创新风险和不确定性，进而整体提升创新活动的成功率。综上所述，提出以下研究假设：

H14：克服新进入缺陷知识溢出对集群内产业关联具有正向影响作用。

H15：克服新进入缺陷知识溢出对集群内主体交互具有正向影响作用。

H16：克服新进入缺陷知识溢出对集群创新具有正向影响作用。

通过以上的文献综述和理论推导，将各研究假设进行了整合，形成了一个整体的理论框架，如图 5－4 所示。

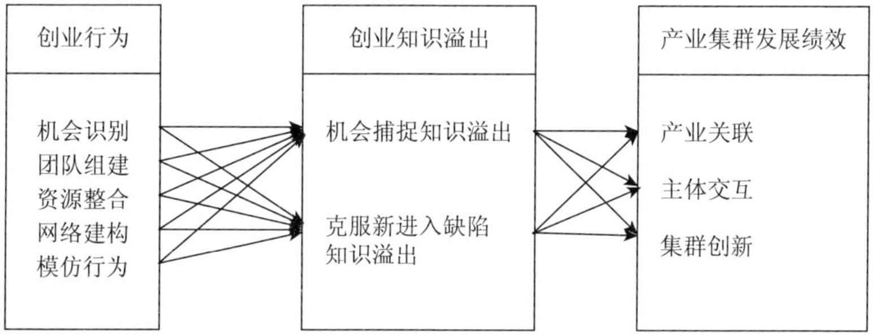

图 5－4 多维度关系的理论框架

5.4.2 数据收集与变量测量

本研究数据来源于山东德州、湖北武汉、浙江台州三地产业集群的问卷调查，通过拜访、邮寄、委托等形式发放问卷。创业调查对象为产业集群环境下的创业人才，创业人才界定为正在创业或者是新创企业在 5 年内，共计发放问卷 632 份，回收问卷 378 份，回收率为 59.8%，其中，有效问卷为 310 份，有效率为 49.1%。具体样本的分布状况见表 3－3，在此不再赘述。

此研究中具体涉及 10 个变量，其测量方法如下：

（1）创业机会识别、团队组建、资源整合、网络建构、模仿行为。创业机会识别通过创业知觉、创业信息识别、创业机会捕捉能力、创业机会创造4个问项进行测量；创业团队组建通过伙伴招募、职责划分、团队融合、团队体系建构4个问项测量；创业资源整合由资源寻找、资源整合能力、资源创造3个问项进行测量；创业网络建构由与政府部门关系，与高校、科研机构、银行金融机构关系，与供销商与客户关系，与集群上下游企业关系4个问项进行测量；模仿行为通过采用产品模仿、技术模仿、管理模仿、赢利模式模仿4个问项进行测量。均采用李克特5点量表，即1代表“非常不符合”，2代表“不符合”，3代表“一般”，4代表“符合”，5代表“非常符合”。在前述研究中，创业行为量表通过了效度和信度检验，测量具有较好的可靠性和有效性。

（2）创业机会捕捉知识溢出、克服新进入缺陷知识溢出。创业机会捕捉知识溢出通过创业商机、创业资源信息、创业行业信息、创业经验的溢出四个指标来进行测量；克服新进入缺陷知识溢出采用新产品开发技能、生产运作技能、市场开发技能和新创企业管理技能的溢出四个指标来进行测量。均采用李克特5点量表进行评分，即1代表“非常不符合”，2代表“不符合”，3代表“一般”，4代表“符合”，5代表“非常符合”。在前述研究中，创业知识溢出量表通过了信度和效度检验，测量具有较好的可靠性和有效性。

（3）产业关联、主体交互、集群创新。产业关联通过信息关联、产品关联、人才关联和技术关联4个指标来进行测量；主体交互通过交往的深入性、广泛性、便捷性和稳定性4个指标来进行测量；集群创新通过产品创新、技术创新、知识创新和管理创新4个指标来进行测量。测量采用主观指标客观化的方式来进行，具体是将创业人才对所在产业集群过去与现在的发展状况进行比较后的主观评价进行等级划分，即“与产业集群的过去相比，你如何评价产业集群现在的发展状况”，共分为五个等级，1代表“差很多”，2代表“差”，3代表“一样”，4代表“好”，5代表“好很多”。在前述研究中，产业集群发展绩效量表通过了信度和效度检验，测量具有较好的可靠性和有效性。

5.4.3　研究结果

5.4.3.1　描述性统计分析

在对研究假设进行验证之前，首先将本研究涉及的主要变量进行描述性统计，分析创业机会识别、团队组建、资源整合、网络建构、模仿行为、创业机会捕捉知识溢出、克服新进入缺陷知识溢出、产业关联、主体交互、集群创新10个变量的均值、标准误以及相关关系，具体情况见表5-13。其中，创业机会识别与机会捕捉知识溢出（$r=0.496$，$p<0.01$）、克服新进入缺陷的知识溢出（$r=0.367$，$p<0.01$）的相关性显著；网络建构与机会捕捉的知识溢出（$r=0.405$，$p<0.01$）、克服新进入缺陷的知识溢出（$r=0.261$，$p<0.01$）的相关性显著；资源整合与机会捕捉的知识溢出（$r=0.476$，$p<0.01$）、克服新进入缺陷的知识溢出（$r=0.409$，$p<0.01$）的相关性显著；团队组建与机会捕捉的知识溢出（$r=0.487$，$p<0.01$）、克服新进入缺陷的知识溢出（$r=0.380$，$p<0.01$）的相关性显著；模仿行为与机会捕捉的知识溢出（$r=0.366$，$p<0.01$）、克服新进入缺陷的知识溢出（$r=0.535$，$p<0.01$）的相关性显著。创业机会捕捉知识溢出与产业关联（$r=0.411$，$p<0.01$）、主体交互（$r=0.374$，$p<0.01$）、集群创新（$r=0.312$，$p<0.01$）的相关性显著；克服新进入缺陷知识溢出与产业关联（$r=0.511$，$p<0.01$）、主体交互（$r=0.460$，$p<0.01$）、集群创新（$r=0.467$，$p<0.01$）的相关性显著。这一变量间的相关分析为变量间因果关系的进一步研究提供了基础。

表 5－13 研究变量的描述性统计分析和 Pearson 相关系数（N = 310）

	均 值	标准误	1	2	3	4	5	6	7	8	9	10
1. 机会识别	3.827	.746	1									
2. 网络建构	4.102	.757	.640**	1								
3. 资源整合	3.912	.674	.583**	.554**	1							
4. 团队组建	3.877	.679	.578**	.574**	.652**	1						
5. 模仿行为	3.716	.818	.313**	.271**	.280**	.376**	1					
6. 机会捕捉知识溢出	3.764	.733	.496**	.405**	.476**	.487**	.366**	1				
7. 克服新进入缺陷知识溢出	3.672	.851	.367**	.261**	.409**	.380**	.535**	.632**	1			
8. 产业关联	3.973	.622	.236**	.159**	.200**	.309**	.434**	.411**	.511**	1		
9. 主体交互	3.909	.677	.234**	.182**	.203**	.266**	.398**	.374**	.460**	.615**	1	
10 集群创新	3.923	.812	.248**	.137*	.234**	.253**	.403**	.312**	.467**	.594**	.593**	1

注：**表示 $p < 0.01$，*表示 $p < 0.05$，为双尾检验。

5.4.3.2　结构方程建模

本研究通过建立结构方程模型来检验创业行为、创业知识溢出和产业集群发展绩效各维度之间的关系作用，最终结构模型图和标准化系数见图5－5和表5－14。研究结果表明：机会识别对创业机会捕捉知识溢出（$\beta=0.235$，$P<0.001$）、克服新进入缺陷知识溢出（$\beta=0.129$，$P<0.05$）有正向影响作用，H1、H2得到验证；团队组建对创业机会捕捉知识溢出有正向影响作用（$\beta=0.159$，$P<0.05$），对克服新进入缺陷知识溢出的影响不显著（$\beta=0.040$，$P>0.1$），H3得到支持，H4没有得到数据支持；资源整合对创业机会捕捉知识溢出（$\beta=0.177$，$P<0.01$）、对克服新进入缺陷知识溢出（$\beta=0.236$，$P<0.001$）有正向影响作用，假设H5、H6得到支持；网络建构对创业机会捕捉知识溢出（$\beta=0.0177$，$P>0.1$）、克服新进入缺陷知识溢出（$\beta=-0.095$，$P>0.1$）的影响均不显著，假设H7、H8没有得到验证；模仿行为对创业机会捕捉知识溢出（$\beta=0.179$，$P<0.001$）、克服新进入缺陷知识溢出（$\beta=0.439$，$P<0.001$）的正向影响显著，H9、H10得到数据支持；创业机会捕捉知识溢出对产业关联（$\beta=0.146$，$P<0.05$）、主体交互（$\beta=0.138$，$P<0.05$）的正向影响显著，H11、H12得到数据支持，而对集群创新的影响不显著（$\beta=0.028$，$P>0.1$），H13没有得到数据支持；克服新进入缺陷知识溢出对产业关联（$\beta=0.419$，$P<0.001$）、主体交互（$\beta=0.373$，$P<0.001$）、集群创新（$\beta=0.450$，$P<0.001$）的正向影响显著，H14、H15、H16得到了数据支持。

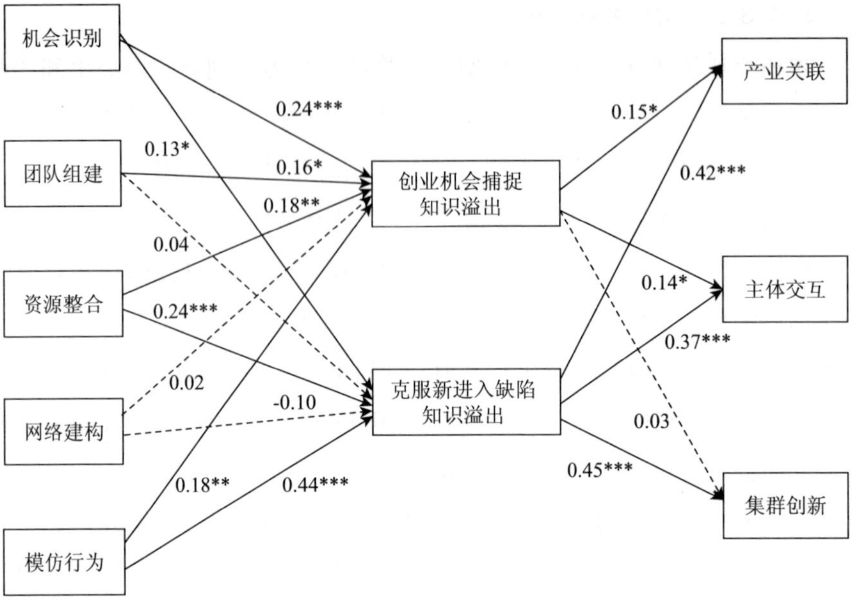

图 5－5　变量间的标准化系数

注：＊为显著水平 p<0.05，＊＊为显著水平 p<0.01，＊＊＊为显著水平 p<0.001。

表 5－14　标准化路径系数及假设检验

研究假设	路径系数	标准化路径系数	S. E.	C. R.	p 值	假设检验
H1：机会识别→创业机会捕捉知识溢出	0.231	0.235	0.064	3.582	＊＊＊	支持
H2：机会识别→克服新进入缺陷知识溢出	0.148	0.129	0.074	2.003	0.045	支持
H3：团队组建→创业机会捕捉知识溢出	0.171	0.159	0.072	2.364	0.018	支持
H4：团队组建→克服新进入缺陷知识溢出	0.051	0.040	0.083	0.612	0.541	不支持
H5：资源整合→创业机会捕捉知识溢出	0.193	0.177	0.071	2.723	0.006	支持
H6：资源整合→克服新进入缺陷知识溢出	0.299	0.236	0.081	3.696	＊＊＊	支持
H7：网络建构→创业机会捕捉知识溢出	0.016	0.017	0.062	0.263	0.793	不支持
H8：网络建构→克服新进入缺陷知识溢出	－0.106	－0.095	0.071	－1.503	0.133	不支持
H9：模仿行为→创业机会捕捉知识溢出	0.160	0.179	0.045	3.583	＊＊＊	支持
H10：模仿行为→克服新进入缺陷知识溢出	0.457	0.439	0.051	8.933	＊＊＊	支持
H11：创业机会捕捉知识溢出→产业关联	0.123	0.146	0.053	2.327	0.020	支持
H12：创业机会捕捉知识溢出→主体交互	0.127	0.138	0.060	2.128	0.033	支持

续表

研究假设	路径系数	标准化路径系数	S. E.	C. R.	p 值	假设检验
H13：创业机会捕捉知识溢出→集群创新	0.031	0.028	0.072	0.426	0.670	不支持
H14：克服新进入缺陷知识溢出→产业关联	0.306	0.419	0.046	6.700	***	支持
H15：克服新进入缺陷知识溢出→主体交互	0.297	0.373	0.051	5.766	***	支持
H16：克服新进入缺陷知识溢出→集群创新	0.429	0.450	0.062	6.927	***	支持

注：***为显著水平 $p<0.001$。

表 5-15 反映了结构方程模型各项拟合指标的情况，卡方与自由度之比，即 χ^2/df 为 2.215，接近于 2；RMSEA 为 0.063，小于 0.08；且 GFI、NFI、TLI、CFI、IFI 的值均大于 0.9，表明该模型可以接受，拟合情况较好。

表 5-15 结构方程模型拟合优度

指 数	χ^2/df	RMSEA	GFI	NFI	TLI	CFI	IFI
统计值	2.215	0.063	0.980	0.977	0.961	0.987	0.987
参考值[a]	<2	<0.08	>0.9	>0.9	>0.9	>0.9	>0.9
模型适配判断	基本适合	适合	适合	适合	适合	适合	适合

a. 根据 Hu & Bentler（1999）、Bryne（2003）等文献确定。

5.4.4 结果讨论

在创业行为对创业知识溢出正向影响作用显著、创业知识溢出对产业集群发展绩效正向影响作用显著以及创业行为对产业集群发展绩效影响不显著的结论基础上，本部分通过对 310 份调查数据的统计分析，重点研究了创业行为、创业知识溢出、产业集群发展绩效各维度之间的关系作用，揭示出创业行为对产业集群发展的作用机理。研究结果表明：

（1）机会识别对创业机会捕捉知识溢出和克服新进入缺陷知识溢出有正向影响作用。创业机会识别行为是创业人才依靠自身认知结构，观察识别到市场商机的过程。机会识别并不仅是创业者的心智活动，更是通过相关行为使创业机会显性化的过程。先前创业人才的机会识别行为，特别是搜寻、调查、决策等行为为知识溢出提供了机会，能够为后续创业人才在开发利用新的创业机会方面提供启示和借鉴，降低后续创业人才创业的风险和不确定性，提高其创业成功率。

（2）团队组建对创业机会捕捉知识溢出有正向影响作用，而对克服新进入缺陷知识溢出的影响作用不显著。创业团队组建是指将有共同创业目标的个体组织起来的过程。由于创业团队成员具有差异化的知识存量，特别是差异化的行业或产业知识，对创业人才成功利用创业机会具有积极作用。不仅如此，先前创业人才在创业团队组建过程中也会发生知识溢出现象。团队组建过程实际上是不同个体之间围绕有关创业机会的评价、利用进行沟通、协商，达成一致意见的过程，由于关系网络的发散性特点，团队组建行为对创业机会捕捉知识溢出有积极影响作用。克服新进入缺陷知识主要是新企业建立后有关维续运营方面的知识，往往是发生在创业行为的后期，而团队组建行为往往发生在新企业创建之前，主要任务是开发利用创业机会实现创建新企业的目的。因此，团队组建行为对克服新进入缺陷知识溢出的影响不显著的结论是符合逻辑的。

（3）资源整合对创业机会捕捉知识溢出和克服新进入缺陷知识溢出有正向影响作用。创业资源的整合是指各种创业资源的识别、获取、配置和利用。创业人才创业资源的整合行为对创业知识溢出的影响主要体现在两个方面：其一，创业人才特定资源的整合会为后续创业人才在识别和利用创业机会方面提供启发；其二，创业人才在识别、获取、配置和利用创业资源的经验和做法时会发生外溢，这对于其他新企业克服功能性缺陷具有积极作用。因此，创业资源整合行为不仅伴随着创业机会捕捉知识的溢出，而且会促进克服新进入缺陷知识的溢出。

（4）网络建构对创业机会捕捉知识溢出和克服新进入缺陷知识溢出的影响不显著。一般理论认为，社会网络是知识溢出的一个重要渠道，社会网络有助于知识的溢出。本研究结论认为，网络建构行为对创业知识溢出的影响不显著，可能有几个方面的原因：一是社会网络是以信任为前提的，创业网络的建构还处于信任的逐步建立阶段，在缺乏互信的前提下，知识溢出会受到抑制；二是创业机会的稀缺性和珍贵性会促使创业者加倍避免机会主义行为，对有关创业方面的信息采取保护措施，这在一定程度上也会阻止知识的溢出。

（5）模仿行为对创业机会捕捉知识溢出和克服新进入缺陷知识溢出有正向影响作用。模仿行为与知识溢出是一种交互关系，知识溢出有助于溢入方进行模仿创新，而模仿行为则强化了知识溢出。模仿行为对创业机会捕捉知识溢出和克服新进入缺陷知识溢出的影响，突出表现在先前创业人才的模仿行为，会引发更多后续创业人才的模仿和从众行为，特别是当有大量市场需求时，由于模仿行为的扩张效应，知识溢出的主体不断增加，为知识溢出提供了更多途径，知识溢出更加便捷。

（6）创业机会捕捉的知识溢出对产业集群的产业关联、主体交互有正向影响作用，而对集群创新的影响作用不显著。产业集群内的创业总是围绕某一特定行业或产业展开的，先前创业人才和后续创业人才的知识类别相似，后续创业人才知识吸收的能力较强，创业机会捕捉的知识溢出会助力后续创业人才围绕产业链寻找缺口的创业活动，这对于弥合产业链缺口，完善或延长产业链，提升产业集群内产业关联程度具有积极影响。后续创业人才为了获取知识溢出的益处，会注重加强同知识溢出方的交往和联系，因为基于信任的关系网络有助于知识溢出，这在客观上为产业集群内各主体间交互关系的建立提供了动力，知识溢出有助于集群主体交互网络的形成。由于创业机会捕捉知识溢出主要是有关同一行业或产业的知识溢出，以 Jacobs（1969）为代表的学者认为，相较于同一行业的专业化知识溢出，不同行业间的多样化知识溢出和竞争性的市场环境更有利于创新的形成，本研究结论也表明，创业机会捕捉知识溢出对集群创新的影响不显著。

（7）克服新进入缺陷知识溢出对产业集群产业关联、主体交互和集群创新有正向影响作用。克服新进入缺陷知识溢出是有关新企业克服新进入某一行业的功能性缺陷的知识溢出，这对于溢入方创业人才的创业成功具有积极作用，有助于产业集群内产业关联程度的提升。同样，后续创业者为了获取知识溢出的好处，会注重同知识溢出方建立各种关系和联系，这有利于产业集群内主体交互网络的形成。与创业机会捕捉知识溢出不同，克服新进入缺陷知识溢出对集群创新有正向影响作用，这主要是因为克服新进入缺陷的知识主要是有关产品开发、市场开发、生产运作、新企业管理等方面技能或知识的溢出，这有助于增强产业集群内有关产品、市场、生产、管理等方面的知识存量，而知识存量是影响创新活动的重要因素之一。

5.5 本章小结

本章是为了揭示基于创业知识溢出的创业行为对产业集群发展的作用机理。在界定产业集群发展绩效的基础上，结合先前章节有关创业行为、创业知识溢出的研究结论，运用310份调查数据，重点从整体和部分两个角度，对创业行为、创业知识溢出对产业集群发展的作用机理进行了实证研究。具体结论如下：

（1）产业集群发展绩效结构模型的建立。通过文献调研和深度访谈，萃取了产业关联、主体交互、集群创新作为产业集群发展绩效的三个关键内容，初步建立其内容结构，并建立其测量指标体系。通过对统计数据进行分析处理，先后经过项目分析、信度分析、探索性因子分析、验证性因子分析，对产业集群发展绩效结构模型的信度和效度进行了检验。结果表明，产业集群发展绩效是一个三维度的结构模型，建立了正式测量指标体系。

（2）从整体角度，研究了创业行为与创业知识溢出对产业集群发展绩效的影响作用。在文献调研和理论推导的基础上，科学提出了理论假设和概念模型。在研究假设的验证过程中，涉及创业行为、创业知识溢出、产业集群发展绩效三个关键变量。其中，创业行为变量以机会识别、团队组建、资源整合、网络建构、模仿行为五个维度进行表征，通过已开发的创业行为量表进行测量；创业知识溢出以创业机会捕捉知识溢出、克服新进入缺陷知识溢出两个维度进行表征，仍采用第四章使用过的量表来进行测量；产业集群发展绩效以产业关联、主体交互、集群创新三个维度进行表征，通过本章的产业集群发展绩效量表来进行测量。在量表正式使用前，均经过了信效度检验。通过调查数据的处理，对三个基本的研究假设进行了验证，结果表明：创业行为对创业知识溢出有正向影响作用；创业知识溢出对产业集群发展绩效有正向影响作用；创业行为对产业集群发展绩效的影响作用不显著。

（3）从维度角度，研究了创业行为、创业知识溢出与产业集群发展绩效各维度间的关系作用。在文献调研和理论推导的基础上，科学提出了理论假设和概念模型，由于在整体研究中，创业行为对产业集群发展绩效的影响作用不显著，因此，对创业行为与产业集群发展绩效各维度间的关系作用，并没有纳入研究范围。本研究涉及机会识别、团队组建、资源整合、网络建构、模仿行为、创业机会捕捉知识溢出、克服新进入缺陷知识溢出、产业关联、主体交互、集群创新 10 个变量。运用已经过检验的成熟量表，通过对调查数据的统计分析，对 16 条理论假设进行了逐一验证。结果表明：机会识别对创业机会捕捉知识溢出和克服新进入缺陷知识溢出有正向影响作用；团队组建对创业机会捕捉知识溢出有正向影响作用，对克服新进入缺陷知识溢出的影响不显著；资源整合对创业机会捕捉知识溢出和克服新进入缺陷知识溢出有正向影响作用；网络建构对创业机会捕捉知识溢出和克服新进入缺陷知识溢出的影响均不显著；模仿行为对创业机会捕捉知识溢出和克服新进入缺陷知识溢出均有正向影响；创业机会捕捉知识溢出对产业关联、主体交互有正向影响作用，对集群创新的影响作用不显著；克服新进入缺陷知识溢出对产业关联、主体交互、集群创新的影响作用均显著。

6 创业行为驱动产业集群发展的验证性案例研究

本章采取规范性多案例研究方法，选取上海市商务智能（BI）产业集群内五家创业企业作为典型案例，验证性地分析创业行为中知识溢出效应是如何产生的以及创业行为对产业集群发展的驱动作用是如何实现的。这样不仅能对前文理论模型的逻辑合理性加以验证，而且能弥补调查数据实证研究的局限，能够更深入和更具体地展现创业行为与产业集群两者间的互动关系，从而为创业人才的创业实践活动提供更好的指导。

6.1 研究设计

6.1.1 研究方法

案例研究是一种重要的实证研究方法，在管理学和社会学领域被广泛采用（Yin，2003）。为了更生动、更直接地检验前文所提出的创业行为、知识溢出与产业集群发展之间的逻辑合理性，本章选择采用案例分析方法，具体原因在于：一是本研究目的在于探究创业行为、创业知识溢出、产业集群发展之间的相互影响关系及其理论建构，从机理上回答创业行为“为什么”和“怎么样”促进产业集群发展的问题，而大量的研究说明，案例研究是探究关系、构建理论的有效方法，能够具体回答“为什么”“怎么样”的问题（Yin，1994；Lee，1999；毛基业，2010）。二是产业集群发展具有很强的时序性、动态性和复杂性，是由多个前因变量影响的结果。要了解创业人才群体创业行为和创业活动对产业集群发展的影响作用，需要从整体上把握产业集群发展的影响因素，案例研究通过与创业人才和新创企业的接触，能更好地把握整体并揭示实践中的问题，为理论建构提供实证素材。三是有关创业行为对产业集群发展的研究，特别是创业行为中的知识溢出效应对产业集群的发展研究，还处于初步阶段，尚缺乏深入研究，而案例研究特别适合新领域的研究以及研究不充分的领域。因此，此处采用案例研究是合适的。

6.1.2 案例选择

本研究采用多案例研究方法，Eisenhardt（1989）和 Yin（2003）认为，相对于个案研究来说，多案例研究更像是做了多个实验，通过重复逻辑，一个案例能够验证其他案例的结论，并进一步提出多案例研究中的案例数量以 4 ~ 10 个为宜，4 个案例已能够满足理论建构的最低要求。Marshall & Rossman（2010）研究认为，案例样本数量影响到研究结论的信度和效度，多案例研究能够增加研究结论的信度和效度。

根据 Eisenhardt（1989）等案例研究学者的建议，本研究在选择案例时，遵循以下几个方面的标准：首先，考虑到产业集群环境下创业行为研究对象的特殊性，在案例的选择上有一个基本要求，即在某一产业集群内选择从事同一或相似行业的创业人才；其次，创业人才应该是通过创业行为创办了新企业的人，其创业行为对产业集群发展的影响作用才能够显现出来；最后，案例选择需要兼顾信息的可获得性和案例的代表性，但不必需要通过随机抽取获得。Eisenhardt（1989）认为，随机抽取案例并非必要，也不可取。

基于此，本研究团队利用社会资源选取了上海市商业智能产业集群内 5 位创业人才及其新创企业作为研究案例，来分析创业人才的创业行为对产业集群发展的影响作用。商业智能（Business Intelligence，BI）这一概念是由 Gartner Group 公司于 1996 年提出，是将企业现有的数据转化为知识，为企业做出明智经营决策提供支持。企业现有的数据可以是业务系统订单、交易账目、库存、客户和供应商信息，甚至是企业所处行业或竞争对手以及其他外部环境的数据。为了将数据转化为知识，需要利用数据仓库、联机分析处理、数据挖掘、数据备份和恢复等技术，涉及软件、硬件、咨询服务及其应用等领域。商业智能被认为是一种全面解决方案，著名公司包括：微软（Microsoft）、IBM、甲骨文公司（Oracle）、赛仕软件公司（SAS）。在我国，商业智能产业属于高科技行业，具有较高的行业门槛，发展历史也不长，目前主要集中于相对发达的城市，如上海、北京、无锡等。同样，上海市商业智能产业集群也处于形成与发展阶段，所选取的 5 家企业均属于商业智能领域的中小型企业，员工人数为 30～500 人，创建时间均在 2000 年以后，具有一定的代表性。根据公司的保密原则和要求，本研究将公司名称、创业人才姓名等信息以字母和文字组合的形式呈现，具体样本情况见表 6－1。

表 6－1　案例的基本信息

公司名称	成立时间	主营业务	员工人数（人）	企业性质
JBK 信息技术有限公司	2002 年	BI 数据仓库、数据挖掘、风险管理	500	中型民营企业
上海 TZ 智能数据服务有限公司	2009 年	BI 数据仓库	80	小型民营企业
TZ 软件科技（上海）有限公司	2004 年	BI 工具，包括 ETL（数据抽取、转换、装载）	30	小型民营企业
上海 LP 科技有限公司	2002 年	呼叫中心、数据仓库、设备代理	60	小型民营企业
上海 KS 信息系统有限公司	2000 年	商业智能（BI）与数据仓库	200	中型控股企业

注：数据来自深度访谈和二手资料。

6.1.3　数据收集

在案例研究中，利用多种数据来源，通过三角验证的形式能够归纳出较为精确的结论，有助于研究过程的深入开展，研究结论的信度和效度也能得到保证（郑伯埙，黄敏萍，2008）。本研究中，研究小组主要通过与公司创业人才深入访谈和查阅文档资料两种方式来获取研究所需的数据。具体包括：①深度面谈。主要是通过事前预约在公司会议室与公司创业人才进行面对面的正式访谈，访谈内容采用半结构式进行，信息提取采用录音和记录相结合方式，每位创业人才的访谈时间在2～3小时，在后续数据整理过程中，如遇到模糊或不清楚的地方，通过电话访谈形式进行核实和确认，本研究中的访谈工作列表见表6－2。②文档资料收集。文档数据主要来自于公司网站主页、公司文件和报告、产业集群政府管理部门公开的文件和报告等。

表6－2　访谈工作列表

被访谈者	职　位	创建公司名称	访谈时间	访谈的主要内容
创业人才A	董事长	JBK信息技术有限公司	2.5小时	创业描述（企业概况、创业发展阶段、创业人才背景等）、创业机会与创业动机、先前经验、创业能力、集群内的创业优势、创业对集群影响、创业理念与重要观点
创业人才B	总经理	上海TZ智能数据服务有限公司	3小时	
创业人才C	首席执行官	TZ软件科技（上海）有限公司	3小时	
创业人才D	总经理	上海LP科技有限公司	3小时	
创业人才E	总经理	上海KS信息系统有限公司	2.5小时	

6.2 案例描述与分析

6.2.1 案例描述

通过对深度访谈数据和二手资料的整理提炼，为了便于后续案例分析和理论归纳，围绕本研究目的，将五个案例的调研结果予以列表呈现，具体见表6－3。列表中呈现的内容，包括创业人才背景、创业发展阶段、企业概况、创业机会与动机、创业先前经验、创业能力、产业集群内的创业优势、创业人才创业活动对集群的影响、创业人才理念与重要观点等信息。

表 6－3　案例信息一览表

项　目		案例 1	案例 2	案例 3	案例 4	案例 5
公司名称		JBK 信息技术有限公司	上海 TZ 智能数据服务有限公司	TZ 软件科技（上海）有限公司	上海 LP 科技有限公司	上海 KS 信息系统有限公司
创业描述	创业企业概况	2002 年创业；公司现有员工 500 人，业务遍及北京、上海、广州等城市；业务为 BI 数据仓库、数据挖掘、风险管理，其中，商业和金融业电子数据交互语言（XBRL）位列国内第一	2009 年在上海创业，公司现有员工 80 人；业务主要为 BI 数据库。经营发展策略以稳健经营为主，业务主要集中于银行领域，如浦发银行、上海银行、宁波银行	2004 年在上海创业，当时广州某公司与 IBM 合作，但发生财务危机，IBM 希望保留公司团队，其商业智能部门通过有关渠道与台湾地区 TZ 总公司合作，该创业人才被台湾公司选中来大陆创建了该公司；目前公司近 30 人；业务为 BI 工具、ETL（数据抽取、转换、装载）	2002 年在上海慧谷创业；公司现有员工 60 多人，50 多名工程师；主要业务为呼叫中心、数据仓库、设备代理；企业风格：踏实、单纯，通过对员工的影响来影响行业	2000 年创业，2010 被内业著名美国公司——软通动力并购成为美国上市公司；目前公司有 200 人；业务主要为商业智能（BI）与数据仓库
	创业人才背景	中科院研究生院教授，曾在美国留学，技术海归，获博士学位，后进入 IBM 公司工作 5 年，2002 年从 IBM 辞职回国，开始创建 JBK 公司	比较早接触商业智能（BI）领域，华中科技大学管理信息系统（MIS）毕业，先后在国有企业邮电所工作 3 年，在行业巨头美国上市公司 Teradata 工作 8 年，从编程到管理岗位，从事本行业十余年	学习计算机科学专业，技术出身，后以技术岗位加入业内著名大企业 NCR 公司，后由于销售接触面广，自己喜欢冒险和尝试，进入销售部门；NCR 公司是大中华区人才的培育基地，对于自己人脉建立有很大帮助	技术出身，在计划经济时代，被分配到具有国企背景的电子部下属福建计算机公司。后从事 CAD 软件的销售，由于有客户、有技术，几个人凑到一起，开始创建公司，先后经历了硬件销售、系统集成、软件开发、数据仓库等业务	华东理工大学运筹学专业毕业，先留校任教，后加入国际知名统计软件公司 SAS 公司，一直做到中国区副总的职务。2005 年上海市科技创业领军人物，曾获上海民营企业家“优秀共产党员”称号

续表

项　目		案例 1	案例 2	案例 3	案例 4	案例 5
公司名称		JBK 信息技术有限公司	上海 TZ 智能数据服务有限公司	TZ 软件科技（上海）有限公司	上海 LP 科技有限公司	上海 KS 信息系统有限公司
创业描述	创业阶段	2002—2005 年，初始阶段，公司由一两人发展到六七十人，注重市场拓展和打造个人品牌；2005—2007 年，获得上海交易所项目成为发展机遇，是代表性项目，培育了团队，建立了关系；2008 年，金融危机，比较艰难，也有过分关注技术、忽视销售管理的决策失误；2009 年至今，由于市场成熟，数据积累、需求增加以及公司品牌的形成，公司处于高速发展阶段	从公司任务的角度出发，公司的发展将经历团队打造、解决方案、市场开拓、财务优化以及资本市场对接、品牌形成几个阶段，目前公司处于团队打造和解决方案阶段	2004—2005 年，原团队收尾工作，通过沟通团队人心稳定、客户稳定，完成应收账款工作；2006 年开始，通过以前的人脉关系，开始寻找新客户，争取外包项目；2008 年至今，2008 年开始转型，走向以产品为主的道路，开始以数据整理 ETL 为主，产品和服务各占营业收入的 50%，并继续往高端发展，强调性价比项目，强调整体方案的整合	2001—2002 年，处于起步阶段，市场不成熟，处于找客户阶段；2005—2006 年，处于增长阶段，市场成熟，主要关注人的问题；2009 年，处于发展阶段，也存在困惑，想做大但也想找安全带，寻找企业发展方向	2000—2001 年，公司处于亏损阶段，缺乏客户，没有品牌；2002 年，公司开始盈利，但投资人出现经济问题，由于地方政府的支持，渡过难关；2004—2005 年，问题凸显，由于利益平衡问题，人才保留成为重点
创业机会识别与创业动机		自身技术能力已经达到；美国 BI 行业技术成熟，自己回国创业可降低一半成本；自我价值的体现，从读书人、职业经理人到创业人才，逐步进阶	市场机遇好，入场早；创业冲动；自己曾经在国企、外企工作过，自主权低，好的想法无法实现，发展受到局限，创业能体现自己的想法，同时能够实现理想	因果机缘；能在不受限制条件下做事。既是职业经理，也是创业人才，希望能有主动性，职业经理的局限很大，创业更有吸引力	创业冲动；有市场、有技术、有能力、有机会、有经济基础、有客户基础；自由度高	2000 年，机缘巧合，被风险投资人看中，输入资金，开始创建企业。有归属感；不安分的本性；投资人主动上门的机遇；能够发挥自身数学、数据、计算机等方面的特长

续表

项　目	案例1	案例2	案例3	案例4	案例5
公司名称	JBK 信息技术有限公司	上海 TZ 智能数据服务有限公司	TZ 软件科技（上海）有限公司	上海 LP 科技有限公司	上海 KS 信息系统有限公司
创业人才先前经验优势	IBM 经验；行业经验。提升了与顾客打交道的能力；提高了管理高科技人才的能力；自信心得到提升；促进了职业精神的养成	社会资源；客户资源；成熟技术；行业经验，特别是先前工作与创业企业间有业务上延续	人脉关系，NCR 是行业人才的培养中心；弱势品牌下的处理能力；灵活性，大小企业的管理区别很大	包括用户、伙伴和供应商的行业人脉；与相关企业良好合作关系；行业经验使得对风险把握度高；坚持、“熬”的能力的养成	学术背景；SAS 公司销售、技术研发、管理、客户服务经历。在起步阶段，原企业 SAS 支持巨大，当时 90% 业务来自于合作
创业能力	技术能力；市场开拓能力；行业理解能力；人才吸引能力；沟通；组织协调能力；好的心态	坚持信念；专注精神；优势导向；整合资源能力；调整能力；自我认识的能力	建立核心团队能力；行业领悟能力；偏执特质；业务能力；学习能力	沟通能力；客户资源能力；资金筹措能力；外向；市场导向与判断能力	创新能力；融资能力；沟通能力；团队管理能力；与政府相关部门合作能力
产业集群内的创业优势	1. 园区上电视媒体免费宣传，对说服客户有很大帮助，体现了官方的支持； 2. 贷款担保，绿色通道； 3. 企业家沙龙，获取信息、知识； 4. 健全的基础设施和有关优惠条件	1. 属于较早的园区，知名度高，配套齐全； 2. IT 行业比较成熟，行业氛围浓厚，能实现资源信息的共享； 3. 解决方案互补，可通过园区渠道，寻找和联系客户； 4. 园区内各种资源交融交流多	1. 申请高新企业资格，可实现税费减免； 2. 地域上的垂直整合不明显； 3. 把园区不好的地方挑进公司，淘汰小公司； 4. 中介结构服务完善	1. 政策优惠，税费减免； 2. 有行业环境氛围，所在区位有利于招聘人才； 3. 有职业经理人的基础； 4. 上海传统产业逐渐迁走，金融中心、航运中心定位越来越清晰	1. 政策、资源的支持，行业氛围好； 2. 政府部门大力支持和周到的服务，体现了服务身份而非管理身份； 3. 本企业属于青年见习基地，政府给予资金支持，降低了企业用工成本； 4. 与本人经历和个性有关，和本行业其他联系不多

续表

项　目	案例 1	案例 2	案例 3	案例 4	案例 5
公司名称	JBK 信息技术有限公司	上海 TZ 智能数据服务有限公司	TZ 软件科技（上海）有限公司	上海 LP 科技有限公司	上海 KS 信息系统有限公司
创业人才对集群的影响	1. 推动认识 BI 行业及其价值，影响制定标准的人； 2. 物以类聚，对高科技企业集群的推动； 3. 示范带动效应及榜样的作用，一人成功，带动一片； 4. 成功经验的分享，如园区组织有关讲座	1. 对集群的升级有利，对政策决策有影响，获得行业支持； 2. 带动别的企业进入； 3. 通过沟通、拓展周边企业的知识，从而导致在业务上的拓展，资源带动，扩大产业链，提升企业合作度和联系度； 4. 形成多赢，加强集群整体竞争力	1. 互补式对接合作，比如：有伙伴、有银行绩效的解决方案，但没有数据整理后台支持。产品互补，人力资源共享，在 ETL 整体解决方案中，落地实施时间缩短，提升集群整体解决能力。 2. 技术积累，促进品牌效应和创新。新的创业可带入新的技术应用 Idea，带入创新。 3. 影响由小到大	1. 对集群行业内风气的影响，如技术工人的伦理道德问题； 2. 价值观的影响，如鼓励知识共享、合作、和谐相处和良性竞争； 3. 一两个好的企业的辐射带动作用； 4. 人才培养促进行业发展	1. 为集群发展培养人才，如青年见习基地； 2. 影响决策者相关集群形成与发展政策制度的制定； 3. 创业活动活跃，有榜样示范效应，带动更多创业，促进集群形成
创业人才的创业理念	1. 高科技创业的关键在于创业人才的技术能力； 2. 自身实力是根本，自己实力强、价值大则对环境的依赖度低； 3. 要有定力，对自己有清醒认识，要对自己有信心和希望；	1. 社会保险法实施后，用工成本高，可通过建立资源池，实现资源共享，降低成本； 2. 对于软件行业来说，核心竞争力的形成，主要靠研发投入，坚持积累；	1. 政策优惠只补助内资企业，跨岸融资在政策上有困难； 2. 要用正确积极的心态来看待员工的离职，离职是能量的扩散；	1. 软件行业强调技术，行业间学习是正常状态，这样才能实现知识转移的目的； 2. 软件行业靠技术知识型工作者，人力资源很重要；	1. 不赞同学生创业，学生一般不具备创业的条件和能力。 2. 资金、技术、社会关系等创业条件缺一不可。

续表

项　目	案例 1	案例 2	案例 3	案例 4	案例 5
公司名称	JBK 信息技术有限公司	上海 TZ 智能数据服务有限公司	TZ 软件科技（上海）有限公司	上海 LP 科技有限公司	上海 KS 信息系统有限公司
创业人才的创业理念	4. 要务实，现金流比利润重要，初创期，短期比长期重要； 5. 达到一定层次后，对一个行业来说，管理要特别精通，行业经验不再重要； 6. 对于初创者来说，一技之长最重要	3. 业务上的拓展，要重点关注产业链互补，注重产业链上的分工	3. 行业发展的基础是决策需求，如徽商、浙商等小型银行业的扩张，为行业发展提供了契机； 4. 创业人才要达成共识走互补合作的道路，而非恶意价格战	3. 虽然软件业有技术门槛，但也可以规模化，有传统产业、制造业的特征； 4. 创业最难的是熬过困难期； 5. 政府应加强培训以及对培训的补贴	3. 劳动法存在缺陷，对离职人员约束小，无法实现对知识的保护。离职成本过低、对知识型劳动者的过度保护，影响行业的长期发展，无法实现集聚而做大。 4. 政府确实关心企业的成长与发展

资料来源：笔者根据访谈录音、记录和二手资料整理而成。

6.2.2 案例分析

由于本研究的目的是要揭示创业人才的创业行为与产业集群发展两者间的关系作用，因此，本研究将重点关注创业行为以及产业集群的有关信息。

（1）产业集群环境下的创业优势。通过对五个案例相关信息的分析和提炼，产业集群环境有利于创业人才创业活动的展开，产业集群内的创业优势主要体现以下几个方面：①政策扶持，包括园区内的税费减免、贷款担保、相关政府部门提供服务，为企业发展创造了良好的政策环境；②行业氛围，行业氛围浓厚有助于吸引人才；③基础设施，健全的基础设施和配套设施以及完善的中介服务机构的存在，降低了企业的运营成本；④知识、信息等资源共享，企业家沙龙有助于获取知识与信息，园区内的各种资源交融交流多；⑤产业互补，集群内的企业间的良性互动、产业互补、形成战略联盟等增强了企业竞争能力。表 6 – 4 给出了案例样本的事实证据。

表 6 – 4　案例样本的事实证据

理论命题		事实证据				
	维度	案例 1	案例 2	案例 3	案例 4	案例 5
产业集群内的创业优势	政策扶持	√	√	√	√	√
	行业氛围		√		√	√
	基础设施	√	√	√		√
	知识、信息等资源共享	√	√	√		√
	产业互补		√	√		

注：表格中的符号“√”表示“有事实证据”，空格表示“没有事实证据”。

（2）创业人才的创业行为对产业集群发展的影响作用。通过对五个案例相关信息的分析和提炼，发现创业人才的创业行为对于产业集群的形成与发展具有积极的影响作用。具体体现在：创业行为的示范效应促进产业集群的形成与发展，物以类聚，一人成功带动一片；创业行为推动对商业智能（BI）行业和价值的认识，影响政策决策者，获得行业发展的政策支持；创业知识溢出导致业务拓展、资源带动、产业链延伸、提高企业合作度和联系度以及伦理道德和价值观的传播；新的创业带来新的技术，带动集群的整体创新水平；创业行为中的互补式合作，形成多赢，提升产业集群整体竞争力；企业家作为创业导师，为集群培养人才。表6－5给出了案例样本的事实证据。

表6－5　案例样本的事实证据

理论命题		事实证据				
创业行为对产业集群发展的作用影响	维度	案例1	案例2	案例3	案例4	案例5
	示范效应	√	√	√	√	√
	促进行业价值认同	√	√			√
	知识溢出的好处	√	√		√	
	新创业带来新创新		√	√		
	互补合作形成多赢		√	√		
	人才培养				√	√

注：表格中的符号“√”表示“有事实证据”，空格表示“没有事实证据”。

（3）创业行为与产业集群发展关系中的知识溢出效应。通过对五个案例的分析、综合和提炼，特别是有关创业行为对产业集群发展积极影响作用的分析，可以得出一个基本结论：创业行为对产业集群发展的影响作用，通常是通过信息、知识、技术、经验的溢出来实现的。示范榜样效应，本质上是一种知识溢出效应，先前创业人才创业经验和做法被潜在创业人才获取模仿，并做出创业决策，其知识溢出方是成功创业人才或先前创业人才，知识溢入方是潜在创业人才或后续创业人才；创业人才的创业行为推动了行业价值认同，特别是相关政策决策部门的认同，这实际上也是一种知识溢出行为，知识溢出方是创业人才，知识溢入方是相关政策制定部门，溢出的内容主要是行业信息和知识；同时，创业人才知识溢出还能够为其他创业人才提供创业机会，拓展行业范围，延伸产业链，以及为了获取知识溢出的好处而加强企业间的合作和联系；在新的创业活动中，往往伴随着新的技术应用以及新的观念，技术的不断积累，为技术创新孕育了基础和条件，技术积累也成为一个技术溢出和交融的过程；互补合作形成多赢是以行业沟通、交流以及互相了解为其前提的，这其中是知识溢出的过程；人才培养是创业人才作为创业导师通过培训、讲座、教育的形式，将创业知识和创业经验传递给潜在创业人才的过程，是知识转移的一种形式。表6－6表明了知识溢出在创业行为与产业集群发展中的影响作用。

表6－6 案例样本的逻辑推理

理论命题	逻辑推理					
创业行为与产业集群发展关系中的知识溢出	示范效应	价值认同	溢出益处	创业带动创新	互补多赢	人才培养
	√	√	√	√	√	√
案例支持	案例1、2、3、4、5	案例1、2、5	案例1、2、4	案例2、3	案例2、3	案例4、5

注：表格中的符号“√”表示“符合逻辑推理”。

6.3 创业行为对产业集群发展的驱动模型构建

在理论研究的基础上，结合定性案例研究和前述定量实证研究的结论，综合运用演绎和归纳的研究方法，最终对产业集群环境为创业行为营造创业优势，创业行为催生知识溢出效应，而知识溢出效应促进产业集群发展的逻辑过程，用驱动模型的形式呈现出来。

6.3.1 结论与讨论

6.3.1.1 产业集群创业环境营造创业优势

创业环境是影响创业活动的一个重要因素，产业集群作为一种特殊的创业环境具有相对完善的创业机制、健全的创业平台、齐全的创业设施，被认为是相较于非产业集群创业成功率高的一种重要原因。赵观兵、梅强

（2011）将产业集群创业环境定义为在产业集群内创业人才在创办企业过程中，对创业活动和创业绩效产生影响的各种外部要素条件及其组合。目前，有关创业环境的研究主要有两种视角，一是从各种构成要素出发来研究创业环境，另一种是从特性出发来研究创业环境。

（1）从构成要素看，产业集群的创业优势。Fred（2000）认为，创业环境的主要组成要素包括：金融环境、经济环境、法律环境、文化环境、政治环境等。Hunger 等（2002）将创业环境划分为必要环境因素和支持环境因素，其中，必要环境因素主要是指技术环境、融资环境、人才环境、自然环境等；支持环境因素包括文化环境、制度环境和社会资本等。GEM 中国报告（2006）认为，创业环境包括金融支持、政府政策、政府项目、教育和培训、研究开发转移、商业和专业基础设施、进入壁垒、有形基础设施、文化及社会规范九个要素。针对产业集群创业环境，Saxenian（2002）在研究硅谷创业环境时，指出工业化体系、社会网络、人才市场、文化氛围是硅谷创业活动踊跃的重要原因；Markley（2002）认为，产业集群内的创业环境优势主要体现在公共基础设施、政府扶持和社会氛围三个方面；Baten（2003）认为，产业集群环境优势主要体现在政府政策、高产业集聚度、高专业化分工水平等几个方面；双华军、胡蓓（2011）将产业集群创业环境划分为四个层面：关系环境、行为环境、文化环境和政策环境。

通过对五个案例综合分析发现：上海市商业智能产业集群内的创业环境所营造的创业优势主要体现在以下几个方面：政策扶持，作为高科技产业的商业智能得到政府的大力扶持，包括税费减免、政策优惠、免费宣传、资金或项目支持、贷款担保等；健全的基础设施；浓厚的行业氛围；高产业集聚度利于知识溢出，实现知识、信息等资源的共享和传播；专业化分工增加创业机会识别与实现的成功率，完善产业链，增强产业集群提供整体解决方案的能力。

（2）从特性看，产业集群的创业环境优势。创业环境特性是指创业环境的属性会影响到创业活动的开展。Pfeffer & Salancik（1978）研究认为，创业环境的特性可从宽松性、不确定性、冲突性、依赖性、集中性、关联性六个维度进行度量。Dess & Beard（1984）、Tan（1993）、Davis（2003）从创业环境的动态性、宽松性和复杂性三个维度来度量创业环境特性，并被学界广泛认同。动态性是指环境中各要素变动的程度；宽松性是指环境中资源获取数量或程度；复杂性是指环境中要素的数量和同质化程度。创业环境的三大特性对创业的影响也不尽相同，刘井建（2011）研究认为，环境动态性高时，新创企业为了适应外部需求、技术和竞争的快速变化，必须快速获取资源、构建新的动态能力以适应这种变化；在环境动态性低时，外部环境对企业变革的要求较低，企业对获取新资源、构建新能力的速度要求不高。Romanelli（1989）认为，当环境宽松时，创业人才能较容易的获得充足、可利用的资源，企业能较顺利地创建，并且能增强新创企业融入环境的能力。Shane（2000）、Holcombe（2003）研究认为，环境宽松提高了创业人才识别创业机会的几率，创业更能获得成功。苏中锋等（2006）指出，当经营范围大和产品差异明显时，创业人才会遇到更多的不确定因素，同时需要更多的信息。在复杂环境下，创业人才获取有效信息和资源的难度加大，创业人才创业活动的难度加大。

上海市商业智能产业集群正处于形成与快速发展阶段，也是上海市政府着力扶持的产业，各种资源，包括人才资源、资金资源、项目资源等为创业人才的创业活动提供了充足的可供利用的资源条件，创业环境相对宽松。由于该集群的主要业务限于数据挖掘、数据分析、数据仓库以及商业智能工具，经营范围相对较单一，产业集群内主要是围绕核心业务或者是为核心业务提供服务的企业，创业环境相对简单，并不复杂。由于目前商业智能属于高科技产业，特别是大数据时代的到来，为商业智能产业提供了好的发展空间，技术工具、市场需求、行业竞争等处于不断发展变化中，因此，相对于其他成熟的产业集群，商业智能产业集群的创业环境呈现出较强的动态性。一般认为，环境动态性高，创业人才创业风险更大，但同时也为新创企业带来了更多的机会（刘井建，2011），对于商业智能产业集群内的创业人才来说，环境的动态性为创业人才创造了更多的创业机会。综上所述，上海市商业智能产业集群内的创业环境呈现出高宽松性、低复杂性、高动态性的特点，而这些特点对于该集群的发展具有积极的推动作用。

6.3.1.2 创业行为对产业集群发展的影响作用

通过对五个案例的深入分析和提炼，创业人才主要通过以下四个方面来影响产业集群的形成与发展：一是创业人才通过创业活动的示范效应加速产业的集聚，促进产业集群的形成；二是创业人才创业活动引发集群制度、政策和环境的改善，优化产业集群环境；三是创业人才社会网络提升产业集群的整体质量，提高集群集体效率；四是创业人才精神的溢出扩散效应助力产业集群文化建立。

1. 创业的示范效应促进产业集群的形成

虽然产业集群的形成方式多样，但一种典型的形式是“领先创业人才”的示范效应加速产业集聚，形成产业集群。这种产业集群最初形成往往来源于少数创业人才的偶然创新，例如：发现新产品或产品的新用途、新市场或产品生产的新技术，他们承担了集群发起人的角色。个别创业人才的偶然创新在获得商业模式上的成功之后，会产生较强的外部性。一方面，创业人才成功的创业业绩，很容易被当地其他的潜在创业人才或经营者注意到，根据他们的创业认知，受经济利益的直接驱动，当地会出现一批新创企业，成为创业活动的模仿者和追随者，或者从事相关配套产品的生产或经营活动，甚至会出现在原有创业人才创新基础上的进一步创新和创业。另一方面，当地大量创业人才围绕某一主导产业进行的创业活动，也会不断改善产业要素条件，这又进一步降低了当地潜在创业人才的创业门槛。这种创业正反馈效应会进一步引发大量创业人才围绕某一特定产业创业，进而形成产业集聚。随着产业规模的扩大，大量政府、金融、咨询、服务等机构也逐渐参与其中，为集群内企业提供相关行业服务。

最终结果是：创业人才人数、企业家数不断增加，企业群体规模不断扩大，在地理空间上产业集聚现象日趋明显；众多企业通过生产分工、物流、信息流等联接成网，存在着竞争与合作等各种联系，产业关联和人际网络关系日益凸显；区域内政府、金融、咨询、服务等中间性组织的协同作用也逐渐发挥出来，产业集群得以形成与发展。

2. 众多创业行为优化产业集群环境

创业理论认为，创业活动是创业人才对外部环境的一种反应，外部环境决定着创业人才的创业行为和创业活动，适合的创业环境是成功创业的重要前提。创业环境是指对潜在创业人才创新思想的形成和创业活动的开展产生影响的各种因素和条件的总和，包括生活工作环境、市场环境、政策制度环境、资源环境、文化环境、创业氛围等。创业环境是一个内容十分丰富的复杂系统，良好创业环境的创建既需要政府、金融、咨询、服务等中间型组织的积极参与，也受当地的自然禀赋影响，但应注意的是良好创业环境也是创业人才积极努力的结果。

当市场存在任何潜在的商业机会时，就可能会促使潜在创业人才进行创建企业。创业人才创建企业的行为将会引发集群内工作生活环境、市场环境、资源环境、文化环境、创业氛围和政策制度环境等一系列的反应活动，例如：工作生活设施逐渐齐备，市场规模和品牌效应开始形成，物质资源、人力资源开始集聚，创业文化和氛围开始显现，有利于产业发展政策制度开始制定等。众多个体创业活动最终必将形成合力改善创业环境，形成有利于创业的外部因素，这不仅有助于已创企业的生存、成长与发展，而且会减低集群内其他潜在创业人才的创业门槛，促进产业集群的成熟，增强产业集群的黏性和吸引力。

3. 创业行为提升产业集群的整体质量

（1）创业与社会网络的构建。产业集群是以创业人才的关系网络为基础的区域性组织。以创业人才为节点的社会网络是产业集群的内核，这其中创业人才是产业集群社会网络创建者和促进者。创业人才社会网络的形成基于以下几个原因：一是为了降低生产成本。通过地理上的接近，节省流通成本，降低交易费用。二是为了获取新的互补技术，加快学习过程，从互补资产和知识联盟中获取收益。三是为了克服或构筑市场壁垒，取得协作经济效益，分散创新风险。四是为了提高生产的柔性，针对市场竞争日益激烈，产品需求的多样化、复杂化和不确定性的实际情况，创业人才只有提高生产的柔性，不断面向市场，增强产品的创新能力，才能维持和扩大市场份额，在市场竞争中赢得主动。创业人才社会网络把各组织有效地联系起来，明显地提高了产业集群集体效率。同时，产业集群中的中间性辅助组织，如商会或行业协会，在规范行业发展、协调地方各企业关系、维护企业利益方面发挥着重要作用，也促进了产业集群的良性发展。

（2）社会网络与创新扩散。创业人才的创新行为和活动通常是沿着社会网络进行扩散的，创业人才的技术和知识通过供货商、分销商、分包商向产业链上下游厂商传递，知识溢出效应由此产生，产业集群的整体创新效率和效益也得到提高。创新扩散的另一途径是通过创业人才的私人交往来实现的。产业集群范围内的创业人才之间由于业务关联或多或少地存在着这样或那样的私人交情，这种交情既可能是在业务交往过程中自发形成的，也可能是政府组织、商会、行业协会主动搭建沟通交流平台，如企业家沙龙、创业企业家俱乐部等活动或形式建立起来的。这种创业人才私人网络的构建，既可以促进其发现创业机会，寻找到产业链上的缺口，也有利于创新思想的交流和碰撞，激发创业人才的创新激情和动力，这对于产业集群完整产业链形成和创新层级的提升都是有利的。

（3）创业行为与产业互补。在产业集群内的创业活动往往是围绕某一特定产业展开的，而创业人才的创业活动总是以识别创业机会为其前提的。因此，从产业链的互补或延伸中寻找创业机会是一种合适的做法。从主观来看，不同创业人才的资源禀赋和资源优势不同，创业机会的实现能力也不一样，创业人才之间的错位发展能避免恶意竞争，寻找到属于自己的一片蓝海，精准目标市场，赢得发展空间，进而实现多赢；从客观来看，基于产业互补的创业活动，由于创业人才之间的业务互补与合作，会增强产业集群内整体解决方案的能力，提高集群发展效率，提升集群竞争力。产业链互补有横向互补、纵向互补和混合互补三种基本形式，横向互补是指创建与产业链上企业相似的企业，以提供不同规格的产品或服务为目的，具有提高产品集中度、扩大产业集群市场势力的作用；纵向互补是指创业人才创建企业形成产业链的上下游纵向关系，能提高企业间的协同合作能力；混合互补既包括横向互补又包括纵向互补，是两者的结合。

4. 企业家精神溢出扩散效应助力产业集群文化形成

企业家精神的溢出扩散过程实质上也是产业集群文化形成的过程。企业家精神的溢出效应和扩散效应促进产业集群文化的形成是通过以下四种途径来实现的：①创业行为。创业人才作为企业家精神的物质载体，其经济和社会活动是企业家精神学习传播的主导方式。由于集群内产业关联和地理临近，集群内创业人才的经济活动、社会联系，甚至一些非正式交流活动非常频繁，因此，创业人才独特地心智模式与行为模式找到了很好的传播途径。在集群中，产业集聚导致人才的集聚，创业人才与专业人才之间的正式或非正式交往会导致“观念的重组”和创新升级，重组观念和创新经创业人才和专业人才扩散又会被企业所共享，从而促进集群文化的形成。②企业合作。产业集群的一个重要特征是产业上的关联性。这种关联基于两种基本形式：一类是基于产业链的纵向合作，即各企业分布于产业链上不同的区域，各企业具有较强的专业化，彼此间是上下游关系；另一类则是基于市场开拓的横向合作。各企业分布于不同的细分市场，以更强的集体优势满足更多的顾客多样化需求。集群内这种企业间的合作伙伴关系既有助于市场信息、技术信息的交流，也有助于企业家精神的传播、获取、消化和吸收。③员工跨组织流动。企业家精神以隐性知识的形态存在于员工大脑和实际行为之中，因此，员工在集群企业间的流动在客观上可视为一种企业家精神的传递和学习过程。正如马歇尔（1938）所说，企业集群里的员工已不属于某个企业，而是属于整个集群。对集群内流动的员工而言，组织边界已经模糊了。④衍生创业。衍生创业是指在现有组织中工作的个人或团队，脱离所服务的组织，凭借在过去工作中积累的经验和资源，独立开展创业活动的创业行为。衍生创业是产业集群内的一个突出现象。衍生企业分享了先前企业的知识、技术和企业文化，成为企业家精神学习和传播的一个重要途径。企业家精神正是通过上述四种形式跨越组织界限向产业集群内其他企业溢出、扩散、吸收、沉淀，进而形成独特产业集群文化的。

6.3.1.3 创业行为与产业集群发展关系中的知识溢出效应

在案例分析探究创业行为对产业集群发展影响作用的同时，可以发现创业人才的创业行为中蕴藏着知识溢出效应。创业行为中的知识溢出是指产业集群内创业人才所拥有的技术、工艺、信息、管理等方面的知识发生外溢而被集群内其他成员共享知识的现象。虽然知识溢出往往是被动、无意识和非自愿的，但产业集群作为一种特殊的网络型组织结构，是知识溢出的温床。产业集群的地域集中性促进了知识的快速传播，并较少出现知识失真和过滤；集群内企业在业务上的相近性与互补性以及相同的知识背景，降低了信息不对称，促进了知识的溢出与传播；集群内的正式交流和非正式交流为知识溢出提供了便捷；集群内某些设施的共享为集群内的知识转移提供了良好的外部条件。产业集群内知识溢出的主要途径是员工流动、衍生企业、非正式交流和合作创新（魏江，2003），而创业行为是知识溢出的重要载体。

知识溢出效应是指知识溢出引发的反应和后果。创业行为中的知识溢出效应是指创业人才行为中的知识溢出现象对产业集群环境、规模、网络、创新等方面的影响作用。具体来说，创业行为中的知识溢出效应主要体现在以下六个方面：

（1）示范效应。创业人才的一个核心任务是新创企业，模仿创业是产业集群环境下创业的一个基本模式。模仿创业行为实质上是创业知识溢出的过程。知识溢出的主体是领先创业人才，客体是模仿创业人才，知识溢出的内容主要包括盈利模式、生产技术、市场信息、管理方式等领先创业人才创业成功经验方面的知识。这种创业知识溢出的示范效应会吸引更多的创业人才进入产业集群创业，产业集群规模会不断扩大。

（2）倒逼效应。创业人才在产业集群的集聚行为，会引起当地相关政府部门的警觉和重视，开始关注创业人才的创业动机和创业倾向，并对当地产业集群环境、产业基础和发展趋势进行研究。在创业人才和相关政府的沟通过程中，创业人才将产业知识技术、发展趋势、发展困境等信息传递给相关政府部门，相关政府部门会增加对产业集群发展的理解程度和对产业技术发展的了解程度，在获得正面评估的基础上，会制定相关配套政策，甚至会加大提供相关公共物品的力度，支持创业人才创业和产业集群的发展。在这一知识溢出过程中，知识溢出方为创业人才，知识溢入方为当地相关政府部门。倒逼效应的结果是，由于众多创业人才的集聚，倒逼当地相关政府部门出台支持政策，提供更多创业公共物品，实现提升集群环境和创业环境（生活、工作、政策环境）的目的。

（3）网络效应。产业集群内的创业人才要新创企业，必须要与中介性组织、政府部门、销售商、供应商、产业链上下游厂商等建立广泛的社会网络关系。创业人才社会网络关系建构的过程，往往伴随着知识的相互溢出。由于存在知识共享以及知识搜寻成本减少等益处，知识溢出成为建立关系和维护关系的纽带。在知识相互溢出过程中，不仅提升创业人才的知识势能和存量，而且创业人才社会网络的广度和深度也得到增强，其结果是创业人才的知识存量增加，创业成功率提高，产业集群知识分布更趋合理，网络结构得到优化。

（4）迸发效应。创新行为有利于产品和技术升级，避免出现同质产品和趋同技术的残酷竞争。内生增长理论认为，知识溢出在创新中扮演着重要角色。知识溢出增加了溢入方的知识存量，提高了溢入方的知识势能，而创新行为是在已有知识的基础上累积升华而成的，建立在较高知识存量基础上的创新行为更易获得成功。创业人才创新识别与行为既得益于知识溢出，同时也会在更高层级上形成新的知识溢出源，成为更高层级创新的原动力，为其他创业人才营造良好创新氛围，提高产业集群整体创新层级，进而促进产业集群的优化升级。此外，由于产业集群的企业地理邻近，社会关系网络密切，创业人才之间存在很多的正式交流和非正式交流机会，而知识技术、信息、思想的交流和碰撞往往会成为创新热情和创新思想出现的源泉和动力。创业人才正是在知识溢出过程中，不断迸发出创新火花的。在这一过程中，产业集群的整体创新效率和效益得到提高，产业集群的创新水平得到提升。

（5）链锁效应。从创业角度看，知识溢出的链锁效应是指创业人才和新创企业带来的，通过与产业集群内其他创业者、供应商、客户之间向前向后的联系中表现出来的溢出效应。先前创业人才和新创企业在创业机会识别与利用、产品和生产加工、营销等方面具有丰富的经验和知识，产业集群内其他主体可通过观察、交流合作、学习、人员流动等方式“免费”获取知识，在知识利用过程中形成、完善、延长创业链、生产链、供应链、销售链，这对于产业集群内产业链在纵向和横向上的完善和延长，提升产业关联度具有重要的促进作用。一般来说，产业集群内知识溢出效应越明显，产业关联度越高，两者呈现正相关关系（张波、陈建军，2008），而这种正向相关关系正是通过知识溢出的链锁效应来实现的。

（6）扩散效应。集群文化是产业集群持续竞争优势的重要来源之一。迈克尔·波特（2000）认为，产业集群内共同社会规范和价值观念的形成有助于增进信任，促进集群各主体间的合作与互动。集群文化的形成是集群内企业家精神融合、升华、提炼的结果。企业家精神具有溢出扩散效应，通过创业人才创业活动、企业合作、人员跨组织流动、企业衍生、正式或非正式交流来实现。各企业家精神经过交融、升华、提炼，形成被大多数成员广泛认同的社会规范、价值观念、精神气质等集群文化，成为推动产业集群发展的重要因素。

6.3.2 模型构建

综上所述，创业行为、知识溢出、产业集群发展三者间的交互作用主要体现在两个方面：其一，产业集群环境对于创业行为的开展具有促进作用。无论是从产业集群环境的构成要素，还是从产业集群环境的特性来看，都有助于创业机会的出现和创业行为的开展。其二，产业集群环境内创业人才的创业行为，伴随着知识溢出现象，知识溢出的示范效应、倒逼效应、网络效应、迸发效应、连锁效应和扩散效应，推动着产业集群发展，具体表现在集群规模扩大、环境优化、网络结构改善、创新提升、产业关联度提高、集群文化形成等方面。结合案例研究的结论，本研究构建了创业行为驱动产业集群发展的模型图，如图 6－1 所示。

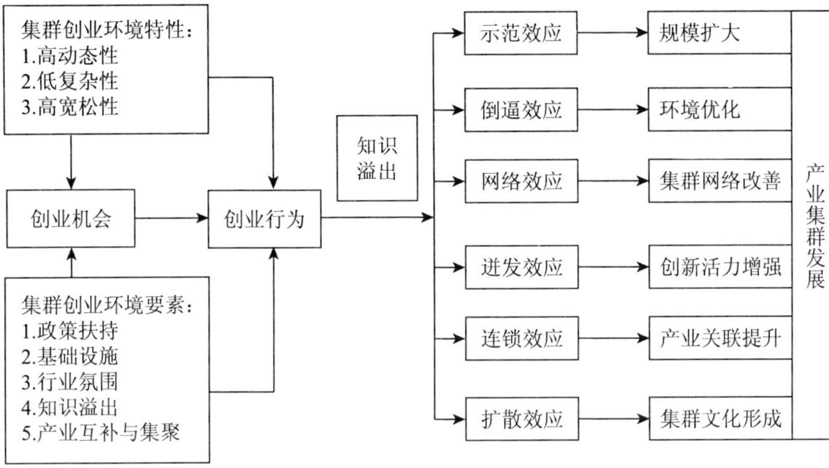

图 6－1　创业行为驱动产业集群发展的模型图

6.4　本章小结

通过对上海市商务智能（BI）产业集群五家创业企业的案例研究，分析了创业人才创业行为、知识溢出和产业集群三者间的关系，验证了创业行为中的知识溢出现象和知识溢出效应，揭示了创业行为驱动产业集群发展的作用机理，与前述实证研究的结论是一致的。本章研究得出了三个基本结论：

（1）产业集群环境为创业人才营造了创业优势。从产业集群创业环境的构成要素来看，政策扶持、完善的基础设施、浓厚的行业氛围、知识转移与分享、基于产业互补创业机会的出现都为潜在创业人才提供了良好的创业环境基础；从产业集群创业环境的特性来看，高科技产业集群内环境的高动态性为潜在创业人才创业机会的识别与利用提供了契机；产业集群环境相对较高的宽松性为潜在创业人才获取充足、可利用的创业资源提供了便捷；产业集群环境的低复杂性降低了创业人才的创业风险，增加了创业成功率。

（2）创业行为推动了产业集群的发展。创业行为对产业集群发展的影响作用体现在：创业行为的示范带动效应，吸引更多创业人才进入产业集群创业，扩大了产业集群规模；创业人才和创业行为的不断累积，给产业集群基础设施建设、产业政策扶持提出了更高要求，为产业集群的环境优化提供了契机；创业人才创业行为中的社会网络建设，推动了产业集群网络结构的改善；创业激励创新，创业人才的创业行为对于产业集群创新水平的提高具有带动作用；基于产业互补的创业行为，有利于集群产业链的形成、完善、延长；创业行为中企业家精神的溢出和扩散促进了产业集群文化的形成。

（3）创业行为和产业集群发展关系中有知识溢出现象和知识溢出效应。在创业行为驱动产业集群发展的六个方面，即规模扩大、环境优化、集群网络改善、创新活力增强、产业关联提高、集群文化形成中，都伴随着知识溢出现象，产生了知识溢出的示范效应、倒逼效应、网络效应、迸发效应、连锁效应和扩散效应，知识溢出效应强化了创业行为对产业集群发展的影响作用。

7　研究结论与展望

7.1　研究结论

创业行为与产业集群发展两者间的互动关系研究一直是学界的一个研究热点，一方面，产业集群为创业与创业活动提供了良好的创业环境和创业机制，产业集群环境下的创业活动更易获得成功；另一方面，创业与创业活动对产业集群的发展具有促进作用，能加快产业、资源、人才的集聚，改善创业环境，争取创业扶持，特别是在产业集群的形成与发展阶段。本研究以产业集群环境下的创业人才作为研究对象，以创业人才的创业行为对产业集群发展的作用机理为研究内容，运用文献调研、问卷调查、案例研究等研究方法，深入分析研究，揭示了创业行为、知识溢出对产业集群发展的驱动机理，得出了以下几个研究结论：

（1）通过对产业集群环境下创业人才创业行为的理论研究，界定了创业行为的内容维度，科学编制了产业集群环境下创业行为的测量量表，建构了产业集群环境下创业行为的结构模型。

借鉴创业与创业行为的相关理论，通过文献调研、深度访谈等方法，提出产业集群环境下创业行为内容维度的理论构思，并初步编制产业集群内创业行为的测量量表，然后通过专家咨询、预测试和问卷调查对创业行为测量量表进行信度和效度的检验，形成正式调查问卷。通过对调查数据的统计分析，得出产业集群环境下创业人才的创业行为是一个五因子模型，包括机会识别、团队组建、资源整合、网络建构、模仿行为。

（2）揭示产业集群环境下创业行为中知识溢出现象和机理，实证研究创业行为对创业知识溢出的影响作用。

在阐述创业行为中知识溢出现象的基础上，从知识溢出方、创业行为的溢出途径、溢出内容、知识溢入方四个关键环节对创业知识溢出的机理进行了理论分析，重点对知识溢出内容，即创业机会捕捉知识溢出和克服新进入缺陷知识溢出的含义、维度、内容进行了深入分析，借鉴成熟量表，形成创业知识溢出的正式测量量表，通过了信效度检验，建立了创业知识溢出的结构模型。实证研究了创业行为对创业知识溢出的影响作用。在文献调研和理论探索的基础上，提出理论假设和概念模型，创业行为为解释变量，创业人才关系资本为调节变量，创业机会捕捉知识溢出和克服新进入缺陷知识溢出为被解释变量，人口统计学特征为控制变量。研究结果表明：创业行为对机会捕捉知识溢出和克服新进入缺陷知识溢出有正向影响作用，关系资本对机会捕捉知识溢出的影响不显著，对克服新进入缺陷知识溢出有显著性负向影响，并且关系资本在创业行为与机会捕捉知识溢出和克服新进入缺陷知识溢出关系中起调节作用。

（3）通过实证研究，从整体和部分的角度，深入揭示创业行为、创业知识溢出对产业集群发展的作用机理。

首先，在对产业集群发展评估相关理论进行分析和探讨的基础上，界定了产业集群发展的内涵、结构和维度，运用文献调研、深度访谈、专家咨询和问卷调查等方法，科学编制了产业集群发展绩效的测量量表，并通过了信效度检验，构建了产业集群发展绩效的三维度结构模型：产业关联、主体交互和集群创新。其次，从整体的角度，对创业行为、创业知识溢出与产业集群发展绩效三者间的关系进行了实证研究。结果表明：创业行为对创业知识溢出有正向影响作用，创业知识溢出对产业集群发展绩效有正向影响作用，创业行为对产业集群发展绩效的影响作用不显著。再次，从三个关键变量的多维度角度，研究了创业行为、创业知识溢出对产业集群发展影响的作用机理。

（4）通过理论和案例研究，验证性地分析了创业行为对产业集群发展的驱动机理，得出创业行为对产业集群发展具有积极影响作用，并且是通过创业行为中的知识溢出效应来实现的结论。

在文献调研的基础上，选取上海市商业智能产业集群内五家创业企业作为案例，通过对创业人才的深度访谈、二手资料收集等方式获取信息和数据，分析了创业行为对产业集群发展影响的驱动机理。案例研究表明，创业行为对产业集群发展的影响作用主要体现在：创业行为有示范效应，加速产业集聚；创业行为能推动政策决策者对某一产业和行业价值的认识，获得其行业发展的政策支持；创业行为能拓展业务，带动资源，延伸产业链，提高企业合作度和联系度，传播伦理道德和价值观；新的创业行为带来新的技术，带动集群的整体创新水平；创业行为中的互补式合作，形成多赢，提升产业集群整体竞争力；创业人才作为创业导师，为集群培养人才等。同时，创业行为对产业集群发展的积极影响作用，主要是通过创业行为中的知识溢出来实现的，示范效应、价值认同、带动创新、互补多赢、人才培养都是在信息、知识、技术、经验的扩散中实现的。在此基础上，构建了创业行为、知识溢出对产业集群发展的驱动模型。

7.2 研究展望

本研究基于创业知识溢出的视角，建构了产业集群环境下的创业行为结构模型，分析了创业行为中的知识溢出效应，建立了产业集群发展绩效的评价体系，实证研究揭示了创业行为、创业知识溢出对产业集群发展的作用机理。这一综合研究在延伸创业行为研究、扩展知识溢出研究领域、丰富产业集群发展理论、推动创业与产业集群发展互动研究深入发展等方面具有积极的理论意义；同时，对于创业人才的创业选址、创业资源获取等创业实践活动和相关政府部门在制定创业、创业人才吸引、产业集群发展等政策方面具有现实的参考和借鉴意义。即便如此，由于创业行为与产业集群发展间的关系作用受多重因素和情境的影响，是一对复杂、动态、系统的关系形式，因此，本书在研究过程中也存在着一定的局限性，需要在以后的研究工作中进一步改进和完善，主要体现在以下三个方面：

（1）本研究并没有对产业集群的发展阶段进行区分，而创业和创业行为对处于不同产业集群发展阶段的影响作用是有差异的。从产业集群的发展周期来看，产业集群发展大致可以分为产生、成长、成熟、衰退四个阶段，创业行为对产业集群发展的作用会受到集群所处阶段的影响。从已有文献来看，创业和创业行为对于产业集群的形成与发展具有推动和促进作用，而当产业集群处于成熟阶段时，由于拥挤效应的作用，创业和创业行为对产业集群的影响作用不显著或是负面的。正因为如此，本书在研究过程中，得出了创业行为对产业集群发展的直接影响作用并不显著的结论。因此，在以后的研究中，需要进一步区分产业集群发展阶段，在此基础上，比较研究创业行为对不同演化阶段产业集群发展的作用机理。

（2）由于产业集群地域差异性和行业差异性的存在，本研究所选取的产业集群、从中所获取的调查数据和据此得出的研究结论，其典型性、代表性和普适性都受到一定局限。本研究所选取的产业集群主要集中于台州、德州、武汉三地五个不同的产业集群，从地域来看，主要集中于我国中东部较发达地区，缺少其他地区的产业集群；从行业分布来看，主要集中于传统制造业产业集群和新能源、电子信息产业集群，缺少其他行业的产业集群。因此，本研究结论是否适合其他地区产业集群，是否适合其他行业产业集群并不可知，需要在以后的研究中，增加样本容量，增强样本分布的广泛性，以保证研究结论的科学性和客观性。

（3）创业行为、知识溢出与产业集群发展是一组交互关系，动态纵向研究是未来研究的一个方向。一方面，创业行为会导致创业知识的溢出，而创业行为和创业知识溢出又会促进产业集群的发展；另一方面，产业集群及其发展为知识溢出提供了良好环境，而知识溢出又会积极影响创业和创业行为的展开。本书只是选取了这一动态过程中一个截面来进行静态分析，在未来的研究中，需要将创业行为、知识溢出、产业集群之间的互动关系作为一个整体来开展动态纵向研究，以期深入揭示创业行为与产业集群两者间的互动机理。

参考文献

[1] A · Kokko. Technology, market characteristics, and spillovers [J] . Journal of Development Economics, 1994, 43 (2): 279 - 293.

[2] Acs Z J, Braunerhjelm P, Audretsch D B, Carlsson B. The knowledge spillover theory of entrepreneurship [J] . Small Business Economics, 2009 (32): 15 - 30.

[3] Adler P S, Kwon S W. Social capital prospects for a new concept [J] . Academy of Management Review, 2002, 27 (1): 17 - 40.

[4] Ahokangas P, Hyry M, Rasanen P. Small technology - based firms in fast - growing regional cluster [J] . New England Journal of Entrepreneurship, 1999 (2): 214 - 239.

[5] Anderson G. Industry clustering for economic development [J] . Economic Development Review, 1994, 12 (2): 26 - 32.

[6] Audretsch D B, Feldman M P. Innovative clusters and the industry life cycle [J] . Review of Industrial Organization, 1996, 11 (2): 253 - 273.

[7] Austin J, Stevenson H, Wei - Skillern J. Social and commercial entrepreneurship: Same, different, or both? [J] . Social Science Electronic Publishing, 2006, 30 (1): 1 - 22.

[8] B Ramasamy, KW Goh, MCH Yeung. Is relationship a bridge to

knowledge transfer? [J] . Journal of Business Research, 2006, 59 (1): 130 - 139.

[9] Bahrami H, Evans S. Flexible recycling and high - technology entrepreneurship [J] . California Management Review, 1995, 37 (3): 62 - 89.

[10] Baptista R, Swann P. Do firms in clusters innovate more? [J] . Research Policy, 1998, 27 (5): 525 - 540.

[11] Baron R A. Cognitive mechanisms in entrepreneurship: Why and when entrepreneurs think indifferently than other people [J] . Journal of Business Venturing, 1998, 13 (4): 275 - 294.

[12] Barringer B R, Jones F F, Neubaum D O. A quantitative content analysis of the characteristics of rapid - growth firms and their founders [J] . Journal of Business Venturing, 2005, 20 (5): 663 - 687.

[13] Bergman E M, Feser E. Industrial and regional clusters: Concepts and comparative applications [M] . Regional Research Institute, West Virginia University, 1999.

[14] Bhave, Mahesh P. A process model of entrepreneurial venture creation [J] . Journal of Business Venturing, 1994, 9 (3): 223 - 242.

[15] Bird B. Towards a theory of entrepreneurial competency, advances in entrepreneurship, firm emergence and growth [M] . Greenwich: JAI Press, 1995.

[16] Brush C G, Vanderwerf P A. A comparison of methods and sources for obtaining estimates of new venture performance [J] . Journal of Business Venturing, 1992, 7 (2): 157 - 170.

[17] Bygrave W D, Hofer C W. Theorizing about entrepreneurship [J] . Entrepreneurship Theory and Practice, 1991, 16 (2): 13 - 22.

[18] Campbell C, Kendrick R C, Samuelson D S. Stalking the latent entrepreneur: Business incubators and economic development [J] . Economic Development Review, 1985, 3 (2): 43 - 49.

[19] Caniëls M C J, Verspagen B. Barriers to knowledge spillovers and regional convergence in an evolutionary model [J]. Journal of Evolutionary Economics, 2001, 11 (3): 307 -329.

[20] Carroll G R, Mosakowski E. The career dynamics of self - employment [J]. Administrative Science Quarterly, 1987, 32 (4): 570 -589.

[21] Carter N M, Gartner W B, Shaver K G, et al. The career reasons of nascent entrepreneurs [J]. Journal of Business Venturing, 2003, 18 (1): 13 -39.

[22] Casson M, Wadeson N. The discovery of opportunities extending the economic theory of the entrepreneur [J]. Small Business Economics, 2007, 28 (4): 285 -300.

[23] Casson M. The entrepreneur: An economic theory [J]. Social Science Electronic Publishing, 1982 (93).

[24] Chandler G N, Hanks S H. Market attractiveness, resource - based capabilities, venture strategies, and venture performance [J]. Journal of Business Venturing, 1994, 9 (4): 331 -349.

[25] Christian B, Julien P A. Defining the field of research in entrepreneurship [J]. Journal of Business Venturing, 2001, 16 (2): 165 -180.

[26] Claus Steinle, Holger Schiele. When do industry cluster? A proposal on how to assess an industry's propensity to concentrate at a single region or nation [J]. Research Policy, 2002, 31 (6): 849 -858.

[27] Coleman J S. Social capital in the creation of human capital [J]. American Journal of Sociology, 1988, 94: 95 -120.

[28] Davidsson P, Honig B. The role of social and human capital among nascent entrepreneurs [J]. Journal of Business Venturing, 2003, 18 (3): 301 -331.

[29] Davidsson P, Wiklund J. Levels of analysis in entrepreneurship research: Current research practice and suggestions for the future [J]. Entrepre-

neurship Theory and Practice, 2001, 25 (4): 81 - 100.

[30] Dew N, Velamuri S R, Venkataraman S. Dispersed knowledge and an entrepreneurial theory of the firm [J]. Journal of Business Venturing, 2004, 19 (5): 659 - 679.

[31] Fornahl D, Menzel M P. Co - development of firm foundings and regional clusters [J]. Hannover Economic Papers, 2003, 71 (1): 1 - 33.

[32] Kesidou E. Knowledge spillovers in high - tech clusters in developing countries [J]. Globelics Academy, 2004.

[33] Eisenhardt K M, Martin J A. Dynamic capabilities: What are they? [J]. Strategic Management Journal, 2000, 21 (10 - 11): 156 - 172.

[34] Eisenhardt K M, Graebner M E. Theory building from cases: Opportunities and challenges [J]. Academy of Management Journal, 2007, 50 (1): 25 - 27.

[35] Eisingerich A, Falck O, Heblich S, et al. Cluster innovation along the industry lifecycle [J]. Jena Economic Research Papers, 2008.

[36] Fallah M H, Wesley P D, Howe J, et al. Knowledge spillover and innovation in technological clusters [J]. Proceedings, 2004.

[37] Feldman M P, Francis J. Entrepreneurs and formation of industrial clusters [J]. Social Science Electronic Publishing, 2001, 39 (1): 129 - 141.

[38] Maryann Feldman, Johanna Francis, Janet Bercovitz. Creating a cluster while building a firm entrepreneurs and the formation of industrial clusters [J]. Regional Studies, 2005 (39): 129 - 141.

[39] Edward J. Feser, Edward M. Bergman. National industry cluster templates: A framework for applied regional cluster analysis [J]. Regional Studies, 2000, 34 (1): 1 - 19.

[40] Fogel G. An analysis of entrepreneurial environment and enterprise development in Hungary [J]. Journal of Small Business Management, 2001,

39 (1): 103 -109.

[41] Francis D H, Sandberg W R. Friendship within entrepreneurial teams and its association with team and venture performance [J]. Entrepreneurship Theory and Practice, 2000, 25 (2): 27 -37.

[42] Freeman C. Networks of innovators a synthesis of research issues [J]. Research Policy, 1991, 20 (1): 499 -514.

[43] Freeman C. Technology policy and economic performance: Lessons from Japan [M]. London Pinter Publishers, 1987.

[44] Gartner W B, Bird B J, Starr J A. Acting as if: Differentiating entrepreneurial from organizational behavior [J]. Entrepreneurship Theory & Practice, 1992, 16 (3): 13 -31.

[45] Grabher G. The weakness of strong ties: The lock - in of regional development in the Ruhr Area [M]. London Rout Ledge, 1993: 190 - 199.

[46] Granovetter M. Economic action and social structure: The problem of embeddedness [J]. American Journal of Sociology, 1985, 91 (3): 481 - 510.

[47] Granovetter M. The strength of weak ties in social structure and network analysis [M]. Marsden, California Sage, Beverley Hills, 2002.

[48] Overman H G, Redding S, Venables A J. The economic geography of trade, production, and income: A survey of empirics [J]. CEPR Discussion Papers, 2001: 353 -387.

[49] Hill E W, Brennan J F. A methodology for identifying the drivers of industrial clusters: The foundation of regional competitive advantage [J]. Economic Development Quarterly, 2000, 14 (1): 65 -96.

[50] Hills G E, Shrader R C, Lumpkin G T. Opportunity recognition as a creative process [J]. Frontiers of Entrepreneurship Research, 1999 (19): 216 -227.

[51] Hippel E V. "Sticky information" and the locus of problem solving:

Implications for innovation [J] . Management Science, 1994, 40 (4): 429 - 439.

[52] Hoang H, Antoncic B. Network - based research in entrepreneurship: A critical review [J] . Journal of Management, 2003, 18 (2): 165 - 187.

[53] Holcomb T R, Ireland R D, Holmes R M, et al. Architecture of entrepreneurial learning: Exploring the link among heuristics, knowledge, and action [J] . Entrepreneurship Theory and Practice, 2009, 33 (1): 167 - 192.

[54] Ibrahim S E, Fallah M H, Reilly R R. Localized sources of knowledge and the effect of knowledge spillovers: An empirical study of inventors in the telecommunications industry [J] . Journal of Economic Geography, 2009, 9 (3): 405 - 431.

[55] Jaffe A, Trajtenberg M, Henderson R. Geographic localization of knowledge spillovers as evidenced by patent citations [J] . The Quarterly Journal of Economics, 1993, 108 (3): 577 - 598.

[56] Jarillo J C. On strategic networks [J] . Strategic Management Journal, 1988, 9 (1): 31 - 41.

[57] Johannessen J A, Olsen B, Olaisen J. Aspects of innovation theory based on knowledge - management [J] . International Journal of Information Management, 1999, 19 (2): 121 - 139.

[58] Kale P, Singh H, Perlmutter H. Learning and protection of proprietary assets in strategic alliances: Building relational capital [J] . Strategic Management Journal, 2000, 21 (3): 217 - 237.

[59] Katz J, Gartner W B. Properties of emerging organizations [J] . Academy of Management Review, 1988, 13 (3): 429 - 441.

[60] Keeble D, Lawson C, Moore B, et al. Collective learning processes, networking and "institutional thickness" in the Cambridge region [J] . Social Science Electronic Publishing, 2010, 33 (4): 319 - 332.

[61] Keeble D, Wilkinson F. Collective learning and knowledge development in the evolution of regional clusters of high technology SMEs in Europe [J]. Regional Studies, 2010, 33 (4): 295 –303.

[62] Kenney M, Goe W R. The role of social embeddedness in professorial entrepreneurship: A comparison of electrical engineering and computer science at UC Berkeley and Stanford [J]. Research Policy, 2004, 33 (5): 691 –707.

[63] Kenney M, Burg U V. Technology, entrepreneurship and path dependence industrial clustering in Silicon Valley and Route 128 [J]. Industrial and Corporate Change, 1999, 8 (1): 67 –103.

[64] KirznerI M. Entrepreneurship discovery and the competitive market process: An Austrian approach [J]. Journal of Economic Literature, 1997 (35): 60 –85.

[65] Kirzner I M. Perception, opportunity and profit: Studies in the theory of entrepreneurship [M]. Chicago: University of Chicago Press, 1979.

[66] Kirzner I M. Competition and entrepreneurship [M]. Chicago: University of Chicago Press, 1973.

[67] Korunka C, Frank H, Lueger M, et al. The entrepreneurial personality in the context of resources, environment and the start – up process: Aconfigurational approach [J]. Entrepreneurship Theory & Practice, 2003, 28 (1): 23 –42.

[68] Krugman, Paul R. Geography and trade [M]. Cambridge: Massachusetts MIT Press, 1991.

[69] Lee D Y, Tsang E W K. The effects of entrepreneurial personality, background and network activities on venture growth [J]. Journal of Management Studies, 2001, 38 (4): 583 –602

[70] Lindsay N J, Craig J B. A framework for understanding opportunity recognition: Entrepreneurs versus private equity financiers [J]. Journal of Pri-

vate Equity, 2002 (6): 13 -24.

[71] Lohrke F T, Holloway B B, Woolley T W. Conjoint analysis in entrepreneurship researches: A review and research agenda [J]. Organizational Research Methods, 2010, 13 (1): 16 -30.

[72] Lucas R. On the mechanics of economic development [J]. Journal of Monetary Economics, 1988, 22 (1): 3 -42.

[73] Lumpkin G T, Dess G G. Clarifying the entrepreneurial orientation construct and linking it to performance [J]. Academy of Management Review, 1996, 21 (1): 135 -172.

[74] Lundvall B. National business systems and national systems of innovation [J]. International Studies of Management & Organization, 1999, 29 (2): 60 -77.

[75] Malmberg A, Maskell P. The elusive concept of localization economies: Towards a knowledge - based theory of spatial clustering [J]. Environment and Planning A, 2002, 34 (3): 429 -449.

[76] Markman G D, Baron R A. Person - entrepreneurship fit: Why some people are more successful as entrepreneurs than others [J]. Human Resource Management Review, 2003, 13 (2): 281 -301.

[77] Markusen A. Stickyplaces in slippery space: A typology of industrial districts [J]. Economic Geography, 1996, 72 (3): 293 -313.

[78] Marshall A. Principles of economics [J]. Political Science Quarterly, 2012, 31 (77): 430 -444.

[79] Feldman M P, Francis J. Entrepreneurs and formation of industrial clusters [J]. Social Science Electronic Publishing, 2001, 39 (1): 129 -141.

[80] Maskell P, Malmberg A. Localised learning and industrial competitiveness [J]. Cambridge Journal of Economics, 1999, 23 (2): 167 -185.

[81] McMullen J S, Shepherd D A. Entrepreneurial action and the role of

uncertainty in the theory of the entrepreneur [J]. Academy of Management Review, 2006, 31 (1): 132-152.

[82] Miller D. The correlates of entrepreneurship in three types of firms [J]. Management Science, 1983, 29 (7): 770-791.

[83] Nahapiet J, Ghoshal S. Social capital, intellectual capital, and the organizational advantage [J]. Academy of Management Review, 1998, 23 (2): 242-266.

[84] Winter S G, Nelson R R. An evolutionary theory of economic change [M]. Belknap Press of Harvard University Press, 1982.

[85] Peng M W, Luo Y. Managerial ties and firm performance in a transition economy: The nature of a micro-macro link [J]. Academy of Management Journal, 2000 (3): 486-501.

[86] Philip A W. Strategic entrepreneurship [M]. NY: Pitman Publishing, 1998.

[87] Pietrobelli C. Industry, competitiveness and technological capabilities in Chile: A new tiger from Latin America [M]. St. Martin's Press, 1998.

[88] Piore M, Sabel C. The second industrial divide: Possibilities for prosperity [M]. New York: Basic Books, 1984.

[89] Podsakoff P M, Organ D W. Self-reports in organizational research: Problems and prospects [J]. Journal of Management, 1986, 12 (4): 531-544.

[90] Politis D. The process of entrepreneurial learning: Aconceptual framework [J]. Entrepreneurial Theory & Practice, 2005, 29 (4): 399-424.

[91] Porter M E. Clusters and the new economics of competition [J]. Harvard Business Review, 1998, 76 (6): 77-90.

[92] Porter M E. Location, competition and economic development: Local clusters in a global economy [J]. Economic Development Quarterly, 2000, 14

(1): 15 -34.

[93] Pouder R, John C H S. Hot spots and blind spots: Geographical clusters of firms and innovation [J]. Academy of Management Review, 1996, 21 (4): 1192 -1225.

[94] Rhee M. Network updating and exploratory learning environment [J]. Journal of Management Studies, 2004, 41 (6): 933 -949.

[95] Saxenian A L. Regional advantage: Culture and competition in Silicon Valley Route128 [M]. Cambridge, MA: Harvard University Press, 1994.

[96] Saxenian A L. The origins and dynamics of production networks in Silicon Valley [J]. Research Policy, 1991, 20 (5): 423 -437.

[97] Say J B. A treatise on political economy: Or the production, distribution and consumption of wealth [M]. Nabu Press, 2010.

[98] Schumpeter J A. The theory of economic development [M]. Harvard University Press, 1934.

[99] Scott W R. Institutions and organizations [M]. Sage Publications, 2001.

[100] Shane S. A general theory of entrepreneurship: The individual - opportunity nexus [J]. General Information, 2003, 12 (3): 353 -374.

[101] Shane S, Venkataraman S. The promise of entrepreneurship as a field of research [J]. Academy of Management Review, 2000, 25 (1): 217 -226.

[102] Shane S A. Hybrid organizational arrangements and their implications for firm growth and survival: A study of New Franchisors [J]. Academy of Management Journal, 1996, 39 (1): 216 -234.

[103] Shane S. Prior knowledge and the discovery of entrepreneurial opportunities [J]. Organization Science, 2000, 11 (4): 448 -469.

[104] Iammarino S, Mccann P. The structure and evolution of industrial

clusters: Transactions, technology and knowledge spillovers [J]. Research Policy, 2006, 35 (7): 1018-1036.

[105] Singh R P. Entrepreneurial opportunity recognition through social networks [J]. Business Administration General, 1998.

[106] Sternberg R, Litzenberger T. Regional clusters in Germany: Their geography and their relevance for entrepreneurial activities [J]. European Planning Studies, 2004, 12 (6): 767-791.

[107] Atkinson A B, Stiglitz J E. A New View of Technological Change [J]. Economic Journal, 1969, 79 (315): 573-578.

[108] Stuart R W, Abetti P A. Impact of entrepreneurial and management experience on early performance [J]. Journal of Business Venturing, 1990, 5 (3): 151-162.

[109] Sull D N. From community of innovation to community of inertia: The rise and fall of the US tire industry [J]. Academy of Management Annual Meeting Proceedings, 2001 (1).

[110] Szulanski G. Exploring internal stickiness: Impediments to the transfer of best practice within the firm [J]. Strategic Management Journal, 1996, 17 (S2): 27-43.

[111] Tan J. Industry clustering, innovation and technology transfer: Evidence from Beijing Zhongguancun Science Park [J]. Journal of Business Venturing, 2006, 21 (6): 827-850.

[112] Teece D J, Pisano G, Shuen A. Dynamic capabilities and strategic management [J]. Strategic Management Journal, 1997, 18 (7): 509-533.

[113] Huang H, Luo F Z. Fuzzy comprehensive evaluation for risk analysis of regional machine tool industrial cluster [J]. Systems Engineering Procedia, 2011 (2): 422-427.

[114] Timmons J A. New venture creation [M]. Irwin McGraw-hill, 1999.

[115] Tsai B H, Li Y. Cluster evolution of IC industry from Taiwan to China [J] . Technological Forecasting and Social Change, 2009, 76 (8): 1092 - 1104.

[116] Tsang E W K, Zahra S A. Organizational unlearning [J] . Human Relations, 2008, 61 (10): 1435 - 1462.

[117] UNCTAD. Promoting and sustaining SMEs clusters and networks for development [R] . Commission on Enterprise Business Facilitation and Development, Geneva, 1998 (9): 2 - 4.

[118] Uzzi B. Social structure and competition in inter - firm network: The paradox of embeddedness [J] . Administrative Science Quarterly, 1997, 42 (1): 1 - 35.

[119] Hippel E V. The sources of innovation [M] . NewYork: Oxford University Press, 1988.

[120] Vroom V H. Organizational choice: A study of pre - and post - decision processes [J] . Organizational Behavior and Human Performance, 1966, 1 (66): 212 - 225.

[121] Wong C, Law K, Huang G. On the importance of conducting construct level analysis for multidimensional constructs in theory development and testing [J] . Journal of Management, 2008, 34 (4) : 744 - 764.

[122] Yin R K. Applications of ease study research [M] . Beverly Hills, CA: Sage, 1993.

[123] Yin R K. Case study research: Design and methods [M] . Beverly Hills, CA: Sage, 1994.

[124] Yli - Renko H, Autio E, Tontti V. Social capital, knowledge, and the international growth of technology - based new firms [J] . International Business Review, 2002, 11 (3): 279 - 304.

[125] Young J , Sexton D. Entrepreneurial learning: Aconceptual framework [J] . Journal of Enterprising Culture, 1997, 5 (3): 223 - 248.

[126] Zahra S A, Ireland R D , Hitt M A. International expansion by new venture firms: International diversity, mode of market entry, technology learning, and performance [J] . The Academy of Management Journal, 2000, 43 (1): 925 -950.

[127] Zahra S A, Covin J G. Business strategy, technology policy and firm performance [J] . Strategic Management Journal, 1993, 14 (6): 451 -478.

[128] Zucker L G. Production of trust: Institutional sources of economic structure, 1840—1920 [J] . Research in Organizational Behavior, 1986 (8): 53 -111.

[129] 宝贡敏，余红剑．关系网络与创业互动机制研究 [J] ．研究与发展管理，2005，17 (3)：46 -51.

[130] 边燕杰，邱海雄．企业的社会资本及其功效 [J] ．中国社会科学，2000 (2)：87 -99.

[131] 蔡铂，聂鸣．社会网络对产业集群技术创新的影响 [J] ．科学学与科学技术管理，2003 (7)：57 -60.

[132] 蔡莉，柳青．新创企业资源整合过程模型 [J] ．科学学与科学技术管理，2007 (2)：95 -102.

[133] 曹小红，蔡莉，苗淑娟．基于高技术产业集群的模仿创业决策机理研究 [J] ．科学学研究，2008，26 (4)：739 -748.

[134] 陈劲，王皓白．社会创业与社会创业者的概念界定与研究视角探讨 [J] ．外国经济与管理，2007，29 (8)：10 -15.

[135] 陈文婷，李新春．创业学习、知识获取与创业绩效 [D] ．大连：东北财经大学，2010.

[136] 陈晓萍，徐淑英，樊景立．组织与管理研究的实证方法[M] ．北京：北京大学出版社，2008.

[137] 陈雪梅，赵珂．中小企业集群形成的方式分析 [J] ．暨南大学学报，2001 (2)：68 -73.

[138] 池仁勇. 区域中小企业创新网络形成、结构属性与功能提升：浙江省实证考察 [J]. 管理世界，2005 (10)：102－112.

[139] 池仁勇等. 产业集群发展阶段理论研究 [J]. 软科学，2005 (5)：1－3.

[140] 仇保兴. 小企业集群 [M]. 上海：复旦大学出版社，1999.

[141] 代吉林，张书军，李新春. 知识资源的网络获取与集群企业模仿创新能力构建——以组织学习为调节变量的结构方程检验 [J]. 软科学，2009，23 (7)：76－82.

[142] 戴维奇. 网络嵌入、公司创业与绩效 [D]. 杭州：浙江大学，2011.

[143] 丁岳枫. 创业组织学习与创业绩效关系研究 [D]. 杭州：浙江大学，2006.

[144] 窦红宾，王正斌. 网络结构对企业成长绩效的影响研究——利用性学习、探索性学习的中介作用 [J]. 南开管理评论，2011 (3)：15－25.

[145] [美] 弗兰克·奈特. 风险、不确定与利润 [M]. 北京：华夏出版社，2010.

[146] 符正平. 论企业集群的产生条件与形成机制 [J]. 中国工业经济，2002 (10)：20－26.

[147] 盖文启，张辉，吕文栋. 国际典型高技术产业集群的比较分析与经验启示 [J]. 中国软科学，2004 (2)：102－108.

[148] 高云虹. 产业集群形成机理探究——基于关键性企业的视角 [J]. 经济问题探索，2007 (1)：72－77.

[149] 韩伯棠，朱美光，徐春杰等. 基于知识溢出的高新区科技人才流动研究 [J]. 科技进步与对策，2005 (5)：155－157.

[150] 侯杰泰，温忠麟，成子娟. 结构方程模型及其应用 [M]. 北京：教育科学出版社，2004.

[151] 胡蓓. 产业集群的人才资源集聚效应 [M]. 北京：科学出版

社，2009.

［152］胡望斌，张玉利，牛芳．我国新企业创业导向、动态能力与企业成长关系实证研究［J］．中国软科学，2009（4）：107－117.

［153］胡望斌，张玉利．新企业创业导向转化为绩效的新企业能力：理论模型与中国实证研究［J］．南开管理评论，2011，14（1）：83－95.

［154］黄芳铭．结构方程模式：理论与应用［M］．北京：中国税务出版社，2005.

［155］简兆权，吴隆增，黄静．吸收能力、知识整合对组织创新和组织绩效的影响研究［J］．科研管理，2008，29（1）：80－86.

［156］姜照华，隆连堂，张米尔．产业集群条件下知识供应链与知识网络的动力学模型探讨［J］．科学学与科学技术管理，2004（7）：55－60.

［157］蒋春燕，赵曙明．社会资本和公司企业家精神与绩效的关系：组织学习的中介作用［J］．管理世界，2006（10）：90－99.

［158］雷家辅，冯婉玲．高新技术创业管理［M］．北京：机械工业出版社，2001.

［159］李怀祖．管理研究方法论［M］．西安：西安交通大学出版社，2004.

［160］李乾文，张玉利．外国学者论我国创业活动的特征与创业研究趋势［J］．外国经济与管理，2004，26（7）：12－18.

［161］李燃，王立平，刘琴琴．地理距离与经济距离对创业知识溢出影响的实证分析［J］．科技进步与对策，2012，29（10）：113－118.

［162］李顺才，李伟．基于知识根植性视角的联盟协作创新研究［J］．研究与发展管理，2007（2）：1－5.

［163］李小康，胡蓓．集群企业的集群知识创造能力研究［J］．图书情报工作，2013（5）：26－31.

［164］李新春．高科技产业集群式创业的地区差异及其影响因素［J］．南开学报（哲学社会科学版），2004（1）：18－19.

［165］李新春．企业家协调与企业集群——对珠江三角洲专业镇企业集群化成长的分析［J］．南开管理评论，2002（3）：49－55.

［166］李新春．市场转型与中小企业成长：产业集群与家族企业研究［M］．北京：经济科学出版社，2008.

［167］林强．基于新创企业绩效决定要素的高科技企业孵化机制研究［D］．北京：清华大学，2003.

［168］林嵩．创业机会识别的过程解构与机制探讨［J］．技术与创新管理，2010，31（3）：306－308.

［169］林学军．创业活动与产业集群的形成［J］．经济导刊，2008（1）：60－62.

［170］刘衡，李垣，李西垚，肖婷．关系资本、组织间沟通和创新绩效的关系研究［J］．科学学研究，2010，28（12）：1912－1919.

［171］鲁开垠．产业集群社会网络的根植性与核心能力研究［J］．广东社会科学，2006（2）：41－46.

［172］罗亚非，宋德安，常晓明．基于生态模型的集群发展阶段与创业的关系——以中关村海淀园为实例［J］．科学学与科学技术管理，2007（8）：48－53.

［173］马鸿佳．创业环境、资源整合能力与过程对新创企业绩效的影响研究［D］．长春：吉林大学，2008.

［174］［美］迈克尔·波特．竞争论［M］．北京：中信出版社，2003.

［175］苗青，王重鸣．企业家能力：理论、结构与实践［J］．重庆大学学报（社会科学版），2002，9（1）129－131.

［176］［美］萨克森宁．地区优势：硅谷和128公路地区的文化与竞争［M］．上海：上海远东出版社，1999.

［177］［美］萨克森宁．硅谷优势［M］．曹蓬，杨宇光，等，译．上海：上海远东出版社，1999.

［178］沈超红，罗亮．创业成功关键因素与创业绩效指标研究［J］．

中南大学学报（社会科学版），2006，12（2）：231 -235.

［179］沈超红，欧阳苏腾．国内创业环境研究综述［J］．企业技术开发，2004，23（9）：31 -32.

［180］石忆邵．企业群落理论及其在中国的实践［J］．同济大学学报（社会科学版），2001（8）：41 -62.

［181］唐靖，张炜，高建．不同创业环境下的机会认知和创业决策研究［J］．科学学研究，2007（2）：328 -333.

［182］唐鹏程，朱方明．创业机会的发现与创造——两种创业行为理论比较分析［J］．外国经济与管理，2009（5）：15 -22.

［183］王柏轩．中小企业创业环境与政策研究：以武汉市为例［M］．武汉：中国地质大学出版社，2009.

［184］王朝云，梅强．产业集群发展不同阶段的创业活动差异性分析［J］．科学学与科学技术管理，2010（8）：73 -78.

［185］王缉慈．创新的空间［M］．北京：北京大学出版社，2001.

［186］王缉慈．地方企业群战略［J］．中国工业经济，2002（3）：48 -54.

［187］王缉慈．关于地方产业集群研究的几点建议［J］．经济经纬，2004（2）：53 -57.

［188］魏江，勾丽．集群企业的模仿特征及模仿方式探析［J］．科学学与科学技术管理，2008（2）：142 -146.

［189］魏江，魏勇．产业集群学习机制多层解析［J］．中国软科学，2004（1）：121 -125.

［190］魏江，陈志辉，张波．企业集群中企业家精神的外部经济性考察［J］．科研管理，2004，25（2）：20 -25.

［191］魏江，徐蕾．集群企业知识网络双重嵌入演进路径研究——以正泰集团为例［J］．经济地理，2011（2）：247 -253.

［192］魏江，郑小勇．关系嵌入强度对企业技术创新绩效的影响机制研究——基于组织学习能力的中介性调节效应分析［J］．浙江大学学报

（人文社会科学版），2010（6）：168－180.

［193］魏江．小企业集群创新网络的知识溢出效应分析［J］．科研管理，2003（24）：54－60.

［194］魏守华．集群竞争力的动力机制以及实证分析［J］．中国工业经济，2002（10）：27－34.

［195］邬爱其．超集群学习与集群企业转型成长——基于浙江卡森的案例研究［J］．管理世界，2009（8）：141－156.

［196］吴结兵，郭斌．企业适应性行为、网络化与产业集群的共同演化——绍兴县纺织业集群发展的纵向案例研究［J］．管理世界，2010（2）：141－155.

［197］吴明隆．SPSS 统计应用实务［M］．北京：科学出版社，2003.

［198］夏兰．企业家精神对产业集群形成作用分析［J］．商场现代化，2006（11）：143.

［199］谢洪明，王成，吴隆增．知识整合、组织创新与组织绩效：华南地区企业的实证研究［J］．管理学报，2006（5）：600－606.

［200］徐康宁．开放经济中的产业集群与竞争力［J］．中国工业经济，2001（11）：22－27.

［201］许庆瑞，毛凯军．论企业集群的形成条件［J］．经济纵横，2002（10）：37－40.

［202］杨静文，朱宪辰，冯俊文．创业机制在企业集群发育形成过程中的作用分析［J］．现代管理科学，2004（5）：8－10.

［203］杨静文，朱宪辰．冀豫浙中小企业集群中的创业机制实证研究［J］．地域研究与开发，2005，24（2）：34－37.

［204］杨静文．企业集群发育形成过程中的创业机制分析［J］．经济与管理，2004（5）：8－10.

［205］杨俊，张玉利，杨晓非等．关系强度、关系资源与新企业绩效——基于行为视角的实证研究［J］．南开管理评论，2009（4）：44－54.

[206] 杨俊，张玉利．社会资本、创业机会与创业初期绩效理论模型的构建与相关研究命题的提出［J］．外国经济与管理，2008（10）：17－24.

[207] 杨俊．基于创业行为的企业家能力研究——一个基本分析框架［J］．外国经济与管理，2005，27（4）：28－35.

[208] 杨鹏鹏，袁治平．企业家社会资本影响企业动态能力的机理分析［J］．情报杂志，2008，27（9）：146－150.

[209] 杨闩柱．经济全球化视角下地方集群的困境［J］．浙江经济，2003（19）：50－51.

[210] 张炜，王重鸣．中小高技术企业创业者组合模式与胜任特征研究［J］．科学学与科学技术管理，2004（3）：90－93.

[211] 张玉利，王晓文．先前经验、学习风格与创业能力的实证研究［J］．管理科学，2011（3）：1－12.

[212] 张玉利，杨俊，任兵．社会资本、先前经验与创业机会［J］．管理世界，2008（7）：91－102.

[213] 张玉利，陈寒松．创业管理［M］．北京：机械工业出版社，2008.

[214] 张玉利，赵都敏．新企业生成过程中的创业行为特殊性与内在规律性探讨［J］．外国经济与管理，2008（1）：8－16.

[215] 张玉利．创业、企业家精神与企业成长——创业与企业家精神：管理者的思维模式和行为准则［J］．南开学报哲学社会科学版，2004（1）：12－15.

[216] 张玉利．创业研究现状探析及其在成果应用过程中的提升［J］．外国经济与管理，2010（1）：1－7.

[217] 赵观兵，梅强，万武．基于环境宽松性的创业者特质对创业机会识别影响的实证研究［J］．中国科技论坛，2010（8）：109－113.

[218] 赵强，孟越，王春晖．产业集群竞争力的理论与评价方法研究［M］．北京：经济管理出版社，2009.

［219］赵晓东．产业集群背景下创业社会资本与社会网络研究［D］．杭州：浙江大学，2007.

［220］郑伯埙，黄敏萍．实地研究中的案例研究［M］．北京：北京大学出版社，2008.

［221］郑风田，程郁．创业家与我国农村产业集群的形成与演进机理——基于云南斗南花卉个案的实证分析［J］．中国软科学，2006（1）：100－107.

［222］郑风田，唐忠．我国中小企业簇群成长的三维度原则分析［J］．中国工业经济，2002（11）：63－69.

［223］周碧华等．产业集群综合评价指标体系实证研究［J］．管理科学文摘，2006（4）：55－58.

［224］朱华晟，王缉慈．论产业群内地方联系的影响因素——以东莞电子信息产业群为例［J］．经济地理，2002，22（4）：385－393.

［225］朱华晟．浙江产业群——产业网络、成长轨迹与发展动力［M］．杭州：浙江大学出版社，2003.

［226］朱嘉红，邬爱其．基于焦点企业成长的集群演进机理与模仿失败［J］．外国经济与管理，2004（2）：33－37.

［227］朱仁宏．创业研究前沿理论探讨——定义、概念框架与研究边界［J］．管理科学，2004，17（4）：71－77.

［228］朱秀梅，蔡莉，张危宁．基于高技术产业集群的知识溢出传导机制研究［J］．工业技术经济，2006（5）：47－51.

［229］朱秀梅，蔡莉．基于高技术产业集群的社会资本对知识溢出影响的实证研究［J］．科学学与科学技术管理，2007，28（4）：117－121.

［230］朱秀梅．知识溢出、吸收能力对高技术产业集群创新的影响研究［D］．长春：吉林大学，2006.

［231］《中国产业集群发展报告》课题组．中国产业集群发展报告［M］．北京：机械工业出版社，2009.

重要术语索引表

A

案例样本 155

B

变量 7

巴特利特球形检验（Bartlett's） 68

标准化路径系数 72

被解释变量 93

标准误 97

迸发效应 173

C

产业集群 1

创业人才 1

创业行为 1

创业知识溢出 1

测量模型 7

产业关联 11

成分矩阵 69

D

多案例研究 21

单位阵 68

多重共线性 98

Durbin – Watson 检验 98

倒逼效应 172

F

发展绩效 1

方差 64

F 检验 65

G

构念 1

关系资本 7

构思效度 12
高低组平均数差异检验法 63

H

Harman 单因子检验 96
回归模型 98

J

结构维度 7
机会捕捉知识溢出 11
机会识别 11
集群创新 11
解释力 45
结构效度 68
近似卡方分布 69
解释变量 70
结构方程模型 72
均值 91
解释方差 98
假设检验 148

K

克服新进入缺陷知识溢出 11
控制变量 96
扩散效应 168

L

量表 7
量表开发 52
李克特量表 55
Levene 检验 64
路径系数 72
链锁效应 174

M

模型建构 8
模仿行为 11
描述性统计 61
模型适配 73

N

内涵式发展 1
内部一致性 71
拟合指数 71
拟合优度 72
内容效度 90

P

偏相关系数 68
平均方差抽取量（AVE） 90
Pearson 相关系数 97
膨胀因子（VIF） 98

Q

驱动机理 1
区分效度 12

S

深度访谈 7
收敛效度 12
示范效应 16
双尾检验 68
算术平方根 91
商业智能（BI） 156

T

团队组建 11
t 检验 63
同质性检验 64
统计值 64
探索性因子分析（EFA） 68
题项分与总分相关法 74
特征根 70
调节变量 96
调节效应 198

W

外延式发展 6
问卷调查 7
文献调研 8
网络构建 48
问项 55
网络效应 173

X

效度 9
信度 9
新进入缺陷 11
小范围测试 52
项目分析 61
显著性 63
相关系数 64
相关阵 68

Y

验证性案例研究 7
因子分析 9
研究框架 10
因子载荷 69

Z

知识溢出 1
主体交互 11
资源整合 11
自由度 69
总变异 69
最大方差旋转 69
主成分因子 69
总体信度 71
主成分萃取法 74
组合信度（CR） 90

载荷量 97
自相关 98
重复逻辑 155
专家咨询 177

附　录

附录 1　访谈提纲

尊敬的______：

您好！

首先，非常感谢您接收本人的访谈请求。本访谈是为了完成教育部人文社科基金和国家自然科学基金项目而做的专项调查，目的是通过对您及其他被访谈者的创业经验及创业智慧的总结，探讨创业人才、创业活动与产业集群发展的关系。您的回答对于我们的研究具有重要的参考价值，有助于提高我们的研究质量。本访谈内容仅用于学术研究，不涉及您的个人隐私和您企业的商业机密，敬请真实、完整地表达您的想法。再次感谢您的支持与合作！

访谈提纲：

第一部分　创业经历

（1）请先简要介绍您的创业经历以及企业的运营现状。

（2）您的创业过程大致有哪几个重要的阶段？在每个阶段中您的工作重点是什么？遇到的最大困难是什么？是如何克服这些困难的？

第二部分 创业经验与创业能力

（3）请简要介绍您以前的成长经历和从事的工作。

（4）以前的工作经验对您的创业有什么影响？这些经历对于您创业的最大帮助和自身能力提升体现在哪些方面？

（5）您认为创业能力应该包含哪些内容？

第三部分 创业机会与创业动机

（6）您新创企业的初衷是什么？诱使您创业的关键事件是什么？

（7）您是如何找到这个创业机会的？

（8）为什么选择进入现在这个行业，进入这个行业您的主要优势有哪些？

第四部分 产业集群环境与创业行为

（9）选择在这个工业园区/开发区创业的主要考虑因素是什么？促使您最终决定在这里创业的关键因素有哪些？（资源、政策、社会网络、氛围等方面）

（10）在您创业的最初阶段，所在园区给了您哪些有价值的帮助？又有哪些不足？

（11）本区域的相关产业的存在对于您的创业决策产生哪些影响？

（12）您的企业与相关企业的联系主要体现在哪些方面？从这些联系中您的企业能获得什么受益？

第五部分 创业行为对产业集群的影响

（13）您认为本企业在这里的经营对于这个行业在本地的发展有哪些积极影响？

（14）您认为相关企业在这里聚集形成产业集群的主要原因是什么？

（15）您认为创业行为在企业集聚和产业集群形成发展中发挥了怎样的作用？

附录 2　访谈记录

一、概述

1. 访谈对象所在行业简介

此次访谈企业均属于上海商业智能（Business Intelligence，BI）产业集群中的中小型企业。商业智能这一概念是由 Gartner Group 公司于 1996 年提出，由数据仓库、查询报表、数据分析、数据挖掘、数据备份和恢复等部分组成，以帮助企业决策为目的的技术及其应用。商业智能通常被理解为将企业中现有的数据转化为知识，帮助企业做出明智的业务经营决策工具。商业智能的关键是从许多来自不同的企业运作系统的数据中提取出有用的数据并进行清理，以保证数据的正确性，然后经过抽取（Extraction）、转换（Transformation）和装载（Load），即 ETL（BI 工具）过程，合并到一个企业级的数据仓库里，从而得到企业数据的一个全局视图。在此基础上，利用合适的查询和分析工具、数据挖掘工具、联机分析处理（OLAP，On－Line Analytical Processing）工具等对其进行分析和处理，最后将知识呈现给管理者，为管理者的决策过程提供支持。目前，商业智能产品及解决方案大致可分为数据仓库产品、数据抽取产品、OLAP 产品、展示产品和集成以上几种产品的针对某个应用的整体解决方案等。

2. 访谈对象

（1）许总经理，上海 KS 信息系统有限公司；

（2）刘董事长，JBK 信息技术有限公司；

（3）刘总经理，上海 TZ 智能数据服务有限公司；

（4）冯首席执行官，TZ 软件科技（上海）有限公司；

（5）马总经理，上海 LP 科技有限公司。

3. 主要访谈问题

（1）创业经历，包括创业历程、阶段、现状、困难等；

（2）创业经验与创业能力；

（3）创业机会识别和创业动机；

（4）本地化集群环境与创业行为，包括所在区域或园区环境对创业的影响以及与相关企业的联系等；

（5）创业行为对集群环境的影响。

二、访谈记录

（一）访谈对象1：许总经理，上海KS信息系统有限公司

1. 概况

（1）行业：BI（商业智能）与数据仓库。

（2）企业基本历程。2002年建立，2010年被业内著名美国公司软通动力并购成为美国上市公司，目前规模有200人。

（3）创建者背景。运筹学专业，华东理工大学毕业，毕业留校做老师，后去国际知名统计软件公司SAS，最高职位做到中国区副总。上海市2005年科技创业领军人物，上海民营企业家优秀共产党员。

2. 创业经历

（1）2000年，机缘巧合，被风险投资人看中并输入资金，开始创建企业；

（2）2000—2001年，亏损，缺乏客户，没有品牌；

（3）2002年，开始盈利，投资人出现经济问题，由于地方政府，特别是科委的支持，渡过难关；

（4）2004—2005年，出现创业团队中同届毕业生的利益平衡问题，出现核心成员出走问题，该阶段关键是留住人才。

3. 创业动机

（1）归属感追求。外企最大限度榨取员工剩余价值，且存在政治、文化冲突，职位晋升遭遇玻璃天花板等，在外企工作缺乏归属感。

（2）不安分的本性。

（3）机遇，投资人主动上门。

（4）可以发挥特长。能与数学数据结合，计算机技术能得到应用。

4. 本地化环境影响

（1）政策、资源、氛围的支持非常重要。

（2）闵行区科委大力支持和周到服务。政府相关部门是服务者而非管理者，这些服务包括：高新科技企业申报、项目申报、劳动仲裁服务等。

（3）与本人经历和个性有关，与本行业其他企业联系不多。

（4）本企业属于青年见习基地，2005 年开始，政府给予资金支持，每人每月 460 元，可降低企业人工成本。

5. 以前工作经验的影响：影响巨大，全方位锻炼，从书生到经理人

（1）教师角色。运筹学背景、学术研究背景对于技术层面有较多支持。

（2）美国上市公司 SAS 经历。做销售、技术工作使自己得到全面锻炼，曾获得 SAS 公司全球最佳销售奖，管理能力得到提升，并且有很好的客户基础，大客户服务能力得到增强。

（3）在刚起步阶段，与原企业的关系支持巨大，当时 90% 业务来自于 SAS 的合作。

6. 与原工作单位华东理工大学的关系

（1）共同课题研究；

（2）学生见习基地；

（3）为企业输送人才。

7. 对集群形成的影响

（1）为行业发展培养人才，企业是青年见习基地；

（2）影响园区决策者更加重视促进高科技产业集群的形成；

（3）创业活动活跃，有榜样示范效应，带动更多创业活动，促进集群形成。

8. 创业观点

（1）不赞同学生创业。因为学生根本不具备创业的条件和能力。

（2）创业条件。资金、技术，包括技术创新、社会关系，缺一不可。

（3）劳动法有缺陷，对离职人员约束小。对高科技行业来说，无法实现对知识的保护，离职成本过低。过度对知识型劳动者的保护，影响软件产业的长期发展，无法实现集聚而做大做强。

（4）政府确实关心企业成长和发展。

9. 政策导向启示

由于政府主导所有资源，必须公平对待大型企业和中小型企业。要有群体效应，必须关注大多数企业来分散风险，如中关村，北京、深圳、杭州、浙江是正例，上海是反例，上海过分关注大型企业，导致科技创新能力差。

（二）访谈对象2：刘董事长，JBK信息技术有限公司

1. 概况

（1）企业概况。2002年在中关村创业，目前公司500人，业务主要遍及北京、上海和广州等城市，主要业务包括：BI的数据仓库、数据挖掘、风险管理等。其中，可扩展商业报告语言（XBRL，Extensible Business Reporting Language）居国内第一。

（2）创建者背景。技术海归派，中科院研究生院教授。曾在美国留学，获博士学位，后进入IBM工作5年，2002年从IBM辞职回到国内，开始在中关村创建企业。

（3）创业阶段。2002—2005年，初始阶段，由1～2个人发展到60～70个人，市场不断拓展，开始打造品牌。

2005—2007年，获得上海交易所项目，成为发展机遇，这是个代表性项目，通过该项目培育了团队，建立了关系。

2008年，金融危机，比较艰苦，有决策失误，比如：过于关注技术，而忽略销售管理。

2009年至今，高速发展。原因主要有：市场成熟、数据积累、银行证券业需求增加、公司品牌形成。

2. 创业意图的形成

（1）自身技术能力已经具备；

（2）有帮助国内的企业省钱的想法，IBM 的服务价格非常贵；

（3）一直都有创业想法，实现自我价值，从读书人到职业经理人，再到创业者，逐步进阶；

（4）关键事件。进入环亚公司并迅速离开。

3. 创业优势

（1）IBM 的经验；

（2）行业经验，以金融为主，触类旁通。

4. 创业地域的选择

（1）选择中关村因其知名度高；

（2）地域不重要，由于行业特点，属于高端服务业，只要是经济发达的区域，各个园区差别不大。

5. 园区的价值和帮助

（1）上电视免费宣传，对说服客户有很大帮助，因为这体现了官方的支持；

（2）不太看重基础设施和优惠特点；

（3）贷款担保，绿色通道，交流心得的企业家沙龙等。

6. 企业聚集的好处

（1）有利于人才流动和交流；

（2）其他帮助不大，因行业为卖方市场；

（3）产业链互补，促进共同发展。

7. 以前工作经验对创业和创业能力的影响

（1）提升了跟顾客打交道的能力；

（2）管理能力，特别是管理高科技人才的能力增强；

（3）自信心提升；

（4）对创业意图没有直接影响，有间接影响，主要是自信心提升；

（5）灵魂的提升，职业精神培育养成。

8. 与原来公司的联系：主要是个人关系

9. 对创业能力的理解

（1）技术能力能弥补海归社会关系的不足，这非常重要；

（2）市场开拓能力；

（3）对行业服务的理解；

（4）吸引人才的能力，主要是要有人格魅力，让员工感觉有前途，能学到东西；

（5）沟通协调，主要包括两个层面：对客户和对员工；

（6）心态要好。对于金融客户，要有负责任的态度，好的心态也是能力。

10. 创业活动对群体的影响

（1）推动 XBRL 在中国的发展，成为制定标准的人，推动认识 BR 及其价值；

（2）对高科技企业集群的推动，物以类聚；

（3）示范带动，榜样作用，一个人成功，带动一片；

（4）成功经验的影响，如园区组织的相关讲座，对成功创业有帮助。

11. 创业观点

（1）高科技创业的关键是技术能力。

（2）达到一定层次后，行业经验不再重要，更要关注管理层面的问题，但是对一个行业要特别精通。

（3）自身实力是根本。自己的价值大，实力强则对环境依赖度低。

（4）要有定力，对自己有清醒认识，要有信心和希望。

（5）务实。现金流比利润重要，短期比长期重要（特别是在初创期），活着比死重要（该放弃的东西要放弃），根据地很重要（生存的基础）。

（6）批判木桶理论，初创者没有桶，一技之长最重要，例如：技术、客户关系等。

（三）访谈对象 3：刘总经理，上海 TZ 智能数据服务有限公司

1. 概况

（1）企业概况。2009 年在上海成立，目前员工 80 人；主要业务是 BI 的数据库。控制发展进度，采取稳健经营的策略，主要集中在银行领域，

如浦发、上海银行、宁波银行、中国银行等。

（2）创建者背景。比较早接触 BI 领域。华中科技大学 MIS 背景，毕业后先后在国有企业邮电所工作 3 年，然后在外企、行业巨头美国上市公司 Teradata 工作 8 年，从编程做到管理岗位。

（3）创业者对行业的理解。BI 在美国二十世纪七八十年代开始兴起，在国内还是在起步阶段，还没铺开。目前集中于金融、保险、电信等高端领域。BI 很有挑战性，属于复杂的系统工程，是一个解决方案，包括 15 个产品，但也有很大的发展空间，BI 业务的增长超过整个 IT 增长。从外国转入中国属于产业转移，但还没有铺开，原因在于成本高、本地化难度高，但中国人学得快。

（4）创业发展阶段。从任务角度看，经历了建构团队、提供解决方案、开拓和维持市场（相对保守，主要专注大客户）、财务优化、与资本市场对接、形成品牌。目前还处在 1 ~ 2 阶段。

（5）困难点及对策。

困难 1：社会保险法实施后，人力成本高。对策：建立资源池，降低成本。

困难 2：核心竞争力的形成，有的靠规模经济，有的靠与资本对接，虽然这降低了创新度。对策：投入研发，坚持积累。

2. 创业动机

（1）市场机遇好，进入早。

（2）个性特征。一直想创业，以前没有足够的冲动。

（3）体现自己的想法和理想。在国企工作过，也在外企工作过。但自主权低、好的想法无法实现、发展局限、玻璃天花板等加速了自己的创业。

（4）对行业有基本认识，认同行业的发展前景。

3. 进入行业的优势

社会资源、客户关系、成熟的方法、行业经验。

4. 本地化环境的影响

（1）与另两家 TZ 公司（业务范围：软件和设备领域）在业务上互补，

还可以共享后台资源、部门支持、基础设施，另两家TZ公司与政府关系比较熟悉，也可以直接用；

（2）园区优惠政策有限；

（3）园区历史久，资源容易找，成本相对低；

（4）由职能部门组织的园区培训活动，还可推荐三板上市；

（5）在上海，基本考虑的注册地是漕河泾，另一个是张江高科。因为这两个地方信息灵活，有科技集团的支持，配套服务成规模。

5. 以前工作经验的影响

（1）有利于业务的延续。客户、上下游厂商（产业链）、团队资源等，虽然在每个阶段的作用不同，但在初始阶段很重要。

（2）有助于加强对行业的理解和自信心的提升。

6. 创业能力

（1）坚持，坚定的信念，这与个性与后天培养有关，个性与后天培养同样重要；

（2）对自己的能力能够清楚地认识；

（3）会放弃，抵抗诱惑，才能专注；

（4）激情，有强烈冲动，才能坚持；

（5）起步时候要清楚优势是什么，应该干什么业务方向；

（6）长期来看，要有系统综合利用资源的能力，全靠自己很难，要借助外力，如资本对接等；

（7）调整能力要强，由全面观到局部观，有适应能力。

7. 对集群形成的影响

（1）开创性的影响。原来没有这个行业的企业，现在有了。

（2）对周边企业的影响。通过沟通，拓展他们的知识，从而导致在业务上的拓展，资源带动，扩大了产业链。分工合作，互相影响，提升了相关企业的竞争力。资源共享，形成整体。

（3）影响高层决策。经信部的产业文件出现此行业的名字，又反过来促进产业发展。

8. 区域内产业相关企业的合作

产业链互补，例如：客户关系管理系统（CRM）的后端和平台分工；相关企业在同一个食堂吃饭，有沙龙，沟通机会多；在分工基础上，人力资源共享；本公司的特长在业务方面，与其他公司形成战略同盟，强强联合增强竞争力。

9. 企业集聚的原因

（1）漕河泾是最早的开发区，知名度高，配套齐全；

（2）IT 行业比较成熟，行业氛围浓厚，实现资源信息的共享；

（3）解决方案的互补，通过园区渠道、客户联系实现；

（4）园区内资源交流多，如员工住在附近，找工作也在附近。

10. 创业对集群发展的影响

（1）前沿行业的进入，对集群的升级有利，对政策决策有影响；

（2）带动别的企业进入，增强集群的稳定性和凝聚力，促进产业集群发展；

（3）合作程度的提升，企业联系度越高，集群形成的影响力越大；

（4）形成合作多赢局面。现有企业被补强，新企业被补不足，包括客户也受益，能获得完整的解决方案，集群的整体竞争力加强。

（四）访谈对象 4：冯首席执行官，TZ 软件科技（上海）有限公司

1. 概况

（1）企业概况。2004 年在张江软件园区创立。当时广州某公司与 IBM 合作，但发生财务危机，IBM 希望保留公司团队，其商业智能部门通过渠道与 TZ 台北总公司接触，而 TZ 台北公司也想进入大陆市场，因此，商业智能部门被并购，新公司需要一个主管，冯被选中，因此来大陆，并被给予 30% 的股权。

（2）业务类型及策略。聚焦 BI 工具：ETL，不追求规模。主要客户是电信、银行，其他的客户需求靠外力支持。在外围项目上（EPR，CRM，PORTAL）做“减法”，要懂得舍得放弃，因为这些外围项目是无底洞，投入大，人力资源利用率低，可能在管理上还会出现问题。以中小企业为目

标市场，它们价格敏感度高。

（3）创建者背景。技术出生，学计算机科学，后以技术岗位加入业内著名大企业 NCR，后进入销售部门（喜欢销售部门，愿意尝试，销售接触面广），开始接触商业智能。NCR 是大中华区人才的培育基地，对于人脉建立有很大帮助。

（4）创业阶段。2004—2005 年，原团队收尾工作，应收账款完成。靠沟通稳定了团队人心，稳定了客户。2006 年，开始寻找新的顾客，跟以前的人脉相关，争取外包项目。2008 年开始转型，自我规模不大，原因是成本高，新人来源困难，不像东软，规模大且与学校关系密切，实习生来源充足。当时人力成本上升，转型走向以产品为主的道路，开始以数据整理工具 ETL 为主，产品和服务占营业收入的 50%。目前，继续往高端发展，强调性价。在特定项目试点，要舍得牺牲利润（如内蒙古移动、广西电信项目）。同时，加强整体解决方案的整合。

（5）困难点比内资企业更大。融资困难，政策优惠只补助内资企业，跨岸融资政策上面临困难。

2. 创业动机

（1）既是职业经理，也是创业者；

（2）希望能有主动性，职业经理人局限很大，创业更有吸引力。

3. 本地化环境的影响

（1）进入张江是通过顾问公司，当时的工作重点在于评估并购对象；

（2）主要是税费减免，需要申请高新企业资格；

（3）不好的地方在于淘汰小的公司，挑客人，如要有实体办公地点等；

（4）地域上的垂直整合不明显。

4. 以前的经验的影响

（1）人脉关系，NCR 是行业人才培养中心；

（2）学习到弱势品牌下如何去面对处理；

（3）不一定所有东西都适用。比如：人员的管理，大小企业区别很大。

5. 创业能力

（1）要有核心团队。遭遇困难的时候核心团队尤为重要，技术、业务开发、财务三个角色要稳定。

（2）对进入的行业要了解，对自己的认识要清楚。

（3）特质。偏执、梦想、毅力、耐心、内心的动力。

（4）业务能力，特别是弱势品牌下如何去面对处理的能力。

（5）不断学习。强调 STP（Segmentation、Target、Position）方法。

6. 创业活动对集群形成的影响

（1）影响很小，逐渐扩大；

（2）将 ETL 合进解决方案中，落地实施的时间缩短；

（3）已经创业的，要达成共识，要走互补合作的道路，而非恶性价格战，比如：有伙伴有银行绩效的解决方案，但是没有数据整理后台支持。从竞争到合作，与 TD 合作的时候是竞争，定位之后产品互补，人力资源共享，有更多合作。新创业的，带入新的技术应用的 Idea（例子：互联网环境下社交网站也有商业价值），带入创新但也有负面因素，如重复性高，有低层面价格竞争的危险。

7. 创业观点

（1）离职是能量的扩散，以积极心态看待；

（2）行业发展的基础：科学决策的需求。微商、浙商等小型银行业务的扩张为行业发展提供契机。

（五）访谈对象 5：马总经理，上海 LP 科技有限公司

1. 概况

（1）企业概况。2002 年在上海慧谷创建，目前有 60 多人，50 多名工程师。主要业务有 3 类：呼叫中心、数据仓库（30 人）、设备代理。企业风格：踏实，单纯，通过对员工的影响来影响行业。

（2）创建者背景。在计划经济时代，被分配到电子部属下福建计算机公司，是一家 IT 公司，具有国企背景。做过技术和销售，从事过 CAD 软件的销售，有客户有技术，几个人凑一起，小股东分出变大股东。发展路

径：硬件销售—系统集成—软件开发—数据仓库。2002 年开始创建 LP 公司。

（3）创业发展阶段。2001—2002 年，起步阶段，找客户，市场不成熟。2005—2006 年，增长阶段，市场成熟，但要懂得放弃。2009—2010 年，处于发展阶段，有困惑：既想做大但又想找保险带，寻找企业发展方向。

（4）困难点。人——民企保障低，用人成本高。财——发展的钱、扶植的钱少。税收问题——小企业税收优惠少。市场——刚起步的阶段，客户高端，市场竞争弱，客户基础强。目前已经是充分竞争市场。

（5）能够长期生存的原因：专心做事，没有前台；销售少，技术主导；提供性价比高的产品。

2. 创业动机

（1）每个人都有创业冲动，被逼的；

（2）自由度高，思想的自由，做自己想做的事；

（3）有经济基础，有客户基础，能养活自己；

（4）行业有机会，行业潜力大。

3. 创业机会

（1）机缘巧合。工作、朋友交流、市场和项目所带来的机会。

（2）行业经验是机会识别的基础。

4. 进入此行业的优势

（1）人脉基础，有用户，有伙伴，有供应商；

（2）对行业有充分理解，对风险有了解。

5. 本地化环境影响

（1）政策优惠，税费减免。有行业环境氛围，所在区位有利于招聘人才。

（2）武汉码头文化，没有契约精神。上海殖民地历史，有职业经理人精神的基础。

（3）上海定位：金融中心、航运中心，传统产业逐渐迁走，定位越来越清晰。

（4）创业者对上海的环境熟悉。

（5）慧谷园区的孵化作用，法律、投资方面的培训和咨询，税费减免政策等。

（6）徐汇区对科技企业的扶持。包括配套经费支持；软件测试，注册费用优惠；创业基金；贴息贷款，担保服务；科委、发改委立项多等。

6. 相关企业的存在对于创业的影响

（1）没太大关系；

（2）合作企业的地域影响，希望离客户近，离伙伴远；

（3）IBM、ORACLE、惠普在中心区的影响，有吸引带动作用。

7. 和相关企业的关系

（1）良性互动，与TZ公司是竞争对手，但是不会挖人，跟个人个性相关。

（2）合作。人力资源共享，也是培养人的过程，是互利的，还能节省成本。

（3）行业总体恶性竞争多。

8. 以前工作经验影响及其对创业能力的提升

（1）行业经验使得对风险把握度高；

（2）坚持熬的能力的养成；

（3）以前做销售服务周期长，锻炼出耐心，可以忍受长的过程；

（4）行业积累，客户关系，信息全，带来机会多，做熟不做生；

（5）人脉关系，信任度。在行业内待的时间长，接纳度高。

9. 创业能力

（1）沟通能力；

（2）客户资源，使新创企业在起步阶段能安全度过；

（3）相对多的资金；

（4）周围环境，家庭的理解和支持；

（5）心态要好，适应能力，调整能力，相对外向；

（6）技术本身没难点，执着更重要。

10. 集聚的原因

（1）上海本地的 IT 差，但有区位和人才的优势，能提升产业的技术能力。

（2）IT 是人的行业，服务的性质。上海是金融中心，高端客户集中，上海本地需求旺盛，能推动行业发展。

（3）不利因素：人力成本太高。

11. 创业活动对集群的影响

（1）对行业风气的影响，如技术工人的伦理问题；

（2）人才培养促进行业发展；

（3）价值观影响。鼓励知识共享、合作、和谐共处、良性竞争。

12. 行业认识

（1）软件行业强调技术，行业中学习是正常状态，一定要知识转移；

（2）软件业，关键看人，看技术知识型工作者，人力资源最重要，是本质推动力；

（3）软件业圈子不大，有技术门槛，主要是时间和金钱的投入；

（4）超越外资要时间，要不断学习；

（5）IT 业也成规模化，有传统产业、制造业的特征，大小企业有分工和不同定位。

13. 创业观点

（1）最难的是熬过困难期，要有熬下去的信心，怎么熬，如何坚持，对多数人很难，周围的人在发展，社会压力会很大，也会有家庭的压力。没有别的选择，只能熬，反而能有成就。

（2）职业经理人做太久，不能创业，因为没有激情。

（3）怎么熬，可以做个课题。

14. 政策建议

（1）政府搞孵化园，要靠政府立项来起步。人才不够，政府能否培训，在这方面无锡做得好。

（2）无锡对培训补贴高；大连最好，政策延续性强；北方人员流动少。

附录3 调查问卷

尊敬的______：

您好！

首先，非常感谢您接收本次问卷调查。本调查是为了完成教育部人文社科基金和国家自然科学基金面上项目而做的专项调查，目的是通过您及其他被调查者的创业体验和经验的总结，探讨创业行为、知识溢出、产业集群三者关系。您的回答和选择对于我们的研究具有重要参考价值，有助于提高我们的研究质量。本问卷匿名填写，不涉及您的个人隐私和您企业的商业机密，并严格按照《统计法》的有关规定为您保密，调查结果仅用于学术研究。敬请真实地表达您的情况与想法，并在相应的序号/数字下方打“√”，或在下划线______上填写。再次感谢您的支持和合作！

一、您的基本信息

1. 性别：①男　②女

2. 年龄：①25 岁以下　②25~35 岁　③36~45 岁　④46~55 岁　⑤55 岁以上

3. 学历：①高中及以下　②大专　③本科　④硕士　⑤博士

4. 您是否有过创业经历？①没有　②1 次　③2~3 次　④4 次及以上

5. 创业前从事的职业：①农民　②企业人员　③公务员　④高校或科研机构研究人员　⑤教师　⑥个体户　⑦学生　⑧其他（请注明）：_____

6. 您企业成立的年数：①1 年以内　②1~3 年　③3~5 年　④5~10 年　⑤10 年以上

二、问卷主体内容

（一）产业集群内创业行为（下面是一些有关产业集群内创业行为内容的描述，请选择符合您的实际经历或感受的相应数字。）

产业集群内创业行为（CEB）	1 非常不符合；2 不符合；3 不确定；4 符合；5 非常符合				
集群内，我对创业信息有敏锐的知觉	1	2	3	4	5
集群内，我能很好地识别出有价值的市场机会	1	2	3	4	5
集群内，我能积极行动抓住已有创业机会	1	2	3	4	5
集群内，我能积极适应环境，创造创业机会	1	2	3	4	5
我很注重同集群内的供应商、销售商、客户建立良好关系	1	2	3	4	5
我很注重同集群内的相关政府部门建立良好关系	1	2	3	4	5
我很注重同集群内高校、科研机构、金融机构等服务组织建立良好关系	1	2	3	4	5
我很注重同集群相关企业建立良好关系	1	2	3	4	5
集群内，我有较好的资源整合能力	1	2	3	4	5
集群内，我能对有限资源进行创造性的利用	1	2	3	4	5
集群内，我能积极寻找新资源，弥补资源不足	1	2	3	4	5
我能招募到合适的创业伙伴	1	2	3	4	5
我能对创业团队成员进行合理的职责划分	1	2	3	4	5
我具有良好的团队调整融合能力	1	2	3	4	5
我能建立较完整的创业团队制度体系	1	2	3	4	5
我倾向于生产或提供同创业成功者相同（相似）的产品或服务	1	2	3	4	5
我倾向于采用同创业成功者相同（相似）的产品生产技术或流程	1	2	3	4	5
我倾向于借鉴创业成功者的管理制度	1	2	3	4	5
我倾向于借鉴创业成功者的赢利模式	1	2	3	4	5

（二）创业知识溢出（下面是一些有关创业知识溢出内容的描述，请选择符合您感受的相应数字。）

创业知识溢出（EKS）	1 非常不符合；2 不符合；3 不确定；4 符合；5 非常符合				
从我的创业行为中，其他创业人才能了解（获取）有关创业的商机	1	2	3	4	5

续表

创业知识溢出（EKS）	1 非常不符合；2 不符合；3 不确定；4 符合；5 非常符合				
从我的创业行为中，其他创业人才能了解（获取）有关创业资源的信息或知识	1	2	3	4	5
从我的创业行为中，其他创业人才能了解（获取）有关行业技术或信息	1	2	3	4	5
从我的创业行为中，其他创业人才能了解（获取）我的创业经验	1	2	3	4	5
从我的创业行为中，其他创业人才能了解（获取）新产品开发技能	1	2	3	4	5
从我的创业行为中，其他创业人才能了解（获取）新创企业的管理技能	1	2	3	4	5
从我的创业行为中，其他创业人才能了解（获取）市场开发技能	1	2	3	4	5
从我的创业行为中，其他创业人才能了解（获取）生产运作技能	1	2	3	4	5

（三）创业人才的关系资本（下面是一些有关创业人才关系资本的描述，请选择符合您感受的相应数字。）

创业人才关系资本	1 非常不符合；2 不符合；3 不确定；4 符合；5 非常符合				
我与政府相关部门有良好关系	1	2	3	4	5
我同银行金融机构有良好关系	1	2	3	4	5
我有良好的行业关系	1	2	3	4	5
我有良好的人缘	1	2	3	4	5

（四）产业集群发展绩效（下面是一些有关产业集群发展绩效评价指标的描述，请选择符合您感受的相应数字。）

产业集群发展绩效（ICD）——与产业集群的过去相比，您如何评价产业集群现在的发展情况	1 差很多；2 差；3 一样；4 好；5 好很多				
产业集群内产品关联性	1	2	3	4	5
产业集群内技术关联性	1	2	3	4	5
产业集群内人才关联性	1	2	3	4	5
产业集群内信息关联性	1	2	3	4	5
产业集群内交流便捷性	1	2	3	4	5
产业集群内交流广泛性	1	2	3	4	5
产业集群内交流稳定性	1	2	3	4	5
产业集群内交流深入性	1	2	3	4	5
产业集群内产品创新	1	2	3	4	5
产业集群内知识创新	1	2	3	4	5
产业集群内技术创新	1	2	3	4	5
产业集群内管理创新	1	2	3	4	5

问卷结束，再次感谢您的参与和合作！